마라톤

뛰는 것만이

아니다

마라톤 뛰는 것만이 아니다

● 양원희 지음

이담 Books

마라톤 도전기 모음을 엮은 「마라톤 아무것도 아니다」에 이어 2집이라고 할 수 있는 「마라톤 뛰는 것만이 아니다」를 다시 펴낸다. 이 책에는 국내의 마라톤 17편과 중국 마라톤 1편에 관한 내용이 실려 있다. 1집을 출간한 동기는 마라톤대회에 참가하면서 틈틈이 기록한 내용을 그냥 버리는 것이 아까웠고, 기록으로 남겨 놓으면 누구에겐가, 언젠가는 도움이 되지 않을까 하는 마음에서였다. 단순히 건강상의 목적으로 뛰기 시작한 것이 이제는 꼭 후기를 남기는 쉽지 않은 일까지 하게 되었다. 뛰는 즐거움에 더해 기록하고 남기는 기쁨이 새로 생긴 것이다.

마라톤에 대하여 알지도 못하고, 나와는 상관없는 일로만 여겼던 나에게 이제 마라톤은 삶의 중요한 목적으로 자리 잡고 있다. 직업적인 마라톤 선수도 아닌데 단지 뛰는 행위가 어떻게 삶의 목적이 될 수 있는가 하는 의아심을 가질 수도 있다. 그러나 달리기를 하기로 처음 마음의 결심을 하였을 때, 그리고 첫 번째 풀코스를 완주했을 때와 43번을 뛰고 난 지금을 비교해 보면 여러 면에서 큰 변화가 있었음을 실감할 수 있다.

소문난 대회만을 찾다가 전국 방방곡곡을 누비며 여행과 접목을 시켰고, 국내에서 벗어나 세계로 시야를 넓혔으며 생활과 직장에서 받는 과도한 스트레스를 푸는 최선의 방법으로 적극 활용하고 있다. 꿈을 이루어 가는 과정에서 어느 정도의 고통과 아픔을 달게 받아들이며 '노력하면 된다'는 평범한 진리를 다시 확인하는 계기가 되었고, 무엇보다도 건강에 대한 자신감이 생겼다는 것이다.

내용은 대회개요, 대회장까지 이동하는 방법과 숙박 및 식사, 대회장의 분위기, 마라톤 참가 및 코스의 전반적인 분위기, 완주 소감 및 귀향 등으로 정형화시켰다. 부족한 연습과 좋지 못한 실력 때문에 늘 힘들게 달리면서 기억력에 의존하여 후기를 작성하는 관계로 놓친 부분도 많이 있을 수 있다. 또한 전적으로 나의 판단기준과 관점에서 기록하고 평가하였음을 모든 대회의 주최 측과 관계자 여러분께서 양해하여 주시기를 간곡히 요청 드린다. 더불어 성명은 유니폼에 적혀 있고, 상호나 단체명 등도 간판이나 플래카드를 통해 외부에 알려져 있기에 간혹 실명으로 등장하는 경우가 있는데 이 점 또한 사실성을 높이기 위함이므로 거듭 양해를 부탁드린다.

달리기를 좋아하는 사람들이 있기에 국내외의 모든 마라톤대회가 빛을 낸다. 웰빙시대의 도래와 마라톤 마케팅의 활성화로 마라톤 인구는 더욱 늘어날 것으로 생각한다. 모든 마라톤 마니아들의 건강하고 행복한 달리기를 진심으로 기원한다.

끝으로 1집에 이어 2집을 출간해 주신 한국학술정보(주)의 채종준 대표이사님과 관계자 여러분께 깊은 감사의 말씀을 드린다.

2010년 6월
양원희

Contents

마라톤
뛰는 것만이
아니다

5개월 보름 만의 풀코스,
제7회 경기마라톤(26번째)

1. 대회개요

- 대회명: 제7회 경기마라톤
- 일시: 2009. 4. 19(일) 08:00
- 장소: 수원종합운동장
- 주최: 경기도, 수원시, 화성시, 경기일보
- 코스: 수원시, 화성시 일원
- 종목: 4종목(풀, 하프, 10km, 5km)
- 참가비: 40,000원(풀코스)
- 기념품: 모자, 타월, 면양말
- 총경비: 154,850원(참가비 포함)
- 소속: 동해마라톤클럽, 동해시청마라톤동호회
- 기록: 04:42:16.16(297위/1,184명)
- 우승: 일반부/ 김광연(02:37:40.45)

2. 참가배경

2008년 11월 2일 '2008 중앙서울마라톤대회'를 뛴 지 3일째인 11월 5일 팔씨름하다 왼쪽 팔이 부러져 수술과 치료를 받느라 몇 달을 뛰지 못했다. 치료받는 데 그리 오래 걸리지 않을 것으로 생각하고 12월에 '2009 동아마라톤대회'를 성급하게 신청은 하였으나 팔의 상태가 좋지 않아 무리해서라도 참가할까 하다가 더 큰 화를 자초할까 염려되어 포기하였다.

이 일 저 일 바쁜 와중에도 마라톤의 끈을 절대 놓지 않고 꾸준히 매달렸는데 5개월이 지나도록 풀코스 한 번 제대로 뛰지 못하니 몸살이 날 지경이다. 아픈 팔 때문에 연습도 제대로 할 수 없지만 모임 자주 참석하고 술을 자주 하다 보니 올바른 연습이 불가능하다. 그럼에도 하루빨리 풀코스를 뛰고 싶어 일단은 4월부터 마라톤 여행을 다시 시작하기로 작정을 하고 가 보지 못한 적당한 대회를 찾아본다. 매주 많이 열리지만 정해진 스케줄을 고려해서 찾아보면 쉽지가 않다. 서울에서 개최되는 행사가 너무 많고 참가 후 귀가하는 시간대까지 검토를 해야 하므로 동해에서 너무 먼 곳까지는 다소 무리이기 때문이다. 수원은 2004년에 화성행궁 구경차 한 번 가 본 적은 있지만 수원화성으로 너무도 유명한 곳이므로 주저 없이 참가신청을 하였다. 대회 전주인 4월 12일까지 연습한 것은 17회에 157㎞밖에 되지 않지만 풀코스를 25번 뛴 경험이 있으므로 큰 염려는 하지 않는다.

3. 대회장 도착할 때까지

'국가 정보화 선진화 방안 심포지엄' 참석

　공식행사 참석과 방송대학교 과제물 자료수집, 그리고 마라톤대회 참석차 4월 17일 09시에 집을 나선다. 14시부터 광화문프라자호텔에서 개최되는 '국가 정보화 선진화 방안 심포지엄'에 참석을 해야 하기 때문이다. 09시 35분발 버스를 타고 12시 30분에 동서울에 도착한다. 점심식사를 하고 지하철을 이용하여 호텔로 이동하였고 14시부터 17시 30분까지 행사에 참석한다.

　서울시청 앞에 위치한 호텔이므로 서울시청 건축공사가 궁금하여 그쪽으로 발걸음을 옮긴다. 시청 앞 잔디광장에는 장애인 관련 행사 준비가 한창이고 시청은 기초공사가 진행 중이다. 17시 40분부터 18시 40분까지는 청계광장과 청계천을 구경하였는데 정조대왕 능행차전도와 거리 연주가, 중국 등 수많은 외국 관광객, 여유롭게 산책하는 많은 시민들을 볼 수 있었다. 빌딩 숲 사이에서 보는 생생한 풀과 나무들, 깨끗한 물과 여러 종류의 물고기는 감탄을 자아내기에 충분하였다.

　저녁식사 할 곳을 찾아 헤매다 '중구 음식 · 문화 특화거리'를 발견하였고 원조영덕막회집에 들어가 회밥과 소주로 한 끼를 때운다. 이곳은 재래시장과 비슷한 곳으로서 거리 가득 인파로 붐비었고 횟집도 100여 명의 손님으로 만원이 되어 자리를 구하지 못해 돌아가는 사람도 여러 명을 볼 수 있었다. 식사를 마치고 19시 40분부터 20시 40분까지 청계광장에서 개최되는 등(燈)전시회와 공연을 구경하고 숙박을 해결하기 위해 강변역으로 이동하여 22시에 강변스파랜드를 찾아 들어간다.

광릉수목원 관람

4월 18일 10시에 숙소를 나와 설렁탕으로 아침을 해결하고 동서울 터미널로 향한다. 10시 40분 시외버스를 타고 11시 30분에 광릉내에 도착하였고 이리저리 물어 광릉수목원에 도착하니 12시 30분이다. 이곳을 찾은 목적은 방송통신대학교 관광학과 4학년에 재학 중인데 1학기 중간고사 과목 중 자연자원의 이해 과제물이 '환경해설프로그램 참가 후 평가'로서 자료 수집 때문이었다.

13시부터 14시 20분까지 숲 해설가의 안내를 받으며 10여 명의 관람객과 일행이 되어 수목원에 대한 설명을 듣는다. 광릉숲은 1468년부터 국가적으로 엄격하게 보호 관리해 온 국내 최고의 숲으로서 1987년부터 일반에게 공개한 곳이라고 한다. 예약자에 한해서 관람이 가능하며 관람료는 1,000원(성인)으로서 수목원의 일부밖에 보지 못하였지만 아름다운 숲이 잘 보존되고 있는 것이 감명 깊게 느껴졌다.

14시 30분에 수목원을 나와 광릉내와 의정부를 거쳐 수원공용터미널에 도착하니 18시 30분이다. 18시 50분에 인근의 식당에서 생선구이로 저녁식사를 하고 20시 40분에 터미널 건물 안의 찜질방 밀리오레를 찾아 들어간다.

대회장 이동

05시에 일어나 찜질방 안의 식당에서 된장찌개로 아침을 먹는다. 07시 05분까지 사우나를 하고 07시 10분부터 07시 35분까지 좌석버스를 이용하여 수원종합운동장으로 향한다. 수원시는 경기도청 소재지로서 1949년에 시로 승격되었고 인구는 110만 명이며 최근 MBC에서 방영된 이산(정조대왕)과 세계문화유산으로 지정된 수원화성으로 유명한 곳이다. 종합운동장 주변에는 야구장, 체육관, 워밍업장 등이 설치되어 있는 스포츠 타운으로서 잘 조성되어 보인다. 몇 가지를 한 번에 해결하려다 보니 양복을 입고 갔는데 옷 갈아입고 물품을 보관하는 것도 몹시 불편스럽다. 출발시간을 1시간 정도 앞두고 있음에도 운동장은 달림이들 때문에 제대로 걸어 다닐 수 없을 정도의 인파로 가득하고 생동감이 넘쳐흐른다. 짧은 마라톤복, 모자, 선글라스, 아식스 운동화, 면장갑, MP3플레이어 등으로 복장을 갖춰 입는다. 오늘 참가한 인원은 11,000여 명에 달하는데 경기도지사, 수원시장, 화성시장의 인사말씀에 이어 여성 에어로빅단원들의 율동에 맞춰 몸을 푸는 등 정해진 식순을 진행하는데 짧아서 좋다.

4. 대회 참가 및 완주

08시 32분에 축포소리와 함께 풀코스 참가자들이 출발한다. 날씨는 맑고 시원해서 뛰기에 좋게 느껴진다. 2차선 내지 4차선의 교통을 통제하므로 매연을 느끼지 도 않고 한 발 한 발 진행하면서 접하는 도로 양편의 깨끗한 거리가 뛰는 지루함을 덜어 준다. 올해 대회에서는 처음으로 화성을 통과하는 코스로 변경을 했다는데 2.5㎞ 지점에서는 장안문을, 3.5㎞에서는 팔달문을 지난다. 9시경에 5㎞를 통과하는 데 28분 걸렸으므로 너무 빨리 달렸다. 아직은 컨디션이 매우 양호하므로 조금은 욕심이 나지만 무리하지 말자고 다짐한다. 물을 한 컵 마시고는 4시간 20분 페이스메이커 대열 20여 명에 합류해서 달린다. 7.5㎞의 물스펀지대를 지나쳐 8㎞를 통과하니 오른쪽 무릎에서 작은 통증이 느껴지므로 보폭을 줄인다. 보통은 18~25㎞ 지점에서 아픔을 느끼는데 너무 빨리 찾아온 것이다. 10㎞를 9시 30분에 통과하며 이온음료 한 컵을 마신다. 페메그룹과 달리는 것이 오버페이스가 아닌가 조금은 염려되지만 계속 따라간다. 간간이 손을 흔들며 환호해 주는 시민들과 50m 간격으로 주로에 서 있는 학생들의 응원이 힘이 된다.

11㎞를 지나니 교통 혼잡지역인지 한 차선만 주로로 활용을 하고 차와 같이 달리므로 매연을 심하게 느낀다. 12.5㎞ 지점에서 다시 오른쪽 무릎에 통증이 오므로 속도와 보폭을 줄인다. 15㎞를 10시에 통과하면서 물을 한 컵 마신다. 허리에 통증이 느껴지므로 잠시 멈춰 서서 허리운동을 한다. 같이 달리던 페메그룹과 동행하는 것이 무리다 싶어 뒤로 처진다. 왼쪽 무릎의 통증이 왔다 갔다 하는 가운데 허리 통증이 시작되어 벌써부터 최악의 상황을 맞았으니 보통 일이 아니다. 하지만 어쩌랴? 목적지까지 갈 수밖에……. 20㎞를 10시 32분에 도착했는데 다른 모든 대회에서 일반적으로 지급하는 간식이 없다. 참, 특별한 대회로구나 하는 생각을 한다. 물 한 컵 마시고 몸도 좀 풀고 으슥한 곳을 찾아 소변을 본 후 10시 35분에 출발을 한다. 아직까지는 페메그룹이 20여 미터 앞에서 달리고 있으므로 제법 잘 따라왔다는 느낌이다. 이제부터는 걷는 사람들의 모습이 자주 보인다. 나도 힘든 만큼 동병상련의 심정으로 이해가 된다.

22㎞를 지나니 약해지던 허리의 통증을 또 느낀다. 이제부터는 주로가 도로 안쪽으로 바뀐다. 교통통제에 따른 운전자들의 편의를 고려하여 도로여건에 맞게 코스를 만드느라 그런 것일 게다. 날씨는 갈수록

무더워지는데 차량의 매연을 마시면서도 50여 미터 간격으로 늘어서서 파이팅을 외쳐 주며 응원하는 학생들의 모습이 안쓰럽다. 우리야 달리는 것이 좋아서 대회가 열리는 곳이면 어디든 찾아가지만 저 학생들은 무슨 이득이 있어 그럴까 생각하니 그저 고마운 마음뿐이다. 25km를 11시 5분에 통과하면서 물을 한 잔 마신다. 5km를 30분에 달렸으니 아직까지는 괜찮지만 얼마나 더 가려는지 걱정스럽다. 이제는 온몸의 마디마디가 아프다. 호흡도 거칠어지고 힘도 많이 빠졌다. 몸에 부담이 최소화되도록 하면서 그냥 습관적으로 한 걸음씩 내디딜 뿐이다. 11시 39분에 30km에 도착하였으니 5km에 34분이 걸렸는데 체력이 현저하게 떨어진 것이다. 바나나 1개와 이온음료 한 컵을 마시고 몸을 조금 풀어 준 후 11시 40분에 출발한다.

31km를 조금 지나니 지하차도가 보이는데 더위에 지친 선수들이 대부분 걸어서 간다. 나도 너무 지치고 힘이 들어 걷기 시작한다. 길이가 몇 백 미터는 됨 직한데 이어지는 코스가 언덕인 탓에 계속 걷는다. 아마도 10여 분은 걷지 않았을까? 내가 마라톤을 하는 게 맞는가 하는 씁쓸한 생각이 들지만 힘드니 도리가 없다. 몸이 제대로 만들어지지도 못한 상태에서 완주만 하면 되니 뛰다가 힘들면 걷기로 마음을 바꾼다. 35km를 12시 20분에 지나면서 초코파이 1개와 물 한 컵을 마시고 잠깐 몸을 푼 후 주로에 들어선다. 5km에 40분이 걸렸으니 이건 아예 걷는 것이나 다름없다. 37km 지점부터는 주로로 확보된 2차로로 차량이 마구 들어오므로 차량 눈치를 봐 가면서 뛰어야 할 판이다. 38km에 오니 교통통제요원들이 인도 위로 뛰라고 안내를 하는데 오히려 그 편이 낫다 싶다. 날씨도 무덥고 차량 때문에 신경도 쓰이는 까닭인지 인도 위를 뛰거나 걷는 모습이 자주 보인다. 여기서 4시간 40분 페메가 앞

질러 가는데 따라갈 힘도 없고 멍하니 바라만 본다. 38.5㎞를 지나니 거의 한계에 다다라 앞서 걷는 선수 옆으로 다가가 말을 건넨다. 이분하고는 40㎞까지 조금씩 뛰거나 걸으면서 동행을 했다. 서울에서 오신 분인데 풀코스를 4번 뛰었으며 오늘 대회의 날씨, 코스, 주자들에 대한 배려 등이 만족스럽지 못하다는 얘기를 하는 것으로 보아 나와 같은 심정인가 보다. 너무 힘들게 여기까지 왔으며 5시간 안에만 뛰면 된다는 생각도 나와 같았다.

40㎞를 13시에 지나면서 물을 두 컵이나 마신다. 이제는 주로로 뛰는 모습보다 인도 위로 뛰는 모습이 더 많이 보이고 도로를 건널 때는 신호등에 맞춰서 건너야 할 판이다. 골목에서 나오는 차량과 인도에서 마주 오는 행인들을 피하면서 뛰는 것이 동내에서의 조깅도 아니고 우스꽝스럽게 느껴진다. 하지만 마지막 2.2㎞에 12분 걸렸으니 없던 힘 최대한 짜내어 제법 열심히 뛰었다고 할 수 있다. 손 흔들어 주고 환호성 지르는 학생들과 시민들이 많이 보이는데 힘이 안 날 수 있겠는가?

그리고 많은 사람들 앞을 걸어서 갈 수는 없잖은가 말이다. 골인지점을 통과한 시간이 13시 13분을 지나고 있었고 조금 있으니 한동안 동행이 되어 준 서울 분이 들어온다. 서로의 완주 축하와 다음에 볼 것을 기약하며 반갑게 악수를 나누고 작별을 한다.

5. 소감 및 귀향

물을 몇 잔 받아 마시고 칩을 반납하니 도시락과 간식(빵 2, 물 1, 바나나 2), 완주메달을 준다. 물품을 찾은 후 운동장에 앉아 도시락을 먹으면서 나보다 더 늦게 골인하는 선수들의 모습을 보니 감회가 새롭다. 14시에 마라톤복 차림으로 운동장을 나서 사우나를 찾아 헤매다 14시 10분에 메가스파랜드를 발견하고 들어간다. 15시 15분까지 사우나를 하고 나니 몸이 한결 가뿐하고 양복으로 갈아입을 맛이 난다. 15시 55분에 수원터미널에 도착하여 16시 35분 강릉행 버스에 탑승하였고 강릉에서 19시 05분 동해행 버스로 갈아탄 후 19시 40분에 동해터미널에 도착하였다. 3일간 노상에 방치해 둔 승용차를 이용하여 집에 도착하니 20시였으며 3일간의 마라톤 여정이 비로소 마무리되었다.

몸을 다친 후 5개월 보름 만의 풀코스 도전! 몹시 힘들었지만 무사히 완주하였다. 하마터면 막판에 포기를 하거나 5시간을 넘길 수도 있었는데 제한시간 안에 달려 준 몸이 무척이나 고맙게 느껴진다. 일과 술 등으로 상당히 많은 스트레스를 늘 받고 있음에도 잘 지탱하여 나에게는 자신감을 충족시켜 주고 남에게는 체면을 살려 준 것이 정말 고맙다. 오랜만에 뛴 탓도 있겠지만 내게 있어 코스는 만족스럽지 못하다. 늘 새로운 대회를 찾아 뛰므로 다시 뛸 기회가 올지 알 수 없지만 지금으로서는 내키지 않는다.

이제 마라톤은 단순한 운동이 아니라 특색 있는 이벤트나 지역적·세계적인 축제로서 지역경제에 도움이 되는 관광마케팅 전략으로 활용되고 있다. 이번 대회가 수원시나 화성시에 얼마나 도움이 되었는지는 알 수 없다. 마라톤 마니아들을 위해 5시간 이상 차량통제를 함으로써 많은 불편을 겪었을 시민들과 성공적인 대회 운영을 위해 애쓰신 모든 분들께 깊이 감사드리며 다음에는 보다 더 훌륭한 대회로 치러지기를 기대한다.

댓글

캬~~~~
부상 중에도 무릎, 허리 고통주를 즐기시라 수고 많으셨습니다.
신윤승[2009/05/03]

여러 가지 하시네요. 공부도 하시고 업무도 잘하시고 아라톤도 잘하시고 부상이
완쾌되어 다시 장기를 볼 수 있게 되었네요. 자주 좋은 글 많이 올려 주세요.
홍성래[2009/05/02]

어나연 여정이 되셨네요. 기행문 훌륭하십니다. 더위와 애연 참으로 아쉽네요.
경기마라톤 사회를 보면서 러너 여러분의 교통통제 문제정 너무 속상합니다.
물론 두 도시의 특성상 교통이 복잡한 것 잘 알죠. 그래도 다시 한 번 정중하게
오시고 싶네요. 양원희 님 항상 건강하시고 편안하세요. 수원에서 방형덕 드림.
아자아자!
방형덕[2009/05/03]

정말 멋있는 분이시네요. 정말 멋있는 분이시네요.
달링이[2009/05/3]

분단과 평화의 땅에서 실망을,
2009 한반도평화국제마라톤(27번째)

1. 대회개요

○ 대회명: 2009 한반도평화국제마라톤대회

○ 일시: 2009. 5. 10(일) 09:00

○ 장소: 임진각

○ 주최: 한반도평화국제마라톤대회 조직위원회(주관: 일산파주신문
사/진행: 로뎀기획)

○ 후원: 외교통상부 등 4개 중앙부처, 주한미국대사관 등 11개 대
사관, 파주시 등

○ 코스: 임진각~자유로~문산I.C.~율곡로~자장4거리~율곡로~
임진각

○ 종목: 4종목(풀, 하프, 10㎞, 5㎞)

○ 참가비: 40,000원(풀코스)

○ 기념품: 마라톤복(1 벌), 완주메달
○ 총경비: 115,000원(참가비 포함)
○ 소속: 동해마라톤클럽, 동해시청마라톤동호회
○ 기록: 03:52:39
○ 우승: 일반부/ 미상(5. 12. 현재)

2. 참가배경

4월 19일 수원에서 개최된 '제7회 경기마라톤'을 뛴 이후 5월 중에 참가할 대회를 찾다가 집에서 거리는 멀지만 코스가 괜찮아 보였기 때문에 참가신청을 하게 되었다. 지난번 대회 참가 이후 11회에 103㎞ 정도를 뛰었으므로 그리 많지는 않지만 비교적 열심히 연습한 편이므로 크게 걱정은 되지 않았다. 임진각은 지난해 '2008 경기 평화통일마라톤대회'를 참가했던 곳이다. 대회진행은 조금 실망스러웠지만 대회 날 아침에 도착하여 끝나자마자 바로 귀가하였기 때문에 주변 관광지를 전혀 구경하지 못해 아쉬움이 남았고 지난해 코스와는 다른 것으로 판단했으므로 다시 한 번 희망을 갖고 찾아가기로 한 것이다.

3. 대회장 도착할 때까지

5월 9일 08시 50분에 아내와 작별인사를 하고 집을 나선다. 파주 시내의 관광지 한 곳이라도 확실히 살펴보기 위하여 일찍 출발한 것이다.

동해에서 09시 35분 버스(15,300원)에 탑승하고 12시 30분에 동서울터미널에 도착, 강변역으로 이동하여 지하철(1,100원)을 이용해 서울역에 도착하니 13시 20분이다. 시간 여유가 있기에 '백로'에 들어가 우동(5,000원)으로 점심을 때운다. 13시 50분 임진강행 경의선 열차(1,400원)에 탑승하여 14시 50분에 금촌역에 도착하여 파주시청을 찾다가 행선지를 임진각으로 바꾼다. 15시 50분 열차에 탑승(1,400원)하여 16시 15분에 임진강역에 도착한다. 16시 20분부터 17시 50분까지 임진각 관광지 내의 통일공원, 경기평화센터, 임진각, 망배단, 자유의 다리, 평화의 종각, 평화누리공원 등을 두루 구경한다. 관광지 주변을 감싸고 있는 철조망과 군 초소 너머로 유유히 흐르고 있는 임진강이 이곳이 북한과의 접경, 국토의 최전방임을 실감케 한다. 공휴일이어서인지 분단과 평화의 상징적인 장소를 찾아온 관광객 인파가 엄청나게 많다. 넓게 잘 가꾸어진 관광지 안에는 의미 있는 장소들도 많지만 그런 공간을 가지고 수많은 관광객을 불러들이고 있는 파주시가 부럽게만 느껴진다.

저녁식사를 하고 잠잘 곳을 찾아 17시 55분 임진강에서 출발하는 열차에 탑승(1,400원)하여 18시 10분에 월롱역에 도착하였고 역 앞의 순댓국 전문식당을 찾아 들어가 소주를 곁들여 식사(10,000원원)를 한다. 숙소는 대회조직위에서 할인혜택을 준다고 소개한 금강산랜드온천으로 정했는데 그리 멀지 않으므로 걸어서 19시 35분에 도착한다. 주변을 둘러보다가 카운터에서 마라톤 참가번호표를 보이면서 할인 되냐고 하니 모른다고 하므로 그냥 입장(8,000원)을 한다. 주최 측에서는 숙박업소와 식당 몇 곳에서 할인된다고 안내를 하였기 때문이다. 여러 곳의 찜질방을 가 보았지만 공용휴게실, 사우나, 찜질방, 참숯가마 등의 규모가 가장 크게 느껴진다. 사우나를 마치고 찜질방으로 가서 TV

를 보다가 소란스러운 와중에도 24시 이전에 잠이 들었는데 종일 걸었던 거리가 제법 많기 때문에 상당히 피곤했던가 보다.

5월 10일 05시 30분에 일어나 찜질방 안의 식당을 찾아가니 07시부터 운영을 한다고 한다. 3시간 전에는 식사를 마쳐야 하므로 문제가 생긴 것인데 매점도 폐점을 했고 내부에서는 달리 해결할 방도가 없다. 06시 30분까지 사우나를 마치고 걸어서 07시에 월롱역에 도착을 한다. 열차표(1,400원)를 구입한 후 역 앞의 24시 마트에 들어가 바나나우유와 카스텔라를 구입(2,300원)하여 아침식사 대용으로 한다. 07시 55분 열차에 탑승하였는데 달림이들로 만원이었고 08시 15분에 임진강역에 도착을 한다. 보통은 출발을 앞두고 대회장의 화장실 이용 때문에 애를 먹는데 어제 한 번 들러 본 곳이므로 임진각 내의 화장실을 찾아 들어가니 예상대로 조용하였고 충분히 이용을 한다. 평화누리공원으로 이동하여 옷을 갈아입고 물품 보관 장소에 가니 나누어 주는 봉투가 너무 작아 있으나 마나 하다. 오늘의 복장은 짧은 마라톤복, 모자, 선글라스, 아식스 운동화, 면장갑과 손목보호대, MP3플레이어 등이다. 적당한 공간을 찾아 혼자서 몸을 풀다 보니 공식행사를 진행한다. 조직위원장인 황진하 국회의원의 대회사, 파주시장의 환영사, 현인택 통일부 장관과 미국대사의 축사를 끝으로 사회자가 대회를 안내한다. 모든 대회에서 빠지지 않고 하던 몸매 좋은 여성 에어로빅팀(통상적임)의 몸 풀기와 스트레칭이 없다. 알아서 몸을 푸니 굳이 필요 있겠는가마는 어쨌건 색다르다. 작년에 이 장소에서 열렸던 대회보다는 참가자가 적어 보인다. 초청인사가 선두에 서고 풀코스부터 장거리 종목 순으로 임진각 입구의 출발지로 이동하여 앞 사람의 등 주무르기 등을 한 후 10부터의 카운트다운에 들어간다.

4. 대회 참가 및 완주

　09시 10분에 축포소리와 함께 풀코스 참가자들이 출발을 한다. 지난 수원대회에서는 초반에 조금 빨리 뛰어 고생을 한 것 같아 오늘은 맨 뒤에서 달리기로 한다. 4시간 40분대의 페메 뒤에 섰으며 목표기록은 4시간 30분 이내로 잡았다. 구름이 끼고 바람도 시원하게 불어 뛰기에는 아주 좋은 날씨로 여겨진다. 인사는 나누지 않았지만 전국 여러 곳의 대회에서 자주 보았던 몇몇 분들의 이름을 보니 반갑다. 출발지에서는 4차선 도로를 전면 통제하였는데 조금 더 진행하니 2차선 도로를 통제한다. 그리고 5㎞ 지나서부터는 거의 대부분 2차로 한 차선을 주로로 활용한 것 같다. 잘 가꾼 가로수와 화단의 아름다운 꽃, 녹음으로 짙어 가는 가깝고도 먼 산, 갈아엎어 놓은 논밭에서 일하는 농부들의 모습 등이 한가롭고 여유 있으며 아름다운 모습들이다. 9시 20분경에 해가 나지만 무덥게 느껴지지는 않는다. 반대편 차선으로는 차량이 통행하지만 많지 않아 매연을 거의 느끼지 않는다. 시간이 지나면서 목적지를 향해 한 걸음씩 전진해 나가는데 거리표지판이 보이지 않으니 조금 답답하다. 5㎞마다 설치해 놓았는가 하는 마음을 가졌는데 결국 그 기대는 무너지고 말았다. 9시 38분경에 타임매트를 밟았고 뭐 이렇게 빨리 설치해 놓은 대회가 있는가 하는 의아심이 생겼는데 아마도 5㎞ 지점으로 판단된다. 9시 40분부터는 1차선 부채도로로 뛴다. 조금 더 진행하니 급수대가 보이는데 물은 보이지 않고 포도캔만 보인다. 물을 찾으니 물이 모두 떨어졌다고 한다. 조금 놀랐지만 아직은 참을 만하므로 조금 더 가면 물스펀지대도 보일 것이고 두 번째 급수대에서 마시자 하는 마음으로 달려간다. 아직까지도 거리표지판은 한 곳도 보이지 않는다. 이곳에서 4시간 40분 페메 일행과 달리는 것이 조금 답답하게 느껴져 앞으로 나선다. 조금 더 진행하니 다시 4차선 도로의 2차로가 주로이다. 9시 55분경에 4시간 15분 페메가 앞에 보이므로 너무 빨리 달리는 것이 아닌가 걱정스럽지만 그냥 따라서 뛴다. 이곳은 풀과 하프코스가 갈라지는 곳인데 안내표지판이 1개밖에 설치되지 않아 뛰느라 보지 못한 사람들이 많았는가 보다. 표지판도 제대로 설치하지 않았다고 불평하는 어르신이 계시기에 코스를 안내해서 같이 뛴다.

　10시경에 세 번째 급수대에 도착을 한다. 아마도 10㎞ 지점인 것 같은데 물이 모두 떨어졌다고 하며 포도캔음료를 나누어 준다. 갈증도 나고 급한 김에 그냥 반 캔 정도 마신다. 거리표지가 없어 거리가 어느 정도 되느냐고 물어보니 급수봉사원은 모른다고 한다. 뛰는 선수들이 모두 물 달라고 난리다. 거리표지도 없고 물 공급도 제대로 되지 않는 등 뭐 이런 대회가 다 있냐고 불평불만이 많다. 심지어는 이 무더운 날씨에 사람 잡을 대회라고까지 말하는 사람도 있다. 뛰는 것이 바빠서 보지 못했는지 드디어 도로 위에 페인트로 '13'이라고 쓰인 숫자를 발견하고는 이것이 이 대회의 거리표지란 감을 잡는다. 그런데 이 숫자만이라도 빠트리지 않고 써 놓았으면 덜 답답하였을 텐데 있다 없다 한 것이다. 율곡로인지 자유로인지 도로이정표를 살펴봐도 도로명이 보이지 않는다. 15㎞ 지점을 지날 때 오른쪽 무릎에서 통증이 느껴지는데 앞 대회 뛸 때에 비하면 오래 참아 준 셈이다. 보폭과 속도를 조금 줄이고 지면을 스치듯이 뛰니 금방 괜찮아진다. 17㎞를 지나니 반대편 차선으로 남자 선두가 힘차게 달려간다. 옛날에는 선두의 모습을 보면서 부러워했는데 이제는 내 능력을 아니 그런 마음도 들지 않는다. 판판하게 뚫린 4차선 도로는 끝없이 계속 이어지고 조금씩 부는 바람 속에서도 무더운 날씨 또한 계속되는데 호흡을 가다듬으면서 땀으로 뒤범벅이 된 채 한 걸음씩 목적지를 향해 발걸음을 옮긴다. 19㎞ 정도를 지났을까 여자 선두가 전혀 지친 기색도 없이 넓은 보폭으로 성큼성큼 뛰어간다. 키도 별로 커 보이지 않고 몸매도 탄탄해 보이는 게 참 아름답다는 생각이 든다.

20㎞ 지점인가 4번째 급수대에 도착해 보니 역시 물이 없단다. 봉사하는 여성분이 앞서 간 선수들이 마시다 바닥에 버린 물병을 주어 조금씩 남아 있는 물을 주신다. 미안스러워하며 친절한 모습인데 너무도 고맙게 느껴진다. 아직까지는 체력, 무릎과 엉덩뼈 등 몸 상태가 괜찮게 느껴진다. 몇백 미터 앞에 지하도 반환점이 보인다. 무릎관절이 조금 염려는 되지만 내리막 구간이 뛰기에는 덜 힘들고 좋다. 그러나 내리막이 있으면 반드시 그만한 오르막이 있는 법이다. 그런데 정작 있어야 할 타임매트가 보이지 않는다. 5㎞ 지점에 쓸데없이 설치하지 말고 이곳에 설치해야 하는 것 아닌가? 아직까지는 걷는 모습을 한 명도 보지 못했다. 무더운 날씨에 모두 대단하다는 생각이 든다. 반환점을 돌아 22㎞ 지점에 도착하니 이곳에는 물을 추가로 공급받았는지 물이 풍족하다. 물을 반 병 정도 받아 마신 후 감사의 인사를 하고 주로에 다시 들어선다. 이제는 걷는 모습이 간혹 보인다. 뛰어온 만큼 돌아가야 하지만 더운 날씨에 피할 곳도 없이 뙤약볕을 100% 받으면서 멀리도 왔으므로 정말 힘들 것이다. 아직 그렇게 힘들다는 생각이 안 들고 다리도 괜찮아 보이므로 조금 속도를 내어 보니 얼마 가지 않아 양 무릎에 미세한 통증이 다시 느껴지므로 보폭은 더 줄이고 발 높이도 더 낮추면서 걸음의 속도를 조금 빨리해 본다.

11시 10분에 25㎞를 통과한다. 거리는 역시 도로 바닥의 페인트글

씨를 보고 알게 된다. 날씨도 덥지만 아스팔트 도로를 계속 뛰니 도로에서 올라오는 열기가 더 뜨겁게 느껴진다. 나도 힘들지만 걷는 선수들의 모습이 자주 보인다. 그나마 오른편으로 임진강이 흐르고 있으므로 시야가 멀리 환하게 트이고 간간이 바람이 불어오므로 천만다행이다. 강변 옆으로 드문드문 보이는 철조망과 군 초소들이 국경지대이고 전방임을 실감하게 한다. 자꾸 뛰는 리듬이 깨어짐을 느낄 때마다 보폭과 발걸음을 의식하면서 몸에 오는 부담을 최대한 줄이면서 한 걸음씩 움직인다. 아마도 27㎞ 지점 정도 되었을까 도로변의 주택 처마에서 여성봉사자가 주는 물을 한 컵 마셨는데 조금 더 가다가 바닥에 급수라고 쓰여 있는 곳에서는 탁자가 도로변에 접혀 있다. 나도 힘들지만 후끈후끈 달아오르는 도로 위에서 교통 통제하는 경찰관, 해병전우회원, 모범운전자들의 모습이 안쓰럽다. 끊어질 듯하며 드문드문 길게 늘어서 뛰는 선수들의 모습에 짜증이 나겠다는 생각을 하게 된다.

11시 40분에 30㎞를 통과한다. 오르막이 꽤 길게 이어지고 있어 여러 명이 걷는다. 그런 모습을 자꾸 보니 따라 걷고 싶지만 아직까지는 견딜 만하다. 32㎞ 지점의 급수대에서 물을 한 컵 마시고 도로변 풀숲에서 다른 선수들을 따라 소변을 보고 잠시 동안 몸을 풀어 준다.

이젠 슬슬 한계가 오는가 보다. 한 걸음씩 내딛는 것이 너무 힘들고 자꾸 걷고만 싶어진다. 특히 허리의 통증이 발걸음을 붙잡는다. 대략 35㎞ 지점까지 2번을 그늘에 들어가 허리와 무릎운동을 하며 근육을 풀어 주고 속도를 조금 더 늦추며 달린다. 잠깐 쉬는 도중에 4시간 15분으로 보이는 페메 2명이 앞질러 간다. 시간상으로 봐서는 아직은 여유가 있는데 벌써 앞서가므로 페메가 빨리 달린다는 생각을 갖지만 몸이 말을 듣지 않아 따라갈 수가 없다. 12시 20분에 35㎞ 지점에 도착한다. 잠깐 앉아서 초코파이와 오렌지주스 캔 1개씩을 먹은 후 잠시 근육을 풀어 주고 걷다가 도로변에 반 병쯤 남아 있는 물병을 주어 든다. 골인 지점까지 가는 도중에 어디서 물을 공급해 줄지 모르기 때문이다.

내가 놓쳤는지는 모르겠으나 이후부터는 아무리 도로바닥을 내려다봐도 거리표시가 보이지 않는다. 얼마나 남았는지 알아야 뛰든 걷든 쉬든 조금씩 조절을 할 텐데 참 답답하기 그지없다. 힘들고 정신도 없어서 주최 측을 탓할 욕도 나오지 않고 그저 빨리 목적지에 도착하고 싶은 마음뿐이다. 이때부터 골인지점까지는 1부터 100까지 세면서 2번을 걷고 인천에서 참가한 분과 2분여 정도 걸으면서 얘기한 것 외에는 꾸준히 달렸다. 잠깐 나눈 대화의 내용은 급수대 운영 미흡, 거리표지판 미설치, 코스와 날씨가 상당히 힘들고 거리가 조금 짧은 것 아닌가 하는 것 등이었으며 의견을 같이했다. 3~4㎞를 같이 움직이면서 마라톤에 관한 얘기를 나누었고 동시에 골인했으며 악수를 나누고 작별인사를 했다. 골인 시간은 13시 05분을 넘고 있었는데 최종기록은 03:52:39초로 휴대폰에 찍혔다. 참가선수가 많지 않았고 자원 봉사하는 학생들이 없어서인지 골인지점을 통과하는 선수들을 반겨 주는 환영인파도 많지 않았는데 지금까지 다녀 본 대회 중 가장 조촐한 피니시라인 분위기가 아니었을까?

5. 소감 및 귀향

물을 1병 받아 마시고 물품보관소로 이동하여 칩을 반납하니 간식(초코파이 1, 포도주스 캔 1)과 완주메달을 주는데 간식 수준이 다른 대회와는 너무 비교된다. 하지만 더 달랄 수도 없고 별수 없는 일이다. 이제는 귀가할 시간에 쫓겨야 하므로 운동화를 벗어 놓고 고마운 마음으로 간식을 먹으면서 미군악대의 연주를 잠시 구경한다. 옷을 갈아입고 임진강역으로 이동하니 지친 선수들이 한 명씩 골인지점을 향해 달려온다. 참 무더운 날씨에 운영 미숙한 대회에서 고생이 많다는 위로의 마음과 함께 그나마 조금 빨리 들어온 나는 다행스럽다는 생각을 하게 된다. 13시 55분 열차에 탑승해서 15시 25분에 서울역에 도착하였고 15시 30분 지하철에 탑승하여 강변역에 도착하니 16시 10분이다. 동해행 18시 57분 버스표를 산 후 인근의 동방사우나(3,000원)로 들어가 스트레칭과 온탕·냉탕을 오가며 몸의 피로를 풀어 준다. 17시 35분에 같은 건물 내의 들녘식당으로 들어가 오늘 중 유일하게 제대로 된 식사 한 끼를 소주와 곁들여 갈치조림(10,000원)으로 한다. 18시 57분 동서울을 출발해서 21시 46분에 동해터미널에 도착하였고 주차해 둔 자가용을 이용하여 집에 도착하니 22시 07분이었으며 이틀간의 27번째 마라톤 여정이 비로소 마무리되었다.

몸을 다친 후 5개월 보름 만에 풀코스를 뛴 후 20일 만에 다시 풀코스를 뛰었다. 상당히 오랜 시간 뛰지 않았건만 몇 년간 다져진 몸이 짧은 시간에 회복되었음을 느낀다. 완주 후 귀가하면서 계단을 오르내리는 중에도 무릎과 엉덩뼈 등이 가장 괜찮았기 때문이다.

대부분의 참가 선수들이 힘들어하였고 많은 불만을 쏟아낸 대회였다. 물론 조직위원회와 이벤트사에서도 나름대로 노력을 하였겠지만 나와 같이 전국의 마라톤대회를 찾아다니며 대회를 즐기고 빛내 주는 (?) 선수들이 매우 많다는 점을 간과한 것이 아닌가 하는 생각을 갖는다. 마라톤대회가 좋아 이곳저곳 찾아다니며 대회비를 내고, 그 지역의 관광지를 구경하며 지역경제 활성화에도 일조하는 선수들이 있어야 대회가 열릴 수 있는 것이다.

　내게 코스는 만족스러웠으며 날짜도 잘 택해서 덜 힘들었던 것으로 평가하고 싶다. 또한 참가자 수를 늘리기 위해서였고 금액도 그리 크지 않았지만, 서울역과 임진강역의 왕복열차표 지급은 매우 고맙게 느껴졌다. 그러나 대회 운영에 있어서는 물품보관소 운영 미흡(작은 봉투 공급, 코스별 미구분), 스트레칭 및 몸 풀기 체조 미실시, 급수대 운영 미숙(1회용 컵 미비치 및 물병 공급), 거리표시 미설치, 풀과 하프 분기점 안내 부족, 물스펀지대 미설치, 간식 미흡 등 전반적으로 참가했던 대회 중 가장 미흡했던 대회로 기억될 것 같다. 다시 뛰게 될지 알 수 없지만 만약에 2010년 이후에도 계속해서 개최할 계획이라면 획기적인 변화와 철저한 준비가 있어야 할 것이다. 지역홍보와 지역경제 활성화에 도움이 되기 위해 개최한 행사가 오히려 안 하느니보다 못할 수도 있음을 기억해야 할 것이다. 그럼에도 불구하고 전국의 마라톤 마니아들을 위해 5시간 이상 차량통제를 함으로써 많은 불편을 겪었을 시민들과 대회 운영을 위해 애쓰신 모든 분들께 깊이 감사드리며 다음에는 보다 더 훌륭한 대회로 치르기를 간절히 기대해 본다.

댓글

더운 날씨에 고생 많으셨습니다. 마라톤 참 쉽지요 잉~.
홍성래[2009/05/13]

휴~, 이제 다 읽었습니다. 10일간 100킬로미터 훈련으로 3시간 52분의 기록이면
타고난 체질 아니면 특효 약물(?) 복용하시는 거 아닙니까? 존경합니다.
신윤승[2009/05/12]

완주기 잘 읽었습니다. 이제는 몸이 완전히 회복됐군요. 항상 즐거운 달리기가
되세요.
임진호[2009/05/12]

바닥에 거리표시는 되어 있었는데 모두 다 잘못된 것이었습니다. 총거리도 4km
정도는 짧았습니다.
박종윤[2009/05/12]

바닥에 거리표시는 다른 대회에서 표시한 것 같았습니다. 바닥에 표시를 한 것이
있다면 처음부터 끝까지 있었어야 했는데 그렇지가 않은 걸 보면 원래가 이번
대회는 거리표시 자체가 없었던 거죠.
김성낭[2008/05/13]

양원희 님 반갑습니다! 사모님도 안녕하시고요? 멀리 강원도 동해시에서 오셔서
얼마나 실망스러웠을까요? 우리 클럽(련조이 에의도)에서도 여성 2명 4, 5위에
입상하였어도 별로 흥을 못 느낀 정말 저질대회로 평가되고 대회를 주최한
파주일보는 결국 폐간을 하게 되었군요! 참으로 안타까운 일입니다! 이번 일을
계기로 너무 상업성으로 우후죽순 생겨나는 마라톤대회는 더 이상 안 생기길 기원
해 봅니다! 3월 22일 동경마라톤에 박용일 변호사님도 함께 가셨는데 양원희
님이 쓰신 마라톤 아무것도 아니다를 보내 주셔서 잘 읽어 보았는데 책 내용에
우리 부부도 등장한다고 들었습니다. 아직 책 내용은 못 봤지만 늦게나마 출판을
축하합니다! 빠른 시간 안에 구입해 보겠습니다. 보스턴 112회 화~잉!!!
박귀녕[2009/05/13]

정말 멋있는 분이시네요.
달링이[2009/05/18]

같은 이름으로 올라온 글을 몇 번 읽게 되는군요. 다음 참가기가 기다려집니다.
자주 글을 읽어 보고 싶은 애독자가 될 것 같습니다. 항상 건강 생각하시면서
뛰십시오.
달링이[2009/09/21]

작은 고추는 역시 맵다!
대구금호강마라톤(28번째)

1. 대회개요

○ 대회명: 2011 대구세계육상선수권대회 성공 기원 금호강마라톤
대회

○ 일시: 2009. 6. 27(일) 08:30

○ 장소: 대구시 동촌 금호강둔치

○ 주최: 대경마라톤연합회, 영남일보(주관: 대경연합회, 대구동구육
상연합회)

○ 코스: 금호강 변 10㎞ 왕복코스

○ 종목: 5종목(5㎞, 10㎞, 하프, 30㎞, 풀)

○ 참가비: 10,000원(전 종목)

○ 기념품: 완주메달/별도 제작 기념품은 판매

○ 총경비: 97,100원(참가비 포함)

○ 소속: 동해시청마라톤동호회, 동해마라톤클럽

○ 기록: 04:43:31(15위/20명)

○ 우승: 강철훈(03:47:57)

2. 참가배경

5월 10일 파주대회 참가 이후 6. 13 금호강마라톤대회와 6. 21 중랑천마라톤대회를 참가 신청하였으나 갑작스러운 사정이 생겨 뛰지 못하였다. 6월 중에 풀코스를 하나 뛰고자 대회를 고르던 중 6월 13일의 아쉬움이 남아 다시 참가신청을 하게 되었다. 대구는 스쳐 지나가기는 하였으나 한 번도 머물러 본 적이 없는 곳으로서 매주 개최되는 마라톤대회에 대한 궁금증도 작용한 것이다. 10㎞ 코스를 왕복한다지만 어떻게 매주 전국단위 대회가 개최될 수 있으며 참가규모는 어느 정도 되는지 그리고 시간이 허락하면 대구 시내의 유명 관광지도 구경해 볼 생각이었다.

3. 대회장 도착할 때까지

6월 26일 23시 20분에 아내에게 얘기를 하고 집을 나선다. 일찍 대구에 가서 숙박을 하고 대회에 참가할 수도 있고 다소 무리라는 생각이 들기도 하였지만 예전에 100㎞ 울트라마라톤을 밤을 새우면서 뛰어 본 경험이 있기에 심야버스를 이용하기로 한 것이다. 23시 54분 대구행 시외버스(31,900원)를 타고 울진과 포항을 거쳐 대구에 도착하니 6월 27일 04시 51분이다. 한마디로 1박 2일간(5시간)의 재미도 없고 피곤한 여정을 보낸 것인데 잠을 잔 시간은 대략 3시간 30분 정도인 듯하다. 아침 해결이 급하므로 발길이 닿는 대로 걷다 보니 '뼈마시감자탕'집이 보인다. 새벽인데도 손님들이 몇 명 보이므로 됐다 싶어 안으로 들어가 해장국(5,000원)을 시켰는데 소문난 맛 집인지 줄이어 손님들이 들어오며 입맛에도 맞는다. 여직원에게 대구가 초행이라며 대회장 위치를 물어보니 친절하게 가르쳐 준다. 시간이 있기 때문에 걸어갈 것이라고 하니 너무 멀다고 염려까지 해 준다. 9명의 대구시민에게 물어보면서 07시 15분에 금호강 변의 대회장에 도착하였는데 한결같이 친절하므로 대구시에 대한 첫 이미지가 매우 좋게 느껴진다. 시간도 때우고 소화도 시킬 겸 8㎞ 정도를 걸었는데 다리에 통증이 느껴진다. 아직은 시간이 이르고 매주 개최되는 대회인 까닭인지 전혀 준비가 되어 있지 않다. 서울에서 참가했다는 분과 얘기를 나누었는데 15년의 마라톤 경력에 풀코스를 110회나 완주했으며 올해만 10회를 완주했다고 하니 참으로 놀랍고 그저 부러운 마음뿐이다. 오늘 대회가 정말 열리기는 하는 것인가 등등 잡담을 나누다 보니 7시 25분경부터 간소한 행사장을 만든다. 플래카드 1개, 천막 1개, 앰프 1개 등 너무 단출해서 전국대회라기보다는 클럽에서 연습하는 분위기다. 07시 30분부터 번호표를 나누어 주는데 물품 보관용 봉투 작성도 보관도 자율적이다. 칩을 찾으니 사용하지 않는다고 하는데 칩 없이 뛰어 보기는 처음이다. 현장에서도 접수를 받는데 참가자들은 모두 경험이 많은지 각자가 알아서 몸 풀고 출발 준비를 한다. 08시 20분에 대회장의 안내

말씀에 이어 간단한 스트레칭을 마친다. 오늘 기온이 31℃ 정도인데 습도가 높으므로 무리한 레이스는 하지 말 것을 간곡히 당부한다. 대략 100여 명 정도가 참가하였는데 여성은 10명 안팎이다. '뭐 이런 대회가 다 있나? 참 신기하다.'라는 생각이 들지만 시민들의 인상이 좋고 금호강 변이 아름답게 잘 가꾸어진 탓인지 거부감은 들지 않는다. 오늘은 기본 복장에 흰 장갑, 모자, 선글라스, MP3플레이어, 손수건 등이다.

4. 대회 참가 및 완주

선수들이 함께 카운트다운을 외치고 08시 30분에 출발을 한다. 참가선수가 적은 탓인지 종목별 구분 없이 동시에 출발했는데 그게 오히려 자연스럽고 마땅해 보인다. 지난 대회 참가 이후 26회에 225㎞ 정도를 연습했으므로 크게 걱정은 되지 않으나 연일 계속되는 모임 때문에 정작 이번 주에는 연습을 전혀 하지 못했으므로 5시간 안에 완주만 하자고 마음을 먹는다. 출발도 후미에서 했는데 완주할 때도 거의 꼴찌 수준이었으므로 괜히 까불지 않고 망신 떨지 않아 다행이라는 생각이다. 코스는 금호강 변인데 조깅로, 자전거도로, 차로가 나란히 이어져 있다. 주로 변의 둔치에는 체육시설, 휴식공간, 산책로, 잔디밭 등이 잘 가꾸어져 있고 금호강은 자연형 하천으로 조성되었으며 맞은편의 강변도 잘 가꾸어져 있다. 많은 시민들이 산책하고 스포츠 활동을 하며 자전거를 타거나 휴식을 즐긴다. 우리 시에는 왜 이런 곳이 없을까 하는 아쉬움과 함께 그저 마냥 부럽기만 하다.

출발지부터 3.5㎞까지는 강변코스인데 날씨는 무덥지만 아직은 이른 시간인지 간간이 바람이 불어 주므로 시원하다. 시민들이 자전거도로에서 자전거를 타는데 주자들이 두 도로를 모두 점령(?)하고 뛰므로 잔디밭으로 쫓겨나 달리기도 하고 길옆으로 처박히는 모습도 보이므로 미안한 마음이 든다. 3.5㎞부터 반환점까지는 금호강 지천(支川) 변인데 차량이 많이 다니지 않고 인도 위의 조깅로를 뛰므로 부담은 느끼지 않는다. 5㎞를 09시에 지나면서 물을 한 컵 마신다. 킬로미터당 6분에 뛰었으므로 남을 따르다 보니 다소 빨리 뛴 것이다. 통상 2.5㎞ 지점에서는 물스펀지를 제공하는데 이곳에는 준비를 하지 않았으나 사용을 하지 않으므로 전혀 불편하진 않다. 반환점을 돌아 출발지로 되돌아오니 09시 35분으로 10.5㎞를 1시간 5분에 뛴 것이다. 물을 한 컵 마시고 다시 주로에 들어선다. 추월을 하지는 않은 것 같은데 마주 달려오는 선수들의 모습이 자주 보인다. 아무래도 무리다 싶어 속도를 늦추려는 노력은 하는데 발걸음은 자꾸 앞 사람을 따라간다. 선글라스는 멋 내기보다는 먼지와 바람막이용으로 쓰는데 잠깐 써 보니 너무 답답하므로 모자에 걸치고 뛰니 짐이 될 뿐만 아니라 몹시 귀찮다.

10시 02분에 15.5㎞를 통과하면서 물을 한 컵 마시고 반환점을 돌아 2회 왕복을 위해 되돌아 뛴다. 칠순마라톤클럽의 어르신 한 분께서 마주 달려오시며 미소 띤 모습으로 반갑게 손을 흔들어 주므로 인사를 건넨다. 이분께서는 코스를 달리는 내내 같은 모습이었으며 2회를 마친 이후에는 내가 먼저 인사를 하였다. 18㎞를 지나니 오른쪽 무릎에서 미세한 통증이 느껴지므로 속도랄 것도 없는 속도를 줄이니 오래가지 않아 사라진다. 10시 35분에 2회 왕복을 마쳤는데 하프를 2시간 5분에 뛴 것이므로 무더운 날씨에 내게는 무리다. 분명한 오버페이스를 해 버린 것이다. 바나나 반 개와 자두 2개를 간식으로 먹고 물을 마신다. 선글라스는 지니고 뛰는 것이 부담되므로 본부석에 맡겨 버린다. 아직까지는 날씨가 흐려 햇볕이 따갑지는 않지만 땀은 얼마나 많이 나는지 비 맞으면서 뛰는 기분이다. 다리와 허리운동으로 휴식을 하고 화장실에 들러 소변을 본다. 조금 쉬고 나니 한결 뛰기가 수월하다. 이제 5㎞, 10㎞, 하프코스는 끝났으므로 뛰는 선수들의 모습이 확 줄었다. 11시 15분에 6㎞ 지나면서 물을 두 컵이나 마신다. 물을 제공하는 봉사자가 "머리에 물을 부어드릴까요" 하는데 배려하는 마음이 몹시 고맙다. 고맙다는 말로 사양을 하고 다시 뛴다. 3회 왕복을 위해 한 걸음씩 옮기는데 몹시 힘들다. 시간 때문인지 이제는 무척이나 덥고 뜨겁다. 이제는 간혹 걷는 선수들의 모습이 보인다. 30㎞ 지점을 걷는 속도로 뛰어가니 자연보호마라톤클럽의 70대는 넘어 보이는 어르신께서 추월해 가시는데 도저히 쫓아갈 힘이 없다. 부럽고 존경스러운 마음과 함께 창피한 생각이 밀물처럼 몰려온다. 11시 50분에 3회 왕복(31.5 ㎞)을 하였다. 3시간 30분이 걸린 것인데 수박화채를 제공하므로 그늘 밑에 앉아서 두 그릇을 받아먹는다. 참 시원하고 맛있으며 갈증이 확 풀리는 느낌이다. 탈진해 가던 몸에 다시 힘이 조금씩 솟아나므로 마지막 왕복을 위해 주로에 들어선다. 조금 뛰어 보니 물과 수분을 너무 보충한 탓인지 아랫배가 살살 아프다. 속도를 낼 수도 없지만 이제는 조금 빠른 속도로 걷기만 해도 5시간 안의 완주는 가능할 것으로 판단되므로 다소 마음에 여유가 생긴다. 조금씩 뛰다가 힘들다 싶으면 걷기로 작정을 한다. 33㎞ 지점을 지나며 소변이 몹시 마려워 화장실에 들어갔는데 오줌은 별로 나오지도 않고 노랗다. 12시 40분에 36.5㎞ 를 지나면서 물을 두 컵 마신다. 너무 많은 땀을 흘려 한 컵으로는 절대 부족이다. 이번에도 봉사자는 "덥지요. 머리에 물을 부어드릴까요. 이제는 걸어가도 제한시간 내 완주 가능합니다."라는 말로 응원을 보내 준다. 감사의 인사를 전하고 골인 지점을 향해 힘든 걸음을 옮긴다. 37㎞ 지점을 지나니 다시 소변이 마려워 교각 옆을 찾아갔는데 나오지는 않는다. 몇 백 미터 앞서 가는 선수도 마냥 걷는 모습이고 뒤따라오는 선수의 모습은 보이지 않는다. 이제부터는 5분은 뛰고 1분은 쉬면서 걷기를 반복했는데 걸어서 골인할 수는 없으므로 마지막 500여 미터는 뛰어서 피니시라인을 통과하였으며 시계는 13시 15분을 넘고 있었다. 수천 명이 참가한 대회도 아니고 응원 나온 가족이나 환영인파가 운집하지는 않았지만 몇 명 안 되는 주최 측에서 축하하며 반갑게 맞이해 주니 완주의 기쁨과 성취감은 전혀 다를 바 없다.

5. 소감 및 귀향

뛰고 나니 많이 시달린 탓인지 항문과 왼쪽 사타구니가 몹시 쓰리다. 따끔거려서 제대로 걸을 수 없을 지경이다. 물을 2잔 마시고 수박화채 2그릇, 캔맥주 2개를 마시고 나니 갈증이 가신다. 강릉(동해)행 버스는 막차가 15시 03분이지만 목욕을 해야 하므로 포기를 하고 일단은 포항까지 이동하여 차편을 감안해서 귀가하기로 한다. 진행요원에게 가까운 사우나 위치를 문의해서 알아내었다. 기록증은 현장에서 제작하여 메달과 같이 배부해 주는데 기록을 보니 04:43:31이다. 사력을 다해 뛰었건만 억지로 제한시간 안에 완주한 것이다. 대경연합회장에게 "강원도 동해시에서 심야버스로 와서 뛰고 간다. 수고 많으셨고 고맙다.”
라고 인사를 건네니 “간혹 강릉이나 삼척에서도 참가하는 사람이 있는
데 동해시에서는 처음인 것 같다.”라고 한다. 13시 30분에 행사장을
떠나 10분 거리에 있는 용비어천가사우나에 도착하여 목욕(4,800원)
을 하고 나니 15시다. 동부시외터미널까지 걸어갈까 생각도 해 보았으
나 너무 무리일 것 같아 지하철을 이용키로 한다. 15시에 사우나를 나
와 동촌역까지는 걷고 지하철(1,100원)을 이용하여 동대구역에 도착,
터미널까지는 걸어서 간다. 이 과정에서도 7명에게 길을 물어보았는데
모두 친절하고 자세하게 가르쳐 준다. 16시에 터미널에 도착하였고 16
시 16분 포항행 버스(7,400원)를 탑승하여 17시 28분에 터미널에 도
착한다. 운행시간표를 보니 동해를 경유하는 막차는 17시이고 17시 39
분 강릉(속초)행 버스는 동해를 경유하지 않는다고 한다. 심야버스 첫
차는 22시 40분으로서 우려했던 대로 큰일이 벌어진 것이다. 빨리 귀
가할 목적으로 점심식사도 거른 채 부지런히 걸음을 재촉했건만 준비
부족으로 4시간 40분이라는 긴 시간을 허비하게 되어 버린 것이다.

후회한들 무슨 소용이 있는가? 편안한 마음으로 여유를 갖고 소주나
한잔하면서 시간을 때우기로 마음을 고쳐먹는다. 터미널 주변을 구경
삼아 돌아다니다 19시경에 ‘황토옥’ 식당에 들어가 꼬리곰탕(9,000원)
을 안주 삼아 소주를 한 병 마시고 나니 20시 10분밖에 되지 않는다.
아직도 2시간 30분을 더 기다려야 하므로 터미널 대합실로 이동해서
야구중계방송을 시청한다. 대합실 안에서는 여러 대의 선풍기가 쉼 없
이 돌아가니 그런대로 시원하고 바깥도 바람이 조금씩 불어 주니 선선
하다. 마침내 22시 40분 동해행 버스(23,800원)에 탑승하여 6월 28일
01시 21분에 터미널에 도착하였다. 버스 옆자리에는 강릉으로 가는 아

가씨가 자리 잡고 있었는데 "오늘 대구에서 마라톤을 뛰어서 몹시 피곤한 상태다. 동해에서 내려야 하는데 혹시 잠이 들면 깨워 주면 고맙겠다."고 부탁을 하였지만 궁촌을 지날 즈음에 잠이 깨어 이브닝콜 신세는 지지 않았다. 승용차를 이용하여 집에 도착하니 01시 40분을 지나고 있었으며 무박 2일간의 28번째 마라톤 여정이 막을 내렸다.

47일 만의 풀코스 완주이다. 중간에 두 번을 뛰지 못해 사이가 많이 벌어졌으며 그 때문에 더 힘들게 뛰었는지 모를 일이다. 참가비 1만 원인 대회로서는 매우 만족스럽고 훌륭했다고 평가하고 싶다. 여러 대회를 다녀 보았는데 규모만 크고 참가 선수들에 대한 배려가 없는 사례를 여러 번 볼 수 있었다. 뛰기 위하여 전국 각처를 돌아다니며 마라톤을 알리고 빛내며 해당 지역의 상경기에도 미흡하나마 일조하는 마라톤마니아들에게 웅장한 대회장, 좋은 기념품, 먹을거리 등이 뭐가 그리 중요하겠는가? 안전하게 뛸 수 있는 도로 공간, 적정하고도 충분한 식수와 약간의 간식 제공, 마라톤의 어려움을 인정하고 반갑게 맞이해 주는 행사진행요원들의 마음만 있으면 성공적이고 훌륭한 대회로 평가받을 일이다. 금호강마라톤대회는 내게 있어 마라톤대회의 성공적인 요소를 모두 충족시켜 주었다.

초반에는 조금 빨랐지만 후반에는 많이 늦춘 탓인지 무릎과 엉덩뼈의 통증을 그리 심하게 느끼지 않았다. 이번 주의 연습량이 가장 적었으므로 몸에 상당한 무리가 따랐을 것임에도 말이다. 잘 지탱해 준 다리와 내 몸이 자랑스럽고 고맙다. 평상시에는 술과 일 등 여러 가지 스트레스에 시달리면서도 또 한 번의 풀코스를 완주하도록 해 주었기 때문이다. 대회의 성공개최를 위해 애쓰신 대경마라톤연합회장님과 대회 관계자 여러분, 그리고 행사진행요원님들께 깊이 감사드린다. 또한 금

호강마라톤대회가 더 훌륭한 대회로 발전하고 대회명에 걸맞게 '2011
대구 세계육상선수권대회'가 성공적으로 개최되기를 기원한다.

댓글

우더위에 수고하셨습니다.
권우진[2009/07/01]

엄청 빡세게 가는군요. 쉬엄쉬엄 가세요. 대단하십니다요.
성재천[2009/06/30]

우더위에 수고하셨습니다. 마라톤 참 쉽지요잉.
홍성래[2009/06/30]

고생하셨어요. 완주기 잘 읽었습니다.
임진효[2009/06/30]

불멸 우더위의 대명사 대구에서 풀코스를… ㅎㅎ 웅이 반쪽이 되었겠습니다.
얼른 회복하세요.
신윤승[2009/06/30]

매주 전국단위 대회가 열마나 개최되며 참가규모는 어느 정도 되는지 저도 많이
궁금했는데 도움이 많이 되는 글이었습니다. 감사합니다.
초보[2009/06/30]

글을 읽고 있으면, 대회가 어떻게 열리는지 눈에 선하군요. 파이팅.
달링어[2009/07/20]

폭우 속의 시원스러운 고속도로 달리기,
2009 춘천마라톤(29번째)

1. 대회개요

- 대회명: 서울~춘천 간 고속도로 개통 기념 2009 춘천마라톤대회
- 일시: 2009. 7. 12(일) 08:30
- 장소: 남춘천 IC 동산영업소
- 주최: 춘천시(주관: 춘천시체육회, 전국마라톤협회, 춘천시육상연합회)
- 코스: 서울~춘천 간 고속도로
- 종목: 5종목(5km, 10km, 하프, 풀, 55km 울트라)
- 참가비: 25,000원(풀 마니아)/종목별로 10,000~40,000원
- 기념품: 기록증, 완주메달/종목별로 상이
- 총경비: 98,900원(참가비 포함)
- 소속: 동해시청마라톤동호회, 동해마라톤클럽

○ 기록: 04:04:00.23

○ 우승: 풀/ 정석근(02:36:07.92)

2. 참가배경

6월 27일 금호강마라톤대회 참가 이후 2주 만이다. 마라톤을 본격적으로 시작한 지 그리 오래되지 않은 탓인지 고속도로 개통 기념이건 간에 고속도로 위에서 마라톤대회가 열렸다는 얘기는 아직껏 들어본 적이 없다. 서울~춘천 간 고속도로 위에서 마라톤대회가 다시 또 개최될 날이 과연 있을 것인가? 마라톤 구간에 맞춰 서울~춘천 간 고속도로를 전면 차단하고 시행하면 가능이야 하겠지만 어디 될 법한 일인가 말이다. 대회 개최 소식을 알고는 다른 대회보다는 뜻깊을 것 같다는 생각에 일찍 참가신청을 하였다. 횟수가 그리 많지는 않지만 가 보지 않은 대회를 찾아다니는데 그때마다 자주 눈에 띄는 선수들이 있다. 나와 같은 마음으로 전국 곳곳을 찾아다니는지는 알 수 없으나 먼발치에서 보기만 해도 반갑고 즐겁다. 이번 대회에서는 과연 어떤 분들을 또 보게 될까 하는 마음으로 참가신청을 한다.

3. 대회장에 도착할 때까지

7월 11일 17시 20분에 집을 나선다. 볼일을 마치고 터미널에 도착

17시 53분 춘천행(13,900원) 버스에 탑승, 강릉을 거쳐 20시 41분에 춘천시외버스터미널에 도착한다. 찜질방에서 다만 조금이라도 깊은 잠을 자고 싶어 자지 않으려고 애를 써 봐도 그만 잠이 들어 버렸고, 새 말을 지날 때 잠에서 깬다. 아마도 1시간 30분 남짓 자지 않았을까 싶다. 아직은 여유가 있기에 공지천 변을 따라 걸으니 비가 간간이 내림에도 불구하고 끼리끼리 어울려 산책하는 시민들의 모습이 많이 보인다. '장안해장국'에 들러 선지해장국(5,000원)으로 저녁을 때우고 23시 40분에 10분 이내의 거리에 있는 '자수정찜질방'(8,000원)을 찾아 들어간다. 찜질방 가격은 협정요금인지 어느 지역을 가 보아도 비슷한 수준이다. 간단히 몸을 씻고 찜질방에 들어가 보니 규모가 엄청나다. 찜질방에 들를 때마다 느끼는 마음이지만 정말 요지경이다. 몇 년 전 유럽 여행을 갔을 때 슬로바키아에 있는 호텔에서 남녀 혼탕의 나체 사우나에 일행과 같이 들어가 본 경험이 있는데 찜질방 문화도 뒤떨어지지 않을 것 같다는 생각이다. 둘러보니 7~8가지 정도의 찜질 메뉴가 있고 4곳을 맛보기로 잠깐씩 들러 본 다음에 수면실에 들어가 억지로 잠을 청해 보지만 쉽지가 않다. 05시 05분에 일어나 찜질방 안의 식당에서 된장찌개(5,000원)로 아침식사를 한다. 3시간 전에 식사를 해야 뛰는 데 부담이 없다는 것 때문이다. 사우나에 들러 온탕 냉탕을 번갈아 가며 피곤한 몸을 달랜다고 용을 써 보지만 별로 나아지는 기색은 없다. 식당 아주머니와 사우나의 아저씨한테 대회장소를 물어보니 버스는 자주 다니지 않고 택시를 타도 20여 분 정도 걸린다고 한다.

07시에 출구에 도착하니 대회에 참가하는 듯한 분이 보인다. "오늘 마라톤대회에 참가하시는가 보지요?" 했더니 "그런데요. 차편을 혹시

아시는지요?” “버스는 자주 없고 택시로 20여 분 걸린다고 합니다.”라
고 대답을 한다. 대화를 나누며 내 우산을 같이 쓰고 안내받은 버스승
강장으로 비를 맞으며 걸어간다. 도중에 시민에게 차편을 다시 알아보
니 모른다고 한다. 승강장에서 기다리는데 시간은 계속 지나가고 비는
억수로 쏟아부으므로 택시를 타기로 뜻을 모은다. 07시 10분에 택시를
타고 07시 30분에 대회장소에 도착을 했는데 요금이 24,000원이나 된
다. 예상을 훨씬 초과하는 금액이었고 교통사정이 이렇게 안 좋은 대
회장소는 처음이라는 생각에 기분이 조금은 씁쓸하다. 동승한 분은 안
동 출신인데 일행은 당일 아침 버스로 출발을 하고 이분은 하루 먼저
오셨다고 한다. 마라톤을 주제로 이런저런 얘기를 나누었는데 나도 정
신 나간 놈이지만 이분도 정말 대단한 분이시구나 하는 생각에 웃음이
나온다. 비는 그치는 기색이 전혀 없이 갈수록 굵어지므로 괜히 왔다
싶은 마음이 자꾸 들고 걱정이 더해 간다. 대회장 입구는 차량 행렬이
길게 늘어져 지체되고 있고 행사장 전체가 어수선한 분위기다. 탈의실
을 찾아 들어가니 한 분이 옷을 갈아입고 있는데 바닥이 젖어 우리 둘
은 엄두가 나지 않는다. 물품보관소가 고속도로 동산영업소 실내이므
로 그곳으로 옮겨 옷을 갈아입고 물품을 맡긴다. 비좁은 공간에 선수
들이 많아 거의 난장판에 가깝지만 어렵게 참가한 분들인지 모두가 표
정은 밝다. 짜증을 내어 본들 별수도, 달라질 것도 없으므로 체념하고
이해하며 받아들이는 것이 건강에도 좋을 것이리라. 화장실에 화장지
가 없어 보관시킨 물품을 찾아 꺼내고, 경황 중에 칩 착용하는 것을 잃
어버려 다시 꺼내었는데 봉사하는 아가씨들이 매우 친절하다. 톨게이
트 안에 설치된 간이화장실에 들러 최대한 배설을 하고 비를 피해 몸
을 푼다. 08시 20분에 간이 비옷(포대형)을 걸치고 비를 맞으며 행사

장으로 들어간다. 준비해 간 아식스 운동화는 꺼내지도 않고 수년 전에 대회기념품으로 받은 젖은 운동화를 그냥 신는다. 대회 시에는 처음으로 신어 보았고 조금은 무겁게 느껴지므로 걱정은 된다. 우중주는 처음이므로 선글라스를 모자 위에 걸치고 장갑을 끼는 등 나름대로 준비를 한다. 소형승용차 1대의 경품 추첨을 한 후 사회자의 구호에 맞춰 스트레칭을 하고 출발장소로 이동한다. 코스인 도로가 차량으로 막히고 아직까지 참가하지 못한 선수들이 있다며 사회자가 계속 양해를 구해 보지만 출발시간이 자꾸 지연되므로 선수들의 불만이 갈수록 높아진다. 장대비를 맨몸으로 맞으며 가만히 서 있으니 춥기도 하지만 지루하므로 어쩔 수 없는 일이다.

4. 대회 참가 및 완주

이리저리 시간을 끌어 보지만 선수들의 불만이 계속 높아지기 때문에 08시 50분에 폭죽 소리와 함께 출발신호를 알린다. 아취 200여 미터 앞 주로는 주차장에 진입하지 못한 차량으로 꽉 막혀 있으므로 차량을 피해서 안전하게 달리라고 안내를 한다. 출발선부터 300~400m 정도는 주로가 확보되지 않아 차량 틈새를 찾아 이리저리 달리는데 아직까지도 버스에서 내리지 못한 선수들의 모습도 더러 보인다. 이 험한 날씨를 마다하지 않고 오로지 달리는 즐거움을 위해 먼 길을 왔을 텐데 남의 일 같지 않다는 안타까운 마음이 든다. 출발시간이 20여 분 정도 늦어진 탓인지 모두 장대비 속을 헤치고 뚫으면서 잘도 달린다.

오늘 목표는 비가 너무 심하게 내리므로 옷도 신발도 무거울 것 같아 제한시간 내에 완주로 정한다. 도로는 왕복 4차선인데 깊은 산속에 도로를 낸 탓인지 인가도 별로 보이지 않고 빗속에서 보이는 주변 경관이 너무 아름답게 느껴진다. 몸에서는 추위를 느끼고 신발은 무거우므로 천천히 뛰어야 한다는 마음을 갖지만 분위기에 휩쓸려 걸음이 자꾸 빨라진다. 주로에서 여러 번 보았던 100회 마라톤클럽, 칠마회, 자연보호마라톤 등 여러 클럽의 회원들이 많이 보인다. 연세가 많아 늘 인상 깊게 여겨져서 관심을 가지고 여러 번 보았던 어르신들도 드문드문 눈에 띈다. 그분들도 나를 알아보실까 하는 마음을 가져 보지만 기대는 하지 않는다. 3㎞ 정도 달렸을까 터널이 보이는데 신나는 음악을 틀어 놓고 선수들을 응원한다. 비를 흠뻑 맞고 뛰지만 몸에서는 열이 나고 갈증을 느끼므로 급수대에서 물 한 잔을 마시고 다시 주로에 들어선다. 09시 20분에 5㎞를 지났으므로 30분이 걸린 것이다. 킬로미터당 6분이면 조금 빠르지 않은가 염려가 되어 의식적으로 속도를 늦춰 본다. 물 한 잔을 또 마시고 뛰는데 모든 분들이 즐거운 모습으로 열심히, 그리고 부지런히 달리는 모습이 정말 보기에 좋다. 조금 더 진행하니 또 터널이다. 우의를 입었지만 옷은 모두 젖은 상태이므로 몸에서 열이 나서 터널 안을 뛰는 것이 더 힘들다. 10㎞를 지나며 시계를 보니 09시 45분이다. 킬로미터당 5분씩 걸렸으니 초반보다 더 빨리 뛴 것이다. 큰일 났다 싶다. 이곳저곳, 이 선수 저 선수를 구경하며 뛰다 보니 나도 모르게 걸음이 빨라진 것이다. 남의 페이스에 빠져들지 말자고 굳게 다짐을 하면서 물 한 잔을 마신다.

조금 더 진행하니 또 터널이다. 벌써 3개째인데 도대체 굴이 몇 개인지 세어 보기로 한다. 빗줄기는 갈수록 더 세어져 이제는 아예 쏟아

붓는다. 그럼에도 불구하고 남녀노소 할 것 없이 너무나 잘 달리고 모두가 부럽다. 나를 앞질러 가는 선수들이 얼마나 많은지 조금은 기분이 상하지만 능력의 한계인데 어쩌랴? 다음 대회 참가를 앞두고부터는 정말로 열심히 연습해서 고생도 덜하고 창피도 떨지 말자는 다짐을 해본다. 10시 15분에 15㎞를 통과했으므로 킬로미터당 6분씩 걸렸는데 아직도 조금 빠르다는 생각이 든다. 물을 또 한 잔 마시고 조금 더 나아가니 오른발 무릎과 대퇴부에서 통증이 느껴진다. 초반에 다소 무리한 영향이 나타났다 싶어 속도를 더 줄인다. 5분 정도 지나니 통증이 가라앉았고 다리에 오는 부담을 최소한으로 줄이기 위해 작은 걸음으로 살짝살짝 달리도록 애를 쓴다. 17㎞를 지나갈 때 맞은편으로 반환점을 돌아오는 선두주자가 보인다. 성큼성큼 무서운 속력으로 질주하는 모습이 전혀 지친 기색도 없고 힘이 넘친다. 6위로 달리는 선수는 홍천 출신의 내가 아는 강주원 씨다. 전주에서 개최된 전국생활체육대회에 강원도 대표로 참가를 해서 10㎞에서 우승했는데 역시 잘 달린다. 아는 체를 하려고 해도 너무 빨리 달려 할 수가 없다. 19㎞를 지나니 다시 통증을 느낀다. 빨리 걷는다는 마음으로 뛰므로 금호강 대회에서 보았던 자연보호마라톤클럽과 칠마회의 어르신들께서 나를 앞질러 가신다. 내 몸이 초라하게 느껴지고 평상시 연습에 충실하지 못한 것이 후회스럽지만 어쩔 수 없는 노릇이다. 정말 대단한 체력을 지니셨고 마냥 부럽기만 하다. 10시 45분에 20㎞를 지났으므로 이번에도 킬로미터당 6분씩 걸렸다. 속도를 늦춘다고 했는데 결과적으로는 거의 같은 속도로 달린 것이다. 10번째 터널을 지나 반환점을 돌아와 급수대에서 마늘진액, 연양갱, 바나나로 간식을 하고 주스 한 컵을 마신다. 잠깐 쉬면서 호흡을 조절하고 몸을 풀어 주니 한결 낫다.

경춘고속도로는 주변 경관도 아름답지만 잘 건설했다는 생각이다. 몸은 지치고 다소 힘들지만 지루하다는 느낌은 전혀 들지 않는다. 21㎞ 구간에 터널이 10개나 되는 것만 봐도 심산유곡에 만들어진 도로임을 짐작할 만하다. 강원도의 자연이, 산이 가장 아름답다고 하지 않는가 말이다. 11시 15분에 25㎞를 통과했으므로 킬로미터당 6분 걸렸다. 다시 통증을 느끼므로 물을 한 컵 마시고 뛰는 자세를 고친다. 이제는 걷는 선수들의 모습이 간혹 보인다. 나도 힘들기는 마찬가지이므로 동정심을 느끼지만 제발 끝까지 걷지 않고 완주할 수 있기만을 간절한 마음으로 빌어 본다. 어차피 이제부터는 계속 통증이 올 것이므로 킬로미터당 6분대로 끝까지 고통을 참으며 달려 보기로 굳게 마음을 먹는다. 반환점을 향해 달릴 때는 빗속에서도 무덥게만 느꼈는데 맞바람이 부는 까닭인지 이제는 시원함을 느낀다. 빗줄기는 전혀 약해지는 기색도 없이 줄기차게 쏟아진다. 물을 가장 세게 틀어 놓고 샤워하는 기분이라고나 할까? 11시 45분에 30㎞를 통과한다. 아직까지는 6분대의 속도가 계속 유지되고 있다. 음료수를 한 컵 마시고 감사의 인사를 한 후 몸을 잠깐 풀어 준다. 먼발치에서 4시간 10분 페메 두 명의 모습이 보이고, 비 때문에 풍선은 제대로 뜨지 못하고 끌려 다닌다.

비를 피할 수 있는 터널 안을 뛰는 것보다 비를 맞고 뛰는 것이 시원하고 훨씬 더 좋다. 갈수록 신발은 무겁고 발가락은 아프며 발바닥에 물집 잡히는 것이 느껴진다. 이제부터는 과연 몇 명이나 추월할 수 있는지를 세어 보기로 한다. 한 명 한 명씩 따라잡으니 재미가 쏠쏠하다. 35㎞를 12시 15분에 지나면서 물을 한 컵 마신다. 잠깐 빗줄기가 약해지는 듯하다가 다시 세차게 퍼붓기 시작한다. 39㎞를 지나는데 선수 한 명이 누워 있고 달리는 구급요원과 페메 2명이 응급조치를 하고 있다.

뛰던 선수들도 잠깐 멈춰 서서 걱정스러운 눈빛으로 살펴보는데 다행히 차량 한 대가 주로 반대 방향에서 오므로 세워서 긴급 후송을 요청한다. 35～40㎞ 구간에서는 18～19㎞ 구간에서 추월을 내준 많은 선수들을 따라잡았는데 대략 40여 명 정도는 되는 것 같다. 출발할 때는 몰랐는데 골인지점을 앞둔 2㎞ 정도는 오르막이었으며 이곳에서도 마지막 남은 에너지를 쏟아 10여 명을 추월하였다. 30여 미터 앞에서 3명의 선수가 골인한 데 이어 12시 54분에 사회자가 배 번호를 불러 주는 방송을 들으며 결승점을 통과하였다. 30㎞ 이후 추월한 숫자는 70명이나 된다. 하늘에 구멍이라도 뚫린 듯 아직도 비는 계속 쏟아진다. 4시간 전 난장판같이 혼잡스러웠던 대회장은 차량이 거의 모두 빠져나가 한산한 모습이다.

5. 소감 및 귀향

정리 몸 풀기를 하고 수박화채 2컵을 먹으니 몸의 열기가 점차 식는다. 칩을 반납한 후 간식과 메달을 받고 간이식당으로 자리를 옮겨 막국수와 두부김치로 요기를 한다. 전마협 장영기 회장을 만나 좋지 않은 날씨에 수고 많으셨고 잘 달렸다는 감사의 인사를 전한다. 맡겨 놓은 물품을 찾아 옷을 갈아입으면서 발을 보니 형편 없다. 발바닥이 불어 있고 오른발 발가락 한 개는 시달린 탓에 살점이 떨어져 너덜거린다. 이제는 대회장을 벗어나 춘천 시내로 이동 후 귀가할 일이 큰 걱정이다. 24,000원 이상을 주고 콜택시를 부르자니 돈이 아까워 시내버스편을 알아보니 모른다고 한다. 대회장을 떠나는 승용차 신세를 질까 하다 13시 45분에 동산공원묘원 버스정류소를 찾아 무작정 터벅터벅 걸어간다. 추리닝 바지는 무릎 밑까지 걷었고, 양말은 벗은 채 푹 젖은 운동화를 신었으며, 배낭 메고 우산 들고 폭우 속을 걸어가니 내 모습이 얼마나 처량하게 느껴지던지…….

대충 짐작하여 발걸음 끌리는 곳으로 20여 분을 걷다 보니 정류소가 보이고 선수 두 명의 모습이 보인다. 얼마나 반갑던지 다가가 인사를 하고 버스를 기다리며 30여 분간 마라톤을 주제로 얘기를 나눈다. 서울에서 오신 50대 분인데 55㎞를 뛰었고 나와 같은 마음으로 전국을 돌아다니며 대회에 참가한다고 하신다. 14시 40분에 시내버스에 탑승, 어제 묵었던 자수정찜질방(5,000원)에 도착하니 15시 20분이다. 온탕 냉탕을 오가며 물마사지를 하고 다리도 주물러 주니 피로도 회복되고 몸이 한결 개운하다. 마른 운동화로 갈아 신고 사우나를 나오니 허기를 느끼므로 16시 50분에 '일산감자탕'을 찾아 들어가 뼈다귀해장국 (6,000원)과 소주 한 병으로 배를 채운다. 시장한 탓도 있겠지만 양도 푸짐하고 맛이 있으므로 국물 한 방울 남기지 않고 깨끗하게 비운다. 17시 40분에 식당을 나와 20여 분을 걸어서 터미널로 이동하여 18시 30분 동해행 버스를 타자마자 잠이 들었고 강릉을 거쳐 동해에 도착하니 21시 35분이다. 터미널 주차장에 주차해 둔 차를 보니 무사하게 자리를 지키고 있는 것이 몹시 반갑다. 춘천은 아직까지도 비가 내리는지 알 수 없지만 동해는 그쳤으며 21시 50분에 집에 도착하니 아내가 고생 많았겠다며 반겨 준다. 젖은 옷가지를 정리하며 영원히 잊지 못할 폭우 속의 달리기, 29번째 마라톤 여정을 마무리한다.

2주 전에 풀코스를 뛴 후 6회 48㎞를 운동했다. 너무 짧은 거리이긴

하나 풀코스 주기가 너무 벌어지는 것보다는 오히려 좋았다는 생각이다. 받아들이는 태도에 따라 다르겠지만 나로서는 이번 대회가 만족스럽다. 엄청난 폭우 속에 모든 것이 이루어졌으므로 주최 측에서 예상치 못했던 일이 벌어졌을 수도 있고 계획과는 많이 다르게 진행되었을 것이다. 조금 아쉬운 점은 화장실 내 화장지 미비치, 탈의실 내 방수 미흡, 출발시간 지연, 출발지 앞 주로의 주차장화, 반환점에서의 간식 배부 종사원 부족, 골인 지점 생수 미비치, 막국수 식사 공간 협소, 따뜻한 차류 미제공 등이다.

킬로미터당 6분대의 기록을 유지했다. 비가 오지 않고 햇볕이 쨍쨍 내리쬐는 더운 날씨였다면 가능했을까 하는 생각이 든다. 세 번 정도 다리에 통증을 느꼈지만 주법과 자세를 바꾸면서 조심한 탓에 큰 무리 없이 잘 달린 것 같다. 월 1회씩 혹사당하는 몸을 생각해서라도 음주량은 줄이고 연습량은 늘리기를 또 다짐해 보는데 과연 잘될지는 모르겠다.

뻥 뚫린 고속도로에서 시원스럽게 달릴 수 있도록 배려해 주시고 대회의 성공개최를 위해 애쓰신 주최 및 주관기관과 후원기관, 그리고 대회 관계자 여러분과 행사진행요원님들께 깊이 감사드린다.

댓글

대회 전술 찜질방에서 소주를 안 드셨습니다. 음주량을 줄이시면 서브쓰리가 가능한 선수입니다(대회 기록 시간은 안 쓰셨네요). 즐거워하시는 모습이 보이네요. 수고하셨어요.
한경훈[2009/07/26]

하~ 한 폭의 그림이 그려집니다. 멋집니다.
성관홍[2009/07/20]

우중에 수고하셨습니다.
홍성래[2009/07/19]

열정이 대단합니다. 고생하셨습니다.
임진효[2009/07/16]

나는 행복하기 때문에 달리고 달리기 때문에 행복하다. 이 과정을 통해 나는 가장 순수한 나를 만난다. 달리기를 통해 사람들은 자신이 누구인지 깨닫게 된다. 양원희 님의 글 참 감칠맛 나게 읽고 있어요. 항시 동해에서 이곳저곳 배가 몬드로 그리고 맛나게 먹는 음식에서 소장 및 귀향까지 예쁜 앙~ 예쁜 꿈 지는 독립군으로 달리는 사랑으로 님의 건승을 위해 항시 ((((짱)))) 글 잘 읽고 있어요.
파란하늘[2009/07/16]

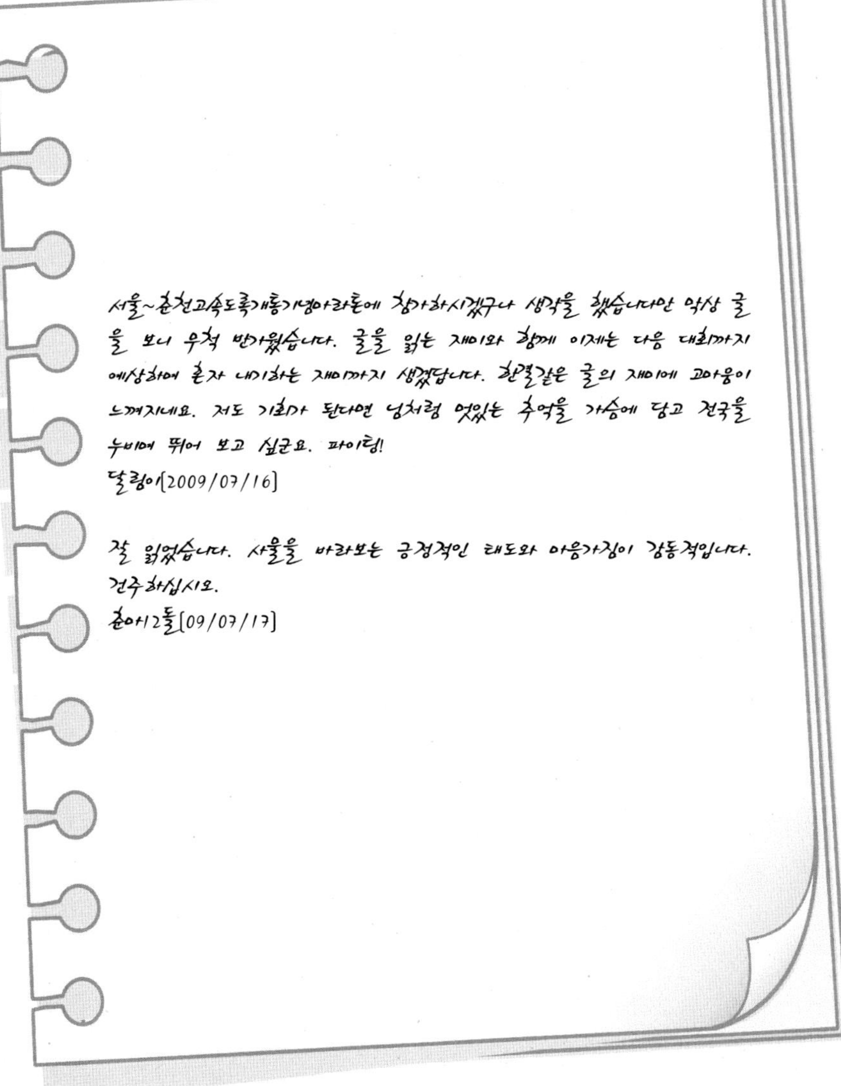
서울~춘천고속도로개통기념마라톤에 참가하시겠구나 생각을 했습니다만 막상 글
을 보니 우쩍 반가웠습니다. 글을 읽는 재미와 함께 이제는 다음 대회까지
예상하여 혼자 내기하는 재미까지 생겼답니다. 한편같은 글의 재미에 고마움이
느껴지네요. 저도 기회가 된다면 넝쿨처럼 멋있는 추억을 가슴에 담고 전국을
누비며 뛰어 보고 싶군요. 파이팅!
달링이[2009/07/16]

잘 읽었습니다. 서울을 바라보는 긍정적인 태도와 마음가짐이 감동적입니다.
건주하십시오.
춘어2돌[09/07/17]

마라톤
뛰는 것만이
아니다

<h1 style="text-align:center">8월의 첫 풀코스 완주,
2009 삼척비치마라톤(30번째)</h1>

1. 대회개요

- 대회명: 2009 삼척 황영조 국제마라톤대회 – 바르셀로나올림픽 제패 기념 삼척비치마라톤대회
- 일시: 2009. 8. 2(일) 08:00
- 장소: 삼척 엑스포 과학공원
- 주최: 강원일보(주관: 전국마라톤협회, 한국실업육상경기연맹)
- 후원: 삼척시
- 코스: 삼척~궁촌 간 자동차 전용도로
- 종목: 4종목(5km, 10km, 하프, 풀)
- 참가비: 35,000원/종목별로 10,000~35,000원
- 기념품: 마라톤화 또는 선글라스, 기록증, 완주메달/종목별로 상이
- 총경비: 0원(참가비: 클럽 지원)

○ 소속: 동해시청마라톤동호회, 동해마라톤클럽

○ 기록: 03:54:15

○ 우승: 풀/ 강주원(02:40:06)

2. 참가배경

7월 12일 경춘고속도로마라톤대회 참가 이후 20일 만이다. 8월에는 마땅히 뛸 풀코스를 찾기가 쉽지 않다. 대회 자체가 확 줄어드는데 무더운 날씨 때문에 당연하다는 생각이 든다. 올해는 삼척대회에 풀코스가 처음으로 추가되었고 집 가까이에서 열리는 대회이므로 조금 걱정은 되었지만 한번 도전해 보기로 했다. 삼척대회는 해마다 8월 첫 주에 개최되는데 이때가 가장 무더울 때이며 지난해에는 하프에서 1시간 57분의 기록으로 몹시 고생을 하였기 때문이다. 또한 2007년 8월에는 울릉도에서 개최된 풀코스에서 도전 이후 첫 실패를 했던 기억도 있기 때문에 나로서는 8월 대회가 상당히 큰 부담과 함께 용기가 필요했던 것이다.

3. 대회장에 도착할 때까지

8월 2일 03시 40분에 잠에서 깬다. 4시간 30분으로 알람을 맞춰 놓았는데 50분을 일찍 일어나고 만다. 집에서 자므로 마음 편하게 충분

히 자지 않을까 했는데 찜질방에서 잘 때나 똑같다. 전날 아내에게는
조용히 아침 먹고 나갈 테니 신경 쓰지 말고 푹 자라고 했으므로 조용
히 한다고 했는데도 아침을 먹고 있으니 그만 깨어서 나온다. 짐을 챙
겨 05시 45분에 집을 나온다. 아직까지는 시간 여유가 있으므로 근육
도 풀어 줄 겸 걸어서 내 연습장(평릉 해안택지)으로 이동한 후 시청에
도착하니 06시 45분이다. 이슬비가 내리는 듯하다가 그쳤는데 날씨가
흐린 것이 다행이다 싶고 하루 종일 이런 날씨가 계속되기를 속으로
빌어 본다. 시청클럽 회원들을 만나 07시 05분에 시청을 출발해서 07
시 20분에 대회장에 도착한다. 시청에서는 24명이 참가신청을 했으나
풀코스는 나 혼자이므로 개별행동을 할 수밖에 없어 인사를 나누고 헤
어진다. 기념품을 교환한 후 물품을 맡기고 나니 07시 45분인데 개회
식이 벌써 진행 중이다. 시간이 바쁘므로 화장실에 서둘러 들어가니
행사가 진행 중인지 줄은 그리 길지 않아서 다행이다. 삼척시장의 대
회사, 국회의원의 축사에 이어 경품추첨을 하고는 07시 50분부터 08
시 10분까지 스트레칭을 한다. 작년에는 참가자가 그리 많지 않았는데
올해는 몇 배는 많아 보인다. 5km 무료참가 종목도 만들고 소형승용차
경품에 홍보도 많이 해서인가 보다.

4. 대회 참가 및 완주

　출발장소로 이동하여 08시 11분에 폭죽소리와 함께 출발을 알린다.
보통은 풀과 하프를 구분하는데 풀 참가자가 적은 탓인지 2종목을 같

이 출발시킨다. 모자는 조정 끈이 풀어져서 버렸고 선글라스는 쓰지 않기로 했으며 MP3플레이어는 듣기로 하였다. 흐리기는 하지만 너무 무리하지 말고 4시간 30분으로 목표를 잡고 출발하였다. 8월의 첫 도전이므로 무리하지 말자고 몇 번이나 다짐을 하건만 풀과 하프가 섞여 뛰는 까닭에 모두의 발걸음이 매우 빠름을 느낀다. 이러면 안 되는데 하면서도 걸음을 통제할 수가 없다. 날씨도 흐리고, 이번이 30회째 풀코스이며, 일정한 거리에 도달하면 통증은 찾아오기 마련이고 페이스 조절이 필요하므로 달리는 데까지는 맘껏 달려 보자고 마음을 고쳐먹는다. 3㎞를 지나면서 03:40 페메를 앞질러 간다. 조금 더 가니 자연보호마라톤의 김동호 어르신의 모습이 보인다. 인사를 나눈 적은 없지만 자주 뵈었으며 많은 연세에도 불구하고 나보다는 몇 수 위인 분이다. 뒷일은 그때 가서 생각하기로 하고 추월을 하는데 과연 끝까지 가능할까 하는 의구심은 놓을 수 없다.

조금 더 진행하니 자동차전용도로로 들어선다. 4차로 중 하행선 2차로를 전면 통제하고 주로로 이용하는 것이다. 춘천에서도 전면 통제한 2차로를 뛰면서 후련함을 느꼈는데 운전자의 불편함보다는 하여튼 기분은 좋다. 5㎞를 08시 38분에 통과하므로 28분 걸렸다. 물을 한 컵 마시고 주로에 들어선다. 흐린 날씨임에도 불구하고 기온과 습도가 높은 탓인지 땀은 주룩주룩 흐른다. 터널 속으로 들어가니 아주 시원한 것이 매우 좋다. 끝까지 터널 속을 달렸으면 하는 생각을 해 본다. 터널을 빠져나오니 시내를 벗어나 농촌의 전원 풍경이 펼쳐진다. 더위 속에서도 이름 모를 들풀과 울긋불긋 꽃을 피운 들꽃, 푸름으로 뒤덮인 나무와 숲과 산은 싱그럽다. 간간이 불어오는 바람이 땀으로 범벅이 된 얼굴과 몸의 더위를 식혀 준다. 7.5㎞에서 물을 한 컵 또 마신다.

보통은 급수대의 중간에서는 물스펀지를 제공하는데 오늘 같은 날씨 속에서는 물을 공급하는 것이 아주 적절한 판단이라는 생각을 한다. 어린 학생들이 나누어 주는데 표정이 하나같이 밝고 예쁘다. 우리야 좋아서 달리지만 더운 날씨에 웬 고생이람. 그저 고마울 뿐이다. 10㎞ 를 09시에 지났으니 5㎞에 22분이 걸렸다. 이건 너무 빨랐고 나중에 뭐가 잘못되는 것 아닌가 싶어 걱정이 앞선다. 물을 다시 한 컵 마시고 다시 뛴다.

8월에 시멘트와 아스팔트 도로 위를 뛰게 되면 기본적인 날씨도 그렇거니와 도로 위에서 올라오는 지열 때문에 더 심한 더위를 느낄 수밖에 없다. 그러나 오늘은 날씨가 계속 도와주는 것이 매우 고맙다. 주로 변에 펼쳐지는 삼척시 근덕면의 풍경도 매우 아름답다. 주택이나 건물은 자연 속에서 드문드문 보이고 평야지대보다는 가까이, 멀리 산이 더 많이 보이며 강도 보이니 도심 시가지를 뛸 때와 같은 답답함이 없어 기분이 상쾌하다. 하프 반환점을 통과하며 하프 참가자는 참 좋겠다는 생각을 한다. 지금까지 온 만큼을 더 가야 겨우 반환점이 아닌가 말이다. 12.5㎞에서 물을 마시고 15㎞를 09시 26에 통과한다. 26분 걸렸으므로 속도가 조금 느려진 것이다. 보통 이 정도 거리에 오면 다리에 통증이 오는데 아직까지는 괜찮다, 통증이 느껴지려고 하면 속도를 조금 늦추는 등 나만의 시험적인 주법이 그 가치를 보이는 것이 아닌가 싶다. 그래도 속도가 조금은 빠른 탓인지 나한테 따라잡히는 선수들이 간혹 있다. 까불다가 나중에 망신 떠는 것은 아닌가도 싶지만 속도를 더 늦추고 싶지는 않다. 가파른 언덕을 올라 17㎞가 가까워지니 멀리서 궁촌 바다가 보인다. 눈앞이 시원해지고 몸에 부딪쳐 오는 바람도 한결 시원하다. 18㎞ 못 미쳐 선두주자와 마주친다. 홍천의 강주원 씨인데 경춘고속도로마라톤대회에서 4위를 하였고 전주에도 같이 가 본 적이 있기에 참 반갑다. 아는 체를 하며 파이팅을 외쳐 주는데 얼마나 빨리 뛰는지 옆으로 눈길도 주지 않는다. 2위와는 500m 이상의 차이가 나는 것 같다. 19㎞를 지나니 여성 1위가 지나가고 오른팔이 불편한 선수가 잘 달려간다. 20㎞를 09시 55분에 통과하였으니 29분 걸렸다. 이제는 힘도 들고 피곤함이 느껴진다. 바나나 반쪽과 초코파이 반 개를 먹고 물을 한 컵 마신 후 근육을 조금 풀어 준다.

22㎞를 지났을까 03:40 페메 일행과 김동호 어르신이 나를 추월해 가신다. 그 일행 중에는 바람만 불어도 날려 갈 것만 같은 가냘픈 여성 한 명이 같이 뛰어간다. 따라갈 수 있을 때까지 따라가 보기로 하지만 갈수록 멀어지고 도저히 발걸음이 따라 주지를 않는 것이다. 이때 맞은편에서는 칠마회의 어르신을 처음 볼 수 있었는데 연이어 10여 명 정도는 뵌 것 같다. 반갑고 건강 관리하는 모습이 존경스러우며 마라톤을 사랑하는 마음을 계속 본받고 싶다. 22.5㎞에서 물 한 잔을 마시고 또다시 다리 근육을 풀어 준다. 25㎞를 10시 25분에 지났으므로 30분이 걸렸다. 1분이 더 늦어진 것인데 일단 30㎞까지는 현재의 페이스대로 가기로 한다. 물을 마시고 다리 근육 풀어 준 후 다시 주로에 들어선다. 아직까지는 페메의 모습이 몇 백 미터 앞에서 보이는데 이제는 따라가는 것을 포기하고 잘만 하면 4시간 정도는 가능할 것 같으므로 4시간으로 목표를 수정한다. 26㎞ 지점에서는 그만 시야에서 놓치고 만다. 뱁새가 황새 쫓아가다가 가랑이 찢어지는 기분이라고나 할까? 28㎞ 지점에서 걷는 선수를 처음 목격하게 된다. 보통은 반환점을 돌면 걷는 모습이 간간이 보이는데 오늘은 엄청난 선수들만 온 것 같고 참가를 잘못했다는 생각이 불현듯 든다. 걷다가는 망신을 톡톡히 떨어

야 할 것 같기 때문이다. 이후로도 걷는 모습은 거의 볼 수가 없었는데 완주할 때까지 5명 정도에 불과한 것 같다. 30㎞를 10시 55분에 통과한다. 킬로미터당 6분대의 기록은 계속 유지되고 있는 것이다. 바나나 반쪽으로 요기를 하고 음료수를 한 컵 마신 후 적당한 곳을 찾아 소변을 본다.

　30㎞ 지나면서부터 체력이 극도로 떨어지고 피곤함을 느낀다. MP3 플레이어는 무료함을 달래기 위해서 영어회화를 듣는데 귀찮게 느껴지므로 꺼 버린다. 간혹 무릎과 엉덩뼈에 통증이 느껴지자마자 주법을 바꿔 무리함을 덜어 준다. 앞에 가는 선수와의 간격은 가도 가도 줄어들지를 않는다. 참가자가 많으면 앞사람 뛰는 모습을 자주 보면서 덜 지루하겠는데 한 명의 뒤만 계속 따라가니 얼마나 지루하던지. 32.5㎞ 에서 물 한 잔 마시며 다리 근육을 풀어 준다. 그래도 조금씩 쉬면 뛰기에 한결 나아진다. 35㎞를 11시 25분에 지난다. 킬로미터당 6분 속도로서 갈수록 힘은 들지만 다행이다 싶다. 이제는 남은 거리가 7.2㎞로 거의 다 왔다는 안도의 마음과 함께 어떻게 가나 하는 걱정도 든다. 삼척 시내로 들어가는 오른쪽 도로 위에는 마라톤대회 때문에 정체되어 있는 차량의 행렬이 길게 늘어서 있다. 뙤약볕은 아니지만 무더운 날씨에 피서지로 빨리 가야 할 시간을 빼앗고 있다는 생각에 미안한 마음이 든다. 빠르지도 못하게 뛰어가는 선수들의 모습을 보면서 야유하거나 화를 내는 사람은 없으며 오히려 파이팅 하며 응원을 해 주는 모습이 정말 고맙게 느껴진다. 자동차 전용도로를 지나 39㎞ 지점에서 22㎞에서 나를 추월해 간 여성분의 모습을 발견한다. 속도가 늦어지긴 했지만 아직도 자세는 흐트러짐이 없는 모습이다. 미안하지만 40㎞를 앞두고는 다른 몇몇 선수와 함께 추월을 한다. 40㎞를 11시 55분에 지

났으므로 계속 6분대이다. 물을 마시고 다리 근육을 풀어 준 후 마지막 남은 힘을 북돋운다. 35km부터 시작된 차량 정체는 41km 지점까지 계속 이어지고 있었으니 얼마나 많은 피서객이 큰 불편을 겪었을까? 선수들이 교차로 등을 통과하는 시간을 감안해서 소통은 시켰겠지만 너무 긴 구간을 통제한 것만은 분명하다. 41km를 지나는데 더 이상 뛰지 못할 정도로 힘이 빠짐을 느낀다. 마지막 스퍼트를 위해서 50여 미터를 걸어가니 이미 완주한 제천마라톤클럽 소속의 선수들이 인도에서 "다 왔다. 빨리 뛰어라."라고 응원을 해 준다. 없는 힘을 다시 끌어 올리고 잘 떨어지지 않는 발걸음을 부지런히 재촉하며 멀리 보이는 골인 지점을 향해 뛰어간다. 주로 변에는 벌써 완주를 끝낸 선수들이 대회장을 빠져나오는 모습이 많이 보인다. 사회자가 배 번호를 부르면서 완주를 축하해 주는 소리를 들으며 12시 05분에 피니시라인을 통과한다. 기록은 3시간 54분 정도로서 지난 대회 때보다 9분 정도 앞당겼다. 비교적 빨리 뛰었다는 안도의 한숨과 완주의 기쁨이 몸을 휘감는다. 대회에 참가한 수많은 선수들로 붐비던 대회장은 단거리 선수들이 모두 빠져나가 한산한 모습이다.

5. 소감 및 귀향

동해마라톤클럽의 선수들이 완주를 축하하며 물 한 병을 건네준다. 물을 마시며 비어 있는 천막을 찾아 들어가 신발과 양말을 벗고 10여 분을 쉬고 나니 가쁜 호흡도 안정이 되고 제정신이 드는 것 같다. 칩을 반납하고 간식을 받은 후 클럽 회원들과 어묵, 막걸리, 두부로 허기진

배를 채운다. 12시 50분에 보관해 놓은 물품을 찾아 클럽 최정희 선배님의 차를 이용하여 하영철 형과 함께 대회장을 떠난다. 막국수로 점심을 해결하기로 하고 부일막국수를 찾아가니 주차장이 꽉 차 있으므로 동해에 있는 딸부자집으로 이동한다. 이곳도 손님이 엄청 많지만 빈자리를 찾아 자리를 잡는다. 막국수(6,000원)로 점심을 해결하고 시청클럽 회원들이 뒤풀이를 하고 있는 동해종합경기장으로 이동한다. 14시경에 도착하니 회원 6명이 그늘 아래서 한잔하고 있는데 30번째 풀코스 완주와 SUB-4 달성을 축하해 준다. 이곳에서는 5시까지 술자리가 계속 이어졌는데 동해클럽의 임소은 회원이 화분을 사 들고 와서 30번째 완주를 축하해 준다. 별것도 아닌데 주위에서 너무 치켜세워 주니 괜히 우쭐한 기분이 들면서도 몸 둘 바를 모르겠다. 17시 40분경에 회원 3명과 함께 다른 주점으로 이동하여 한잔을 더하다가 아내의 차를 이용하여 회원 집에서 보관하고 있는 짐을 찾아 귀가하니 20시가 다 되었다. 무더운 날씨에 고생 많이 했을 텐데 웬 술을 그렇게 마셨냐는 아내의 잔소리는 너무도 당연한 것이었고 이렇게 해서 30번째의 마라톤 풀코스 여정은 마무리되었다.

　20여 일 만의 풀코스 완주이다. 가장 무더운 시기에 날씨가 너무도 잘 도와주었기 때문에 좋은 기록으로 덜 힘들게 뛰었다. 대회를 고르느라 상당히 고심했는데 잘 선택하였다는 생각이다. 나로서는 이번 대회가 만족스럽다. 대회기념품을 대회장에서 배부하였기 때문에 시간이 촉박함을 느꼈고 다소 준비가 미흡했다고 하겠다. 출발이 10여 분간 지연되었지만 개회식 진행도 짜임새가 있었다. 여유시간도 없어 경품 추첨권을 넣지 못해서 조금은 아쉬웠지만 내가 행사장에 너무 늦게 도착하였기 때문이다. 그러나 17개소에서의 급수 제공은 미처 예상치 못한 세심한 배려였다. 무더운 날씨임에도 급수 봉사하는 학생들은 매우 친절하고 성의가 있었다. 언덕이 몇 곳 있긴 했지만 주변 경관을 비롯하여 자동차 전용도로의 전면 주로 활용은 매우 인상 깊다. 킬로미터 당 5분 30초 정도의 기록을 유지했다. 몇 차례 다리에 통증이 시작되었으나 바로 주법을 바꿔 빨리 대응함으로써 늘 반복적으로 느꼈던 심한 통증은 피할 수 있었다. 뒤풀이 중에도 얘기가 나왔지만 술을 좀 더 줄이고 연습량을 늘리면 훨씬 더 좋은 기록으로 고생하지 않고 완주할 것이라는 데 공감한다. 지난 대회보다는 이번 대회가 더 쉬웠듯이 다음 대회를 위하여 다시 한 번 마음을 가다듬어 본다. 또한 내 몸에 맞는 나만의 주법을 하루빨리 안정화해야겠다. 대회의 성공개최를 위해 애쓰신 모든 분들께 진심으로 감사드리며 기왕에 개최할 것이면 달리는 선수들을 가장 생각하고 배려하는 대회, 나날이 발전하는 대회가 되기를 기대한다.

댓글

내용이 너무 길어 다 읽지는 못 했지만 30번째 완주 축하해요.
김화수[2009/08/12]

30번째 완주 축하합니다.
임진호[2009/08/10]

우섭습니다. ㅎㅎ
신윤승[2009/08/08]

님의 특별한 마라톤 열정에 박수를 보냅니다. 더운 날씨에도 불구하고 좋은 기록.
축하드립니다.
달링이[2009/08/12]

찌악별 무더운 삼복더위에 삼척황영조마라톤 풀코스를 뛰신다는 소식을 전해
들었을 때, 저는 너무 걱정했어요. 물론 오빠의 기량을 충분히 알지만 날씨가
워낙 찜통인지라, 혹 부상 입지 않을까 내심 걱정했답니다. 좋은 기록으로. 완주
하셔서 축하드리구요, 또 이번 대회가 풀코스 30회라니, 오빠는 보통사람이 아닌
가 봅니다. ^^ 오빠, 존경하구요, 무지하게 축하드려요. ^^ 그리고 마라톤 주법이
라든가 오빠가 가진 노하우를 많이 전수해 주세요. ^^ 오빠, 언제나 건강하시고,
즐런 하세요.
임소은[2009/08/21]

더위와 벌인 한판 승부,
포항해병대혹서기마라톤(31번째)

1. 대회개요

- 대회명: 8 · 15 광복절 기념 포항 오천 해병대한마음혹서기마라톤대회
- 일시: 2009. 8. 15(토) 07:00
- 장소: 해병대 제1사단 전투연병장
- 주최: 포항시 오천읍사무소 오천읍체육회(주관: 해병대 50회 마라톤클럽)
- 코스: 제1사단~홍계령 왕복
- 종목: 4종목(5㎞, 10㎞, 하프, 풀)
- 참가비: 20,000원/종목별로 10,000~20,000원
- 기념품: 완주메달, 타월, 새송이버섯
- 총경비: 89,600원(참가비 포함)

○ 소속: 동해시청마라톤동호회, 동해마라톤클럽

○ 기록: 04:02:07

○ 우승: 풀/ 박영인(02:43:32)

2. 참가배경

8월 2일 삼척대회 참가 이후 13일 만이다. 삼척대회는 흐린 날씨가 많이 도와준 덕분에 그리 힘들게 뛰지 않아 나로서는 기대 이상의 성적으로 완주하였다. 8월은 가장 무더운 계절이다. 바다에서, 산과 계곡에서 휴가를 보내는 사람에게는 무더위가 오히려 좋겠지만 일하거나 뛰는 사람에게 8월은 확실히 부담스러운 계절이다. 그럼에도 불구하고 가장 무더운 계절의 대회를 뛰어 보고 싶었다. '2009 서울마라톤 혹서기 대회'를 마음에 두고 있다가 그만 접수기간을 놓쳐 버렸다. 대회를 고르던 중 포항에서 개최되는 대회에 참가해 본 적도 없고 8 · 15 광복절 기념이라는 남다른 의미도 있기에 접수하게 되었다.

3. 대회장에 도착할 때까지

8월 14일 22시 40분에 집을 나와 승용차를 이용하여 터미널로 향한다. 피서철인 까닭에 혹시나 해서 차표는 예매를 해 놓았기 때문에 여유를 부리느라 늦게 나선 것이다. 터미널에는 늦은 시간임에도 버스를 기다리는 사람이 매우 많다. 잠깐 기다리는 중에 별별 생각이 다 난다. 꼭 이렇게까지 해 가면서 달려야 하나? 과연 몸에 좋은 것인지 아니면 무리가 가는 것인지? 나같이 심야버스 타면서 뛰러 다니는 사람은 과연 얼마나 될까? 마라톤에 미쳤다는 소리 들어도 싸다 등등. 그 와중에 가고자 하는 마라톤대회에 불평 없이 보내 주는 아내에게 고맙고 미안한 마음이 든다. 23시 13분 포항행 심야버스(23,800원)에 탑승하여 병곡휴게소에서 10분간 쉰 후 포항에 도착하니 8월 15일 02시 15분이다. 5시간 소요된다고 해서 이 버스를 이용했는데 너무 빨리 도착하였고 계획에 차질이 생긴 것이다. 원래 계획은 도착해서 해장국 한 그릇 먹고 곧바로 대회장으로 가려고 했는데 시간이 너무 많이 남는다. 버스 안에서는 1시간 정도나 잠이 들었을까? 에어컨을 좀 세게 틀어 주면 더 잤을 텐데 몸에 땀이 나서 끈적끈적할 정도니 잠이 오는가?

시간을 때우기 위해 02시 40분에 터미널 앞에 있는 그랜드사우나(5,000원)를 찾아 들어간다. 안마는 받지 않아도 사우나가 가능하다고 하기 때문이다. 손님은 나 혼자이고 탕에는 온수도 없으며 핀란드사우나도 썰렁하다. 2시간 정도만 보내면 되니 굳이 불평하고 나갈 필요성은 느끼지 않는다. 피곤해서 잠을 청해 보지만 모기와 소음에 그만 포기하고 만다. 맘껏 드러눕고 샤워도 하면서 40평 정도의 공간을 내 전용으로 사용했으니 대만족이다. 04시 50분에 사우나를 나와 대회장으로 가는 버스를 타기 위해 남부시장을 찾아 터벅터벅 걸어간다. 인터넷상의 포항시 교통안내지도를 보고 대충 감으로 찾아갔는데 10여 분 뒤에 보인다. 승강장을 확인한 후 청진동해장국에 들어가 설렁탕(5,000원)으로 아침을 먹는다. 이른 시간임에도 손님이 몇 팀 보인다. 체인점이지만 지역마다, 점포마다 약간의 차이가 있는 것 같고 음식은 입맛에 맞는다. 출발시간까지는 2시간도 채 남지 않았기 때문에 밥을 반 정도 남긴다. 05시 22분에 택시에 탑승(7,200원)하여 10분 뒤에 대회장인 해병대 제1사단 정문에 도착한다. 버스를 이용코자 하였으나 시간이 안 맞으면 자칫 대회에 참가하지 못할까 염려가 되었기 때문이다. 새벽안개와 함께 발생되는 스모그현상 때문인지 공업단지와 포스코를 지날 때는 뭔지 모를 메케한 냄새가 후각을 자극한다.

이른 시간임에도 대회에 참가하는 듯한 차량 행렬이 계속 이어지고 있다. 걸어가는 사람은 나 혼자밖에 없다. 처량한 생각도 들고, 창피하기도 하지만 내가 좋아서 하는 일인데 무슨 상관이람. 위병소에 마라톤대회 때문에 왔다고 하니 친절하게 맞이해 준다. 이 부대에는 처음 와 보는데 넓은 도로, 키 큰 나무들과 울창한 숲, 이곳저곳에서 수신호로 안내하는 군인들, 넓은 연병장 등 모든 것이 새롭고 깊은 인상을 준다. 05시 50분경에 본부석에 도착하니 한창 행사 준비 중이다. 06시 40분까지 배 번호 수령, 물품 자율 보관, 마라톤 복장 갖추기, 화장실 이용, 몸 풀기 등을 마친다. 물품보관소는 운영을 하지 않는다고 하는데 딱히 남을 의심한다기보다는 내 소중한 물건을 안전하게 지키자는 뜻일 것이다. 나로서도 처음이지만, 모든 대회에 있는 것이 없으니 선수들의 불만이 많이 나오지만 올해는 준비 안 했다고 하니 어쩌랴? 크게 문제 삼는 사람은 전혀 없고 그냥 물건에다 이름만 붙여 놓고 서로 보관책임자가 되자는 분위기로 끝났으며 참 보기 좋은 모습이다. 06시 40분부터 스트레칭, 내빈 소개, 인사말씀 순으로 빠르게 진행된다. 사회자는 오늘 날씨가 33도를 오르내리므로 절대 무리하지 말고 선수 개개인의 안전에 신경을 쓰라는 안내방송을 계속한다.

4. 대회 참가 및 완주

07시 01분경에 연병장 본부석 바로 뒤편 도로에서 징소리와 함께 출발신호를 알린다. 풀과 하프가 동시에 출발을 하는데 선수들이 상당히 많아 보인다. 오늘 복장은 늘 착용하던 MP3플레이어를 하지 않았는데 결과적으로는 더 좋았다. 뛰는 것에 더 집중할 수 있었고 옆을 지나가는 선수들의 발걸음과 거친 호흡소리도 듣고 새소리·물소리 등도 들으면서 주변 경치를 좀 더 여유롭게 구경할 수 있었다. 잠도 부족하지만, 날씨가 덥다고 하므로 5시간 안에(제한시간 6시간) 완주를 목표로 하고 천천히 뛰어가니 모두가 나를 앞서 간다. 페이스를 잃지 말 것을 계속 되뇌며 주로 양옆을 살펴보니 부대 안이 울창한 나무와 조경수 등으로 참 잘 가꾸어져 있다. 이른 시간 임에도 해병들의 우렁찬 구호소리가 벌써부터 들리는데 부대를 떠날 때까지 계속 이어졌다. 부대 안 이곳저곳을 돌며 13㎞ 정도를 뛰었는데 훈련받는 병사들에게 다소 미안한 마음이 들었다. 아마도 군부대 안을 달리는 유일한 대회가 아닌가 하는 생각을 하게 된다. 보통은 킬로미터 간격으로 거리표지판이 설치되어 있는데 이 대회는 그렇지 못했다. 3㎞에서 처음 보고 6㎞가 두 번째였는데 7시 35분을 지나고 있으므로 킬로미터당 5분이 조금 더 걸린 것이다. 이 정도 속력이면 적당하다 싶고 물을 한 컵 받아 마신다. 나무가 많이 심어져 있으므로 그늘 있는 구간이 반 정도는 될 것 같고 달리기에도 좋다. 코스가 복잡한 탓인지 곳곳에 사병들이 배치되어 주로를 안내하는 것이 몹시 이채롭다. 보통 대회 같으면 방향표지판을 설치하겠지만 선수들에 대한 서비스 차원일까? 하여튼 우리로서는 친절하게 코스를 안내받으니 기분 좋은 일이다. 이 대회의 특징인지는 알 수 없지만 페이스메이커가 없다. 페메가 있으면 먼발치에서도 알아볼 수 있고 자기의 수준을 감안해서 달릴 수 있어서 좋겠지만 사실 나로서는 페메를 의식하면서 뛰어 본 적이 거의 없다. 10㎞를 54분에 통과했으니 거의 비슷한 속도가 유지되고 있다. 부대 안에 마련된 급수대 3곳에서 물을 마셨으며 날씨를 감안하여 이후에 설치된 모든 장소에서도 물을 충분히 마시기로 마음을 먹는다.

한 번 뛴 곳을 다시 지나므로 작년 남산에서 일정한 구간을 8번 왕복하면서 뛴 기억이 난다. 아마도 오늘은 부대 안을 4번 뺑뺑 도는 코스라는 생각이 들었고 제발 그랬으면 좋겠다는 희망을 가져 보았으나 13㎞를 지나니 부대 밖으로 나간다. 날씨를 감안하더라도 부대 안에서 뛴 기록으로 보아 조금 빨리 뛰어도 될 것 같다는 생각에 목표를 수정한다. 2차선 도로의 양 차선으로 차가 다니고 갓길로 선수들이 뛰는 것을 보니 차량통제를 하지 않는 듯 보이는데 예감은 적중하였다. 겨우 8시를 지났건만 도로는 뜨거운 열기로 확확 달아오른다. 부내 안을 뛸 때보다 느끼는 체감온도는 훨씬 더 뜨겁다. 15㎞를 08시 20분에 통과하므로 킬로미터당 5분 15초대의 기록이 유지되고 있다. 18㎞부터는 도시 외곽의 전형적인 농촌의 2차로인데 입구에 있는 식당에서 여성분이 수박을 썰어 선수들에게 나눠 주므로 감사의 인사와 함께 한 조각을 받아먹는다. 주로가 경사가 많아 다소 힘들었으나 중심시가지 도로가 아니고 나무와 숲, 논밭이 계속 보이며 그늘이 간간이 이어지므로 뛰기에는 넓은 도로만을 뛰는 것보다는 한결 낫다. 20㎞를 45분에 지났는데 킬로미터당 5분이므로 속도가 더 빨라진 것이다. 조금은 염려스럽지만 17~8㎞에서 나타나는 통증이 아직은 없으므로 잘만 하면 4

시간 안에도 가능하다는 생각을 한다. 보통은 20㎞나 하프 지점에서 간식을 나눠 주는데 보이지 않으므로 왠지 서운하다. 이곳까지 오면서도 거리표지판은 드문드문 보이는데 내 페이스를 파악하는 데 별 지장은 없다. 비교적 한적한 도로인지 차량은 많이 다니지 않는다. 그러나 대부분이 한 걸음이라도 덜 뛰기 위해 커브 지점에서는 반대차로를 질러가게 되는데 이때 나타나는 차량 때문에 선수와 운전자 서로가 불편할 때가 자주 있다. 사고가 나지 않았기에 천만다행이지 가능성은 얼마든지 있었고 나 또한 차량에 가장 많은 신경을 썼다. 20㎞를 지나는 데 에스코트를 받고 있는 선두주자의 모습이 보인다. 180㎝도 넘는 키에 웃통을 벗고 뛰는데 얼굴과 몸매가 남자인 내가 보기에도 정말 멋있다. 그늘만 보이면 그 속으로 들어가고 햇볕이 내리쬐는 구간에서는 선글라스를 끼고 커브가 나오면 가로질러 가면서 25㎞를 09시 15분에 통과한다. 언덕이 조금 나왔다고 킬로미터당 6분으로 1분이나 떨어졌지만 다리의 통증에 신경이 쓰여 속도를 더 낼 수도 없는 일이다. 급수는 지금까지 다녀 본 대회 중 최고다. 보통 물스펀지를 나누어 주는 곳까지 찬물과 스포츠 음료에 때로는 얼음도 넣어 주고 하드도 나누어 주는데 정말 충분하였고 고마움을 느낀다. 여기서부터는 간간이 걷는 모습이 보인다. 더운 날씨와 언덕길인데 힘들지 않다는 것이 잘못된 것이다. 27㎞를 넘었을까 반환점에서 바나나 반 개와 물 한 컵을 가득 마신다. 조금 길게 쉬면서 간단한 운동으로 몸을 풀고 하드를 한 개 받아 주로에 들어선다. 좀 더 숨을 돌릴 겸 나는 먹으면서 걸어가는데 남들은 뭐가 그리 바쁜지 하드를 먹으면서 뛴다. 잠깐 동안에 10여 명 이상이 앞질러 가므로 까먹은 거리 되찾는다는 생각으로 속도를 조금 내어 28㎞를 지나니 자주 뵌 칠마회 어르신께서 달려오시는데 참 반갑다. 조금 더 가니 내가 참가한 거의 모든 대회 때마다 뵌 김무조 어르신께서 특유의 종종걸음 주법으로 부지런히 달려오신다. 이 두 분께서는 과연 연세는 얼마나 되셨는지, 풀코스를 몇 번이나 뛰셨는지 몹시 궁금하며 모든 마라톤대회를 빛내신다는 생각이 든다. 30㎞를 45분에 통과하였으므로 킬로미터당 6분의 시간대이다. 20㎞를 지나면서 소변을 보았건만 물을 많이 마신 탓인지 으슥한 곳을 찾아 또 작은 일을 치르면서 휴식을 한다.

날은 갈수록 더워지고 바람도 없으므로 한 걸음씩 옮기는 것이 힘들다. 하지만 어쩌랴! 계속 가야만 하는 것을. 주로에서만은 걷지 않도록 물을 마실 때마다 계속 조금씩 쉬어 주니 그나마 없던 힘이 난다. 위태위태하면서도 아직까지 다리에서 통증은 느끼지 않는다. 호흡을 놓치지 않고 가다듬으면서 걸음과 보조를 맞추니 힘든 가운데서도 예전보다는 한결 낫다. 35㎞를 10시 15분에 통과한다. 계속 6분대는 유지되고 있고 속도를 조금만 더 내면 4시간이 충분히 가능하다는 자신감은 생기는데 왜 이리 발걸음 떼기가 힘이 드는지. 바나나 반쪽을 먹고 물 두 컵을 마신 후 다시 앞서 가는 선수를 쫓아서 뛴다. 갈 때 수박을 나눠 주던 여성분이 또 수박을 나눠 주므로 고마움을 표시하고 한쪽을 받아먹는 걸 핑계 삼아 걸어가며 잠깐 숨을 돌린다. 이제부터 골인 지점까지는 그늘이 거의 없다. 그저 끝까지 걷지 않고 뛰기만 해 달라고 다리에게 통사정을 해 본다. 27㎞ 반환점을 돌 때부터 앞 다투기를 몇 번이나 했던 다섯 분과는 앞서거니 뒤서거니 하면서 치열한(?) 순위 경쟁이 계속되고 있다. 40㎞를 45분에 통과했으니 계속 6분대다. 마지막 급수대다 싶어 한 잔 가득히 물을 마신다. 이제는 다 왔으니 힘내라고 응원을 해 주므로 고맙다는 인사를 건네고 한 걸음씩 무거운 발걸음을 내딛는다. 이제 15분 안에만 도착하면 SUB-4가 가능하므로 힘내자고 마음을 먹지만 다리는 내 뜻에 따라 주지 않는다. 부대 안으로 들어서니 긴장이 풀린 탓인지 걷는 모습이 갑자기 많이 보이다. 더위 속에 먼 길을 왔으므로 무척 피로하고 힘들 것이다. 1km 남은 지점에서 특별서비스인지 해병들이 또 급수를 해 준다. 한 컵 받아 마시고 마지막 남은 힘을 쏟아내서 걸음을 빨리해 본다. 뛰나마나한 속도지만 걷는 사람이 많으니 골인 지점까지 10여 명 이상을 따라잡았고 13km의 거리를 앞다툰 다섯 분을 이곳에서 모두 앞질렀다. 최종 20여 미터를 앞두고는 관중의 박수와 환호 속에 키 큰 분과 단거리 경주하듯이 달렸는데 내가 졌지만 기분은 후련하다. 사회자의 축하 멘트를 들으며 결승점을 통과하니 11시 4분을 약간 넘어서고 있으므로 SUB-4는 실패하였지만 기대 이상의 성적을 거둔 것이다. 아마도 부대 안에서 계속 뛰었다면 훨씬 더 좋은 성적을 거두지 않았을까 하는 아쉬운 마음이 드는 것은 어쩔 수 없는 일이다.

5. 소감 및 귀향

　학생이 건네주는 물 한 통을 받아 그늘 밑을 찾아 들어가 신발과 양말을 모두 벗고 불덩이 같은 발을 식힌다. 맨발로 짐을 찾아와서 샌들로 바꿔 신고 칩을 반납하니 새송이버섯 1kg과 수건 1개를 내준다. 이어 먹을거리 배부처에서 밥, 김치, 오징어회무침, 오이냉국과 막걸리를 받아 자리로 돌아왔는데 점심식사로도 충분한 양이다. 옆자리에는 의성에서 참가하신 분으로서 특이한 복장 때문에 각종 대회에서 여러 번 보았으므로 말을 건넨다. 인사를 나누고 막걸리 잔을 교환하며 이런저런 얘기를 나눈다. 음식을 모두 먹은 후 의성 분과는 작별인사를 하고 12시 10분에 대회장을 떠난다. 부대에서 오천사거리 버스정류소까지는 터벅터벅 걷고, 시내버스에 탑승(1,000원)하여 남부시장까지 이동 후 다시 걸어서 시외버스터미널에 도착하니 13시 10분이다. 이동 중에 차창 밖을 통하여 본 포항은 바쁘고 깨끗하며 가로수가 많은 도시, 역동적으로 발전하고 변화하는 도시라는 느낌을 받았다. 사우나를 했으면 좋겠다 싶어 물어보니 꽤 먼 곳에 있다고 하므로 귀가하기로 결정을 하고 동해행 버스표(21,600원)를 구입하여 13시 44분에 탑승을 한다. 피서 성수기임에도 승차인원은 8명밖에 되지 않는다. 출발하자마자 곧바로 잠이 들었고 병곡휴게소에서 잠이 깨어 잠깐 휴식 후 17시 20분에 동해에 도착한다. 병곡에서부터 근덕까지는 맑고 푸른 동해와 해송, 백사장, 항구, 방파제, 등대 등이 계속 보이는데 참 아름답고도 시원한 경관이다. 어촌마을을 지날 때의 경치가 좋지 않았으며 도심이나 도로변, 산 등에서와 마찬가지로 해안경관도 전봇대가 가장 많이 해치고 있음을 느낀다. 몸이 찜찜하므로 곧바로 화정원찜질방으로 이동하여 사우나(4,500원)를 마치고 귀가하니 18시 50분이었으며 31번째 포항마라톤 여정은 마무리되었다.

포항은 스쳐가긴 여러 번 했지만 1박을 하기는 처음이고 마라톤대회도 첫 참가이다. 군부대 안을 뛰어 보기도 처음이었는데 색다른 경험이었고 오래도록 기억에 남을 것 같다. 가장 무더운 시기에 해도 쨍쨍 내리쬐었는데 앞으로 이보다 더한 날씨에 또 뛰게 될지는 알 수 없지만 기대 이상의 기록을 거둬 매우 만족스럽다. 칩과 기념품을 현장에서 나누어 준 것은 참가비가 저렴하였기 때문일 것이다. 물품보관소

미운영, 거리표지가 불규칙하고 작은 점, 도로에서의 차량 미통제 등은 개선이 되었으면 하는 바람이다. 무더운 날씨에 음료수는 어떤 대회보다도 충분하고 만족스럽게 공급되었고 간식도 여러 곳에서 풍족하게 공급되었다. 먹을거리 또한 한 끼 식사로 손색이 없을 정도로 양도 많았고 맛있었다. 부대 밖의 코스가 내겐 조금 힘들었는데 내 능력이 부족한 것을 탓할 일이다. 그럼에도 불구하고 전 구간을 뛰는 동안 다리의 통증을 느끼지 않을 정도로 페이스와 주법을 잘 조절한 것이 큰 기쁨이다.

마라톤 마니아들이 해병대 부대 안을 뛸 수 있도록 대회를 착안하고 배려해 주신 분들과 성공개최를 위해 애쓰신 모든 분들께 진심으로 감사드리며 내년에는 보다 더 멋지고 훌륭한 대회로 발전하기를 기원한다.

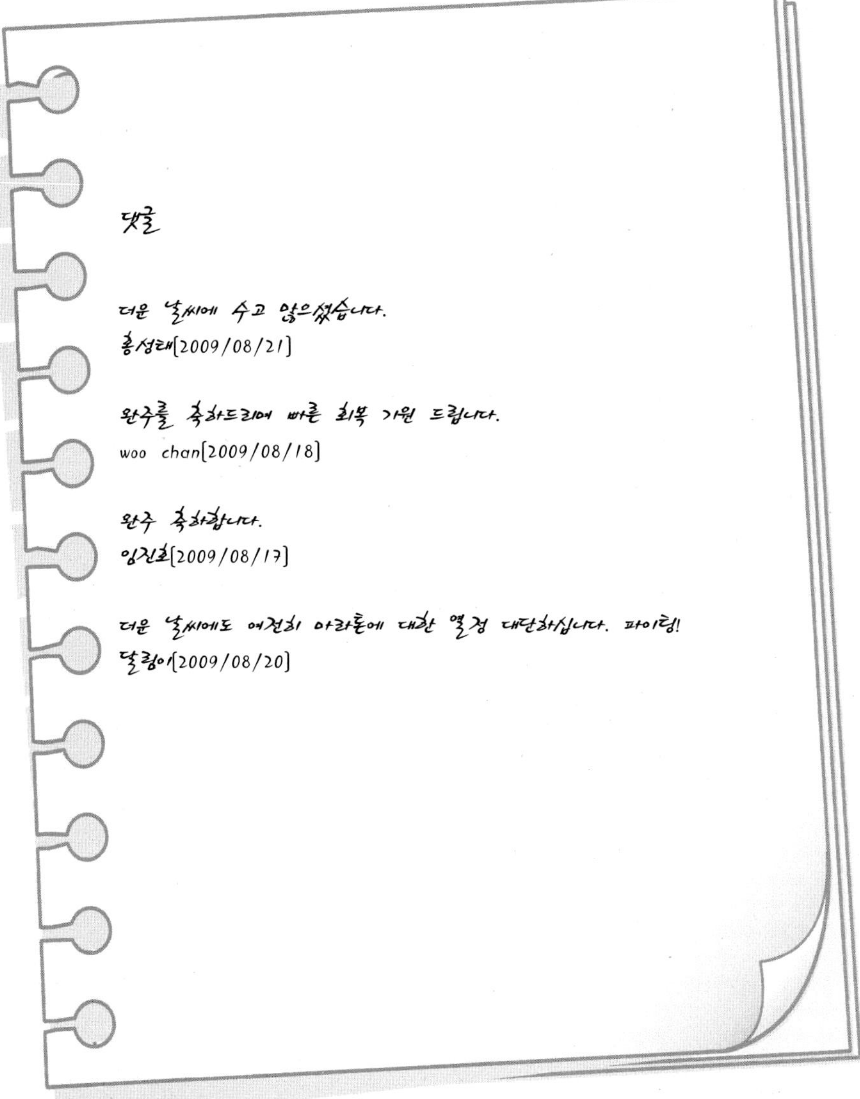

댓글

더운 날씨에 수고 많으셨습니다.
홍성래[2009/08/21]

완주를 축하드리며 빠른 회복 기원 드립니다.
woo chan[2009/08/18]

완주 축하합니다.
임진호[2009/08/17]

더운 날씨에도 여전히 마라톤에 대한 열정 대단하십니다. 파이팅!
달려야[2009/08/20]

고통보다 더 큰 마라톤의 마력(魔力),
2009 동아경주마라톤(32번째)

1. 대회개요

○ 대회명: 동아일보 2009 경주국제마라톤

○ 일시: 2009. 10. 18(일) 08:00

○ 장소: 경주시민운동장

○ 주최: 경상북도, 경주시, 대한육상경기연맹, 동아일보, 스포츠동아

○ 코스: 경주시민운동장~경주 시내 순환코스

○ 종목: 3종목(10㎞, 하프, 풀)

○ 참가비: 40,000원(전 종목)

○ 기념품: 완주메달, 긴소매 티셔츠, 아식스 10% 추가 할인권

○ 총경비: 126,400원(참가비 포함)

○ 소속: 동해시청마라톤동호회, 동해마라톤클럽

○ 기록: 03:58:17(남자: 941위/1,705명)

○ 우승: 풀/ 초청선수 - 예마인 티스케이(02:08:52)

　　　　　마스터즈 - 이용희(02:36:15)

2. 참가배경

　8월 15일 포항 혹서기마라톤대회 이후 2개월 3일 만의 풀코스 참가
다. 9월 하순경에 무릎을 다쳐 꼭 참가하고 싶었던 9월 27일의 '제8회
국제관광서울마라톤대회'와 10월 11일의 '인천대교개통기념마라톤대
회'에 참가할 수 없었던 차에 경주대회가 접수기간을 연장함에 따라
부상의 회복 여부를 떠나 무조건 참가신청을 하였다. 왼쪽 갈비뼈와
오른쪽 무릎의 통증이 가볍지 않아 뛸 엄두는 갖지도 못했지만 하루빨
리 회복하기 위해 걷기 연습은 계속하였다. 그나마 다행스러운 것은
지난해 경주대회에 참가하였는데 아름다운 경관과 깨끗한 도시 이미지
가 맘에 들었고 코스에 대한 부담은 없었다. 다친 지 21일째인 10월
15일에 7㎞ 정도를 뛰면서 참가 여부를 판단하였고 16일에도 7㎞를
더 연습한 후 참가하기로 결정하였다. 아내와 가까운 지인들은 몸 다
친다고 만류하였고, 연습과 준비가 부족하였기에 스스로도 다소 무리
라는 생각이 들었지만 언제든지 첫 시작은 어려우므로 한번 해 보자고
마음을 굳게 먹었다. 고교동창체육대회와 로타리클럽의 봉사활동도 빠
지면서 참가하는 대회이므로 행선지도 밝히지 않았는데 혹시 실패라도
하면 망신이나 당하지 않을까 해서이기 때문이다.

3. 대회장에 도착할 때까지

　10월 17일 아침 일찍부터 출타준비를 마치고 08시에 집을 나와 승용차를 이용하여 터미널로 향한다. 08시 55분 포항행 버스(21,600원)에 탑승하여 삼척과 울진을 경유해서 11시 55분에 도착하였고, 경주행 버스(2,900원)로 바꿔 타고 시외버스터미널에 도착하니 13시 05분이다.

　삼척~포항 간 도로는 확포장공사가 많이 이루어지고 있는데 완공만 되면 시간이 크게 단축될 것이다. 누렇게 익어 가는 황금빛 들녘, 가을바람에 하늘거리는 울긋불긋한 코스모스, 멀고 높은 산으로부터 물들어 오는 단풍, 반대편 차창 밖으로 계속 이어지는 동해의 맑고 푸른 물결은 우리나라가 아름다운 강산임을 절로 실감케 한다. 터미널 옆에 있는 소문난불고기식당으로 들어가 따로돼지국밥(5,000원)을 시켜 처음 먹어 보는데 그런대로 맛이 괜찮다.

　14시에 좌석버스(1,500원)를 타고 경주문화엑스포공원으로 향하는데 가 보지 않은 곳이고 시간여유가 있기 때문에 행선지로 정했다. 차창 밖 구경만 하다가 보문마을 입구에서 잘못 내려서 분황사 앞까지는 걸어갔고 다시 좌석버스에 탑승하여 엑스포공원에 도착하니 15시다. 마라톤참가자에게는 무료입장을 시켜 주므로 6천 원은 번 셈이다. 공원은 18개의 시설로 구성되어 있는데 경주타워(82m), 문화센터, 신라왕경숲, 화랑극장, 천마의 궁전, 풍월주방, 백결공연장, 첨성대영상관, 시간의 정원, 아사달 조각공원 등을 모두 둘러보고 나니 17시 20분이다. 엑스포공원은 넓은 면적에 막대한 예산을 투자하였겠지만 아름답고 볼거리도 있게 잘 만들었다는 느낌이다. 외지의 관광객에게는 필수 방문

코스겠지만 경주시민인 듯한 방문객을 많이 볼 수 있었다.

17시 25분에 공원을 나와 좌석버스를 타고 시내에서 내려 황성공원까지 걸어간다. 풀코스 뛰는 것이 조금 부담스럽기 때문에 걷기라도 많이 해서 뭉친 근육을 풀어 주자는 뜻에서이다. 조명을 밝혀 놓은 김유신 장군 동상 사진을 한 컷 찍고 시민운동장 주변을 돌아 하룻밤 지낼 찜질방 위치를 확인한 후 화목순대국에 도착하니 19시 35분이다. 모듬순댓국 등으로 저녁(9,000원)을 해결하고 나와 20시 20분부터는 소화도 시킬 겸 체육공원, 실내체육관, 타임캡슐공원 등을 두루 돌아다니는데 대회준비 관계로 시민운동장 안팎은 매우 분주하다.

21시 20분에 스카이스포렉스 찜질방(7,000원)을 찾아 들어간다. 1시간 정도의 사우나로 피로를 풀고 찜질방으로 가니 대회참가자인 듯한 사람들이 많이 보인다. 피곤해서 잘 잘 것도 같건만 소란스럽고 바닥이 뜨거워 자는 둥 마는 둥 하다 04시 45분에 그만 일어나고 만다. 05시에 식당으로 가서 소고기덮밥(5,000원)으로 아침식사를 하고 05시 30분에 사우나로 이동하여 06시 50분까지 온탕 냉탕을 오가며 근육과 관절을 계속 마사지해 준다.

06시 50분에 찜질방을 나와 행사장으로 이동하는데 이른 시간이건만 황성공원 주변과 운동장 진입로는 참가자들로 넘쳐나고 있다. 07시에 대회장에 도착하여 멀리 떨어져 있는 운동장 안의 화장실을 찾아 들어가 악착같이 큰일을 보고 스탠드에서 옷을 갈아입은 후 07시 40분에 물품을 맡긴다. 너무 여유를 부리다 보니 이제는 시간에 쫓겨 몸 풀기도 혼자서 따로 한다. 자칭 마라톤 전문 사회자라고 하는 배동성 씨의 목소리가 들린다. 꽤 여러 대회장에서 얼굴을 볼 수 있었고 사회도 잘 보는 것 같다. 오늘 참가자는 1만여 명이며 초청선수는 외국인

17명을 포함하여 60여 명 된다고 한다. 김관용 경상북도지사, 백상승 경주시장, 동아일보 사장 등 주요 내빈만 소개하고 인사말씀은 없으므로 진행이 빠르고 기다리는 선수들도 그리 지루하게 느껴지지 않는다. 사회자는 뛰는 도중에 인명사고가 발생하지 않도록 각자가 노력해 달라는 안내방송을 몇 번이고 계속한다. 나도 정상적인 몸 상태가 아니므로 절대로 무리하지 말기로 굳게 마음을 먹는다.

4. 대회 참가 및 완주

절대적으로 연습량이 부족한 탓에 풀코스의 맨 뒤에 자리를 잡았고 다리 근육을 계속 풀어 준다. 내 처지와는 달리 기다리는 선수들의 모습은 모두가 밝고 기대에 차 있다. 참가자들끼리 인사를 나누고 기념촬영을 하는 모습이 축제의 현장과 다를 바 없다. 마음속으로는 어떻게든 완주만 할 수 있게 해 달라고 몸뚱이에게 통사정을 해 본다. 지난해 이 코스의 마지막에서 몸에 이상이 생겨 겨우 완주하였고 절대연습량도 크게 부족하였기 때문이다. 뛰는 것에 보다 더 집중하고 즐기기 위해 모자도 쓰지 않았고 MP3플레이어도 착용하지 않았는데 제한시간 완주만 하되, 절대로 오버하지 말며, 남의 페이스에 말리지도 말자고 몇 번이고 다짐해 본다. 8시 정각에 초청선수들이 폭죽소리와 함께 출발을 하였고 앞뒤 선수들끼리 안마해 주기, 함성 지르기 등으로 시간을 보내다가 08시 12분경에 마스터스부 풀코스가 출발한다. 날씨는 다소 쌀쌀한 느낌을 주지만 햇볕은 따갑지 않은 것이 달리기에는 매우 좋게 느껴진다. 지난해에 한 번 뛰어 보았기 때문에 기억을 되살리면서 천천히 발걸음을 옮긴다. 출발 지점부터 도로변에는 태극기를 든 시민들의 모습이 많이 보인다. 자발적인 것은 아니라는 생각이 들지만 이른 시간에 나와서 밝은 모습으로 응원해 주는 것이 너무 반갑다. 국내대회에서는 보기 어려운 광경이며 완주할 때까지 단체로 또는 자발적으로 손을 흔들고 파이팅을 외치며 선수들을 격려하고 응원하는 모습은 끊임없이 계속되었다. 8~6차선을 양 방향으로 통제하였는지 반대편 차선에도 운행하는 차량의 모습이 보이지 않는다. 어느 도시를 막론하고 뛸 때 느끼는 쾌감 중의 하나는 매일 자동차 행렬로 점령되고 붐볐을 그 넓은 도로를 시민을 대표한 마라토너들이 차지하고 맘껏 후련하게 달린다는 것이다. 부드러운 햇볕, 시원한 바람, 단풍으로 곱게 물들어 가는 도로변의 가로수와 꽃들이 일상에서 느낀 골치 아픈 일들과 답답함으로부터 해방시켜 준다. 황성공원 안에 있는 경주시립도서관을 지나 먼발치로 보이는 김유신 장군 동상, 시내 중심도로를 따라 경주역과 경주박물관을 지나 5㎞를 08시 40분에 통과하였는데 29분 걸렸다. 조금 빠르다 싶은데 아직까지는 모든 것이 괜찮게 느껴진다. 물을 한 컵 마시는데 아직 이른 시간이므로 일시에 주자들이 몰려 급수 봉사하는 학생들이 미처 공급을 제대로 하지 못한다. 조금 빠르다 싶어 의식적으로 늦추며 달린다. 이제는 황금빛으로 물든 들녘을 달린다. 시가지를 벗어난 까닭에 시야가 넓게 펼쳐지고 시원한 바람이 부니 기분이 상쾌하며 아직까지는 땀도 나지 않는다. 동산만큼 규모가 큰 황남동 고분을 지나 물스펀지대는 스쳐 지나가고 오릉을 거쳐 10㎞를 09시 10분에 통과하면서 물을 한 컵 마신다. 30분이 걸렸으므로 조금 늦춰지긴 했지만 아직도 빠르다는 생각은 드나 몸에서 이상 징후는 보이지 않는다. 12km를 지났을까 1차 반환점을 돌아오는 선두의 모습이 보이며 이후부터 10여 명은 흑인선수들이다. 선도차는 24km의 기록이 1시간 12분임을 표시하고 있으며 한국선수는 13위 정도로 뛰는 것 같다. 이제부터는 형산강 변의 코스인데 왼쪽으로 보이는 강변의 경관이 몹시 아름답다. 가을바람에 코스모스와 이름 모를 들풀들이 한들거리고, 강물은 조용히 유유하게 흐르며, 도로변의 가로수들도 잘 가꾸어진 모습으로 우리를 반겨 준다. 15km를 09시 35분에 통과하므로 25분 걸린 것인데 깜짝 놀라 버린다. 지루하므로 가급적이면 시계를 보지 않으려고 애를 쓰면서 뛰는데 남들 따라 뛰다 오버를 해 버린 것이다. 하지만 아직 몸은 괜찮으므로 물을 한 컵 마시고 주로에 들어선다. 이제부터는 강바람과 약한 돌풍이 갑자기 불어 조금은 뛰는 것이 힘들다. 대략 17km쯤 되었을까 오른쪽 무릎과 왼쪽 갈비뼈에 통증이 약하게 느껴지는데. 아니나 다를까 싶다. 속도를 조금 늦추는 듯하면서 1차 반환점(17.5km)을 돈다. 반대편으로 달려오는 선수들의 긴 행렬을 보니 하나같이 즐거운 표정이므로 내 기분도 좋다. 형산강철교를 지나 20km에 다다르니 10시를 가리키고 있다. 5km를 5분 페이스로 계속 뛰고 있는 것이다. 이럴 리가 없다고 의아해하면서도 기왕에 이렇게 된 것 열심히 뛰어 보자고 마음을 바꿔먹는다. 물 한 컵과 바나나 1개로 간식을 하고는 강변 제방에서 작은 일을 보는데 바람 탓인지 아주 시원하다. 의료봉사요원이 보이므로 왼쪽 갈비뼈에 에어파스 살포를 요청한다.

  금장교, 황성대교를 지나 21km 지났을까 선두주자인 듯한 흑인선수가 골인지점을 향해 비호처럼 내달린다. 나보다 배나 빠른 속도로 달리고 있는 것이다. 의료봉사단에게 왼쪽 무릎과 오른쪽 사타구니에 에어파스 살포를 다시 요청한다. 형산강 변을 벗어나 22㎞를 지나는데 칩 때문에 왼쪽 발등에 통증이 느껴지므로 풀어서 다시 맨다. 꽤 긴 시간이 소요된 것 같고 많은 주자들이 나를 앞서 간다. 무리다 싶을 정도로 부지런히 뛰어가다 24㎞ 지점에서 칩이 풀어져 또다시 고쳐 매는데 '오늘 도대체 왜 이러지' 하며 나 자신에게 짜증이 난다. 25㎞를 10시 30분에 지나므로 6분 페이스로서 조금 늦춰지긴 했지만 아직도 조금 빠른 듯하나 몸이 잘 견뎌 준다. 오릉과 황남동 고분을 다시 지난다. 조금 더 진행하다가 의료봉사단에게 파스를 요청하니 준비된 것이 모두 떨어졌다고 하며 미안해한다. 30㎞를 10시 58분에 통과하는데 뛰는 속도가 조금 더 빨라졌다. 약간 오르막인데 이제부터는 걷는 모습이 더러 보인다. 바나나 1개와 물 1컵으로 다시 간식을 한다. 잠깐 쉬면서 허리와 다리 근육을 풀어 주고 나니 한결 낫다. 2차 반환점을 돌아 안압지를 지나가는데 이곳은 3번째 밟는 곳이다. 100여 미터 앞에는 4시간 페메 일행이 보이고 반대편에는 현대중공업의 20여 명이 무리 지어 즐겁게 뛰는 모습이 보인다. 선덕여중, 분황사, 알천교, 경주소방서를 거쳐 35㎞를 11시 30분에 통과한다. 32분 걸렸으므로 많이 늦어진 것이지만 잘만 하면 4시간 안에 완주도 가능할 것이라는 기대감이 생긴다. 물 한 컵을 마시면서 변화를 주기 위해 골인 지점까지 몇 명이나 따라 잡을 수 있는지 세어 보기로 한다. 양 무릎에 파스를 뿌렸으며 이후로도 두 번은 에어파스의 도움을 받았으니 오늘의 완주는 파스의 도움이 가장 컸다고도 할 수 있겠다. 가을이라고 하지만 이제는 정오가 가까워지니 꽤 무덥고 땀이 줄줄 흐른다. 갈수록 걷는 모습이 많이 보이므로 추월하는 숫자는 계속 늘어만 간다. 한 명씩 앞지를 때마다 없던 힘이 조금씩 더 샘솟는 기분이다. 5시간 안에 완주만 하자는 초심이 생각나지만 가능하다면 4시간 안에 완주하자는 마음뿐이다. 황남대총을 지나 다시 시내 중심가로인 듯한 곳을 통과하는데 전면 통제는 아니지만 반대편 차로의 차량통행은 거의 없다. 한 명씩 꾸준히 따라잡으며 11시 58분에 40㎞를 통과한다. 2분 정도를 앞당긴 것인데 추월의 노력이 이를 가능하게 한 것이다. 저 멀리서 4시간 페메의 모습이 다시 보인다. 물 한 컵을 가득 마신 후 북천 변 옆을 지나 황성대교에 다다르니 도로변에는 응원하는 시민들의 모습이 많이 보인다. 지난해에는 어지럽고 배가 아파서 걷던 곳인지라 감회가 새로운데 코스도 많이 바뀌었다. 차량통행이 많은 마지막 2㎞ 정도를 하천 변과 공원 안쪽으로 돌린 것인데 뛰기에도 더 좋게 느껴진다. 주로 옆에서 열렬하게 응원 및 격려해 주는 함성을 들으면서 출발점을 지나 운동장에 들어서면서 시간을 보니 4시간 안의 기록은 충분하다. 4시간 페메가 나보다 앞서 골인을 했으니 시간 배분을 잘못한 것 아닌가 하는 쓸데없는 생각을 하며 12시 10분경에 결승점을 통과한다.

5. 소감 및 귀향

　물 한 병을 받아 마시며 칩을 반납한 후 간식을 받아 먹을거리 코너를 찾아간다. 대규모 국제대회에서는 흔히 볼 수 없는 막걸리와 두부를 제공해 준다는데 아예 점심 대용으로 작정을 하였기 때문이다. 자원봉사 하시는 누님들이 얼마나 친절하고 인심이 좋은지 요청하는 대로 다 주는 바람에 막걸리 4잔과 두부김치 두 접시를 비우고 나니 배도 부르고 얼얼한 느낌이다. 동해에서 왔으며 고맙다는 인사를 하고는 짐을 찾은 후 몸 풀기 체조를 한다. 13시에 셔틀버스를 타고 시외터미널로 이동하면서 참가자들과 얘기를 잠깐 나누었는데 새롭게 바뀐 코스, 날씨, 먹을거리 등이 모두 만족스럽다는 것이었다. 13시 20분에 터미널 옆의 천지장사우나(4,000원)를 찾아 들어가 온탕, 냉탕을 오가며 물마사지를 해 주니 한결 몸이 가뿐하다. 14시 40분 포항행 버스를 타고 15시 15분에 도착, 15시 28분 동해행 버스로 갈아탔고 18시 55분에 동해터미널에 도착하였다. 포항터미널에서의 일이다. 도착 후 바로 버스표를 구입하였는데 막걸리 탓인지 배가 살살 아프다. 행선지를 보고 아무 차나 타라는 직원의 말에 출발시간이 적혀 있지 않은 강릉·동해행 대기버스에 짐을 실어 놓고 화장실에 다녀오니 엉뚱한 차가 보인다. 시간은 15시 27분으로 출발하기 직전인데 이 차가 내가 타야 할 직통이고 짐을 실어 놓은 완행은 벌써 출발하였다고 한다. 같은 회사였으므로 바로 연락이 되어 포항북부정류소에서 내 짐을 찾았다. 중요한 물건은 아니지만 내겐 소중한 것들이었으므로 꼭 찾아야만 했고 조금은 황당했다. 택시를 이용(3,000원)하여 아내가 입원해 있는 병원에 들러 완주보고를 하고 집에 도착하니 19시 30분이다. 이로써 32번째 경주 마라톤 여행은 마무리되었다.

35km 이후 108명을 앞지르면서 골인하였다. 최종기록이 03:58:17로 나왔으니 아슬아슬하게 3시간대로 완주한 것이며 뛰는 데 약간의 변화를 주었기 때문에 가능했다고 생각한다. 또한 급수대에서 물 마신 것 외에는 거의 걷지 않았으며 물스펀지도 전혀 사용하지 않은 덕분이었을 것이다. 경주가 우리나라 최고의 역사·문화·관광도시답게 식당이나 공원, 거리나 대회장에서 만나 말을 걸어 본 시민은 모두가 밝고 친절하였다. 그러한 전통이 오래도록 이어져 왔기에 산과 물과 바다가

조화로운 자연환경 속에서 찬란한 역사와 문화가 꽃을 피웠을 것이다. 지금껏 다녀 본 대회 중 교통통제도 가장 잘된 대회로 여겨지는데 전 구간에서 경찰이 엄청난 수고를 한 것 같다. 시민들은 생활에 큰 불편을 겪었을 것이 확실시되는데 시민과 경찰이 실랑이하는 모습은 전혀 볼 수 없었으며 시종일관 우리를 환영과 함께 응원해 준 것이 너무도 고맙다. 전 구간에 수백여 명의 의료봉사요원들이 배치되어 응급사고에 대비하면서 선수들의 컨디션을 살펴 준 것도 대단히 고맙다. 급수대와 간식도 충분하였고 봉사하는 학생들도 매우 친절하였다. 완주한 후 갈증과 허기가 한창 심할 때 마신 막걸리와 두부김치는 점심을 대신하도록 풍족했고 취기가 오를 정도였으니 두말할 필요가 없겠다. 오랜 역사와 유서 깊은 주로 변의 수많은 문화유적은 힘들게 달리는 선수들에게 볼거리를 제공함으로써 큰 격려와 힘이 되었을 것이다. 20여 일간 연습도 하지 못하고 몸 상태가 불편한 상태에서 참가한 대회인데 뜻밖의 성과를 거두었다. 선수에 대한 깊은 배려, 좋은 코스와 날씨, 아름다운 자연환경 등이 그 원인이고 다른 선수들도 나와 같은 심정이리라 믿는다. 행사 기획에서부터 준비와 성공개최를 위해 애쓰신 모든 분들께 진심으로 감사드리며 앞으로 보다 더 멋지고 훌륭한 대회로 발전하기를 기원한다.

댓글

엄청난 체력입니다.
신윤승[2009/10/29]

안술 술안 드시는 줄 알았는데 마라톤기록이 좋아지는 것을 보니 이제는 통달한
것 같습니다. 완주를 축하드립니다.
홍성래[2009/10/29]

대회참가기 잘 읽었습니다. 35km 이후를 걷지 않고 앞은 주자를 앞지르며 끝인
하였다니 대단하다는 말밖에… ㅎ ㅎ 수고하셨습니다.
장춘근[2009/10/28]

완주를 축하드립니다.
권우천[2009/10/28]

용도 성치 않았는데 기록은 점점 더 좋아지네요. 한마디로 대단하네요. 건강도
유의하세요.
임진호[2009/10/27]

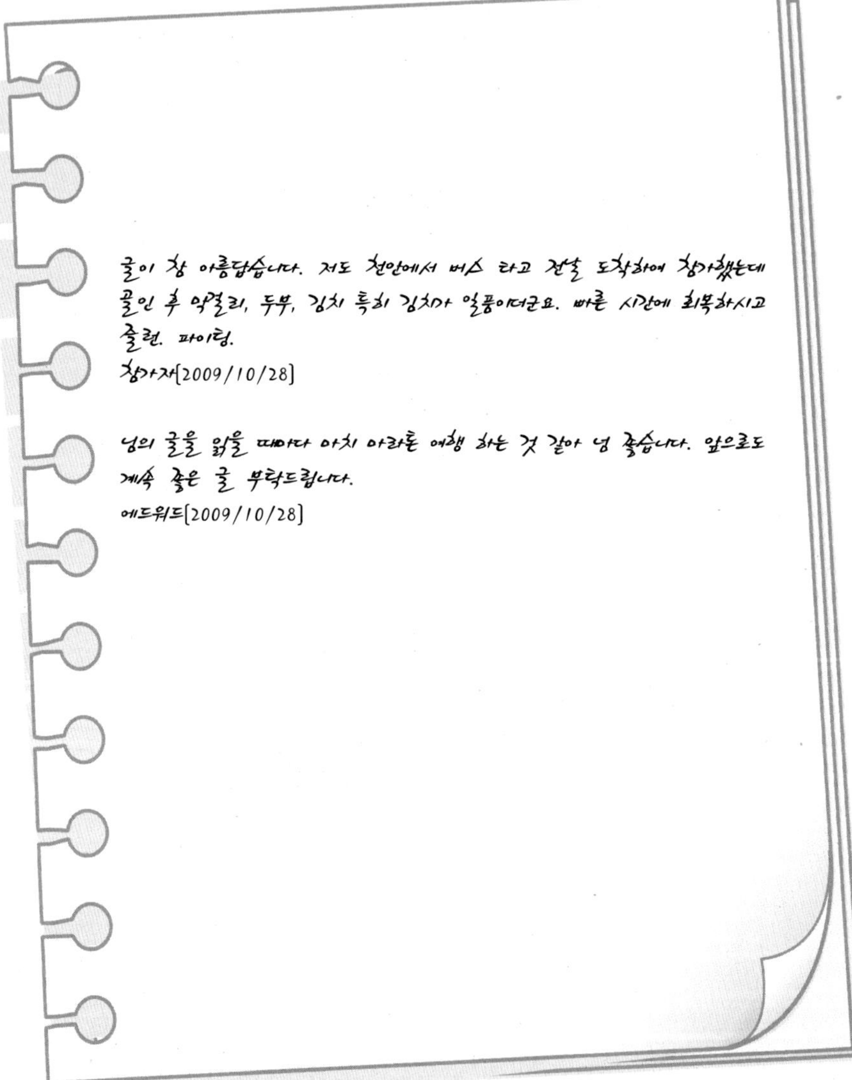
글이 참 아름답습니다. 저도 천안에서 버스 타고 절로 도착하여 참가했는데
골인 후 막걸리, 두부, 김치 특히 김치가 일품이더군요. 빠른 시간에 회복하시고
즐런. 파이팅.
참가자[2009/10/28]

님의 글을 읽을 때마다 마치 아라톤 여행 하는 것 같아 넘 좋습니다. 앞으로도
계속 좋은 글 부탁드립니다.
에드워드[2009/10/28]

후회, 반성 그러나 즐거움!
제3회 호미곶온천마라톤(33번째)

1. 대회개요

○ 대회명: 제3회 호미곶온천마라톤대회

○ 일시: 2009. 11. 8(일) 09:30

○ 장소: 포항 호미곶 온천랜드

○ 주최: 포항 영일만 울트라조직위원회

○ 코스: 호미곶온천랜드 주변 포장도로 및 임도

○ 종목: 2종목(하프, 풀)

○ 참가비: 20,000원(전 종목)

○ 기념품: 완주메달, 온천 목욕권, 소고기국밥, 과메기, 참소주

○ 총경비: 238,700원(참가비 포함)

○ 소속: 동해시청마라톤동호회, 동해마라톤클럽

○ 기록: 04:37:51(98위/183명)

○ 우승: 풀/ 박덕종(02:53:37)

2. 참가배경

10월 18일 경주 동아마라톤대회 참가 후 21일 만이다. 포항은 8월 15일에 개최된 혹서기 마라톤대회 때 처음 방문했던 곳이다. 마땅한 대회를 찾던 중 참가비도 싸고 구룡포 과메기 맛도 보여 주며 완주 후에는 사우나 입욕권도 준다기에 일단 호감이 갔다. 호미곶 해맞이 광장의 사진은 여러 번 본 적이 있는데 무엇 때문에 그리 손이 유명한지 직접 확인해 보고도 싶었다. 동해시에도 해돋이로 유명한 추암 해변과 촛대바위가 있지만 호미곶은 한반도에서 가장 먼저 아침 해를 볼 수 있는 곳이라고 한다. 대회 참가신청을 해 놓고 나니 하루하루가 기다려진다.

3. 대회장에 도착할 때까지

11월 7일 간단한 짐을 챙겨 08시 30분에 집을 나서는데 아내가 "왜 그리 빨리 가느냐"고 한마디 한다. 아내는 등산이 취미인데 달리는 것에는 전혀 관심이 없다. 같이 가자고 몇 번 얘기해 보았지만 전혀 꼼짝도 하지 않는다. 불평불만 없이 이곳저곳 뛰어다니도록 이해해 주고 보내 주는 것이 그저 고마울 따름이다.

08시 55분 포항행 버스(21,600원)를 타자마자 전날에 과로한 탓인지 그만 잠이 들고 만다. 울진터미널에서 잠깐 쉬었다가 포항에 도착하니 12시다. 국도 확포장공사를 계속 시행 중인데 날이 갈수록 거리가 짧아지는 느낌이다. 7번 국도는 바다를 많이 볼 수 있어 참 좋다. 부산 영도대교에서 고성 통일전망대에 이르는 515㎞의 도로 중 해변도로가 얼마나 되는지 궁금하다. 20일 전 황금빛 물결로 일렁였던 들판은 추수가 끝나 썰렁하다. 붉게 물든 단풍은 수명이 다했는지 부는 바람에 우수수 떨어지는 모습이 영화 속 한 장면 같다. 12시 24분에 시내버스(1,500원)를 이용하여 구룡포읍 종점에 도착하니 12시 50분이다. 포항 시가지를 벗어나 한적한 도로를 한참 지났는데 구룡포항 주변은 비교적 한산한 모습이다.

점심식사를 하기 위해 과메기 뷔페집을 찾아 들어가니 다음 주부터 개시한다고 한다. 한 접시에 2만 원 하는데 혼자이므로 반만 달라고 하니 절대 안 된다고 한다. 적당한 집을 찾다가 '회 막 썰어 파는 집'을 찾아 들어가 통사정을 해서 반 접시(10,000원)를 주문한다. 과메기의 원조마을에 와서 그냥 먹기 아까워 지역의 술인 참소주를 시켜 반주 삼아 먹는데 그만 도가 지나쳐 2병을 비우고 만다. 육식 고기보다는 생선을 좋아하는데 이곳에서 먹는 과메기 맛은 정말 일품이다. 맛이 맘에 들어 택배를 주문하였는데 팔 것밖에 없다고 하므로 다음을 기약하고 나온다.

14시 44분에 시내버스(1,200원)를 타고 호미곶으로 향한다. 해맞이 광장과 새천년기념관은 규모가 엄청나게 크다. 전국 각처에서 찾아온 관광객이 천여 명은 되지 않을까? 말소리를 들어 보니 각양각색의 사람들이 다 모여 있는 것 같다. 상생의 손, 연오랑세오녀상, 등대 등을 살펴보며 기념사진도 촬영하고 2시간 정도를 보낸다. 새천년기념관은 개방을 하지 않아 보지 못한 것이 아쉽다. 손 두 개 구경하러 이 많은 사람들이 오는 것이니 관광지로서 충분히 성공한 곳인 듯싶다. 17시 20분에 호미곶을 떠나 17시 40분에 다시 구룡포에 도착을 한다. 정류 소 앞의 포장마차에 들러 어묵과 떡볶이 등으로 저녁을 대신하는데 오 랜만에 먹어 본 까닭인지 별미다. 그리 먼 곳이 아니라고 하므로 걸어가 다가 포기하고는 택시를 이용해서 호미곶온천랜드에 도착하니 20시다. 마라톤 참가자에게는 찜질방 이용가격을 할인해 주니(6,000원) 그저 고 마울 뿐이다.

11월 8일 05시 50분에 깨어 찜질방 안의 식당을 찾아가니 영업시간 이 08시부터라고 쓰여 있으므로 정상적인 아침식사는 포기하고 만다. 어제 과메기 먹다가 그만 음주를 과하게 한 탓으로 속과 머리가 개운 치 않다. 뛰다가 힘들면 걷고 그것도 어려우면 포기해 버릴 마음으로 대회에 참가키로 한다. 사우나를 끝낸 후 베지밀 2개, 바나나우유 1개, 후랑크소시지 1개로 아침을 대신하고 07시 30분에 찜질방을 나오니 1 층 로비에 식당이 있다. 아침식사가 부족한 듯하지만 출발시간이 임박 하므로 아쉽지만 먹을 수가 없다. 본부석에서 배 번호를 받아 달고 TV 를 시청하며 시간을 보낸다. 물건을 맡기고 몸을 푼 후 출발선으로 가 니 도열해 있는 선수들이 대략 400여 명은 될 것 같다.

4. 대회 참가 및 완주

주최 측 대표의 간단한 인사말씀에 이어 09시 30분에 풀코스부터 출발을 한다. 비가 온다는 예보가 있었음에도 하늘은 맑고 날씨가 쾌청하여 더없이 좋다. 사회자는 교통통제도 하지 않고 임도 구간이 많으므로 각자가 안전사고에 유의해 줄 것을 신신당부한다. 얼마 가지 않아 경사가 완만한 언덕이 곧바로 나온다. 산간의 농촌도로인 까닭에 차량 통행은 거의 없으며 2차선 도로의 양옆으로는 울긋불긋한 단풍이 참 곱게도 물들어 있다. 5㎞를 09시 59분에 통과하니 29분 걸렸다. 햇볕이 조금은 따갑게 느껴지는 탓인지 벌써부터 땀이 줄줄 흐른다. 갈증은 나는데 통상 5㎞ 간격으로 마련되어 있는 급수대가 보이지 않으므로 섭섭하다. 1차 반환점인 7.1㎞에서 물을 한 컵 마신다. 10㎞를 10시 25분(26분 소요)에 통과하였고 11㎞ 지점에서는 밭둑에서 소변을 본다. 꽤 긴 오르막을 지나 12.5㎞에서 생수와 바나나를 먹는다. 에어파스가 보이므로 양 무릎에 잔뜩 뿌려 준다. 이제부터는 산속의 임도 구간인데 계속 오르막이다. 힘이 드는지 벌써부터 걷는 모습이 보인다. 숨은 턱까지 차오르지만 아직까지는 견딜 만하다. 임도로 들어서니 단풍은 더 잘 들었고 주변의 경치와 공기가 참 좋다. 15㎞를 10시 59분(34분 소요)에 통과하는데 100회 마라톤클럽의 김무언 어르신께서 나를 추월해 가신다. 젊은 놈으로서의 자존심도 있고 창피스럽기도 하여 따라붙어 보지만 무리다 싶어 이내 포기하고 만다. 15.9㎞에서 생수와 함께 방울토마토를 한웅큼 받아먹고 무릎과 허리운동을 하며 잠깐 휴식을 한다. 18㎞에서는 칠마회의 김진환 어르신께서 또 나를 앞서 가시고 19㎞를 지났을까 선두주자의 모습이 벌써 보인다. 이 험한 코스에서 참 잘도 달리고 대단하다는 생각이다.

20㎞를 11시 35분(36분 소요)에 통과하면서 다시 소변을 본다. 아침 대용으로 우유와 물을 많이 먹은 까닭인지 자꾸만 마렵다. 20.6㎞에서 포카리스웨트와 바나나를 먹으며 잠깐 휴식을 한다. 04:20 페메가 앞질러 가므로 뒤를 따라 뛰어 보지만 2㎞도 채 뒤따라가지 못한다. 23.2㎞에서 생수와 송편을 먹고 운동화에 들어간 흙을 털어내며 잠시 휴식을 한다. 내리막인데 이제는 마지막 반환점을 돌아오는 주자들의 모습이 많이 보인다. 25㎞를 12시 07분(42분 소요)에 통과하고 26㎞에서는 자연보호마라톤의 김완식 어르신께서 앞질러 가신다. 세 분 어르신은 여러 대회에서 자주 뵌 분들인데 이렇게 무참하게 추월당해 보기는 처음인 것 같다. 전날의 과음과 저녁 및 아침식사를 제대로 하지 못한 탓인가 싶어 후회가 되지만 다 부질없는 일이다. 제발 포기하지 말고 5시간 안에 무사히 완주하기만을 바랄뿐이다. 26.5㎞ 반환점에서 포카리스웨트와 바나나를 먹고 무릎과 허리운동을 한 후 파스를 또 뿌려 준다. 28㎞에서 세 번째로 소변을 보았고 29.8㎞에서 생수를 마신 다음 30㎞를 12시 47분(40분 소요)에 지난다. 32㎞를 지나면서 4시간 40분 페메에게 또 붙잡혔는데 이젠 까딱하면 제한시간 안의 완주도 어려운 형편이다. 32.4㎞에서 포카리스웨트와 바나나를 먹고 35㎞를 13시 17분(30분 소요)에 통과한다. 오르막에서는 조금씩 걷다가도 내리막에서는 속도를 내었더니 시간이 많이 당겨진 것이다. 37.1㎞에서 생수와 방울토마토를 먹으며 휴식을 한다. 40㎞를 13시 55분에 통과(38분 소요)했고 마지막 급수대는 시간을 조금이라도 앞당기기 위해 그냥 통과한다. 이제부터는 아스팔트이므로 뛰기가 훨씬 편하다. 41㎞ 지점

에서 4시간 40분 페메가 멀리 보이므로 안도의 한숨이 나온다. 오늘 코스가 험하기는 했는가 보다. 골인 지점을 500여 미터 앞에 두고도 속도를 전혀 내지 못했는데 10미터도 남겨두지 못한 상태에서 한 분이 나를 추월해 가지만 쫓아갈 마음도 나지 않는다. 사회자의 축하멘트를 들으며 골인하니 시계는 14시 08분을 지나고 있다.

5. 귀향 및 완주 소감

　식권과 온천 입욕권을 받은 후 본부석으로 가서 물 한 병과 기록증을 받는다. 온천랜드 마당에는 앞서 들어온 주자들이 완주의 쾌감을 즐기며 식사를 하고 있다. 물품을 찾은 후 과메기 무침과 참소주 한 병, 소고기국밥과 김치를 받아 적당한 자리를 잡고 앉는다. 과메기는 어제 돈 내고 사 먹은 양만큼은 되겠다 싶다. 하나도 남기지 않고 깨끗하게 먹었는데 시장한 탓도 있겠지만 인심도 후하고 맛도 매우 좋게 느껴진다. 갈 길이 멀기 때문에 서둘러 14시 50분에 온천장으로 들어간다. 많은 사람들이 목욕을 하는데 벗은 몸이 모두 날씬한 것을 보니 마라톤 선수들인가 보다. 온탕, 물마사지탕, 이벤트탕, 냉탕을 오가며 종아리와 무릎과 허벅지를 주물러 주니 한결 낫다. 스트레칭을 빼먹었다 싶어 구석에서 몸을 풀어 주니 따라 하는 사람들의 모습도 보인다. 15시 40분에 온천랜드를 나오니 비가 주룩주룩 내린다. 비를 맞으며 버스 승강장을 향해 터벅터벅 걷다 보니 승용차 한 대가 태워 준다며 멈추어 선다. 인심 좋은 여성분인데 두 명이 벌써 타고 있다. 남편이 울트라 마니아라고 하는데 남편 태우고 이곳저곳을 다니므로 마라톤맨들의 심정을 충분히 이해해 주는 것 같다. 포항 시내에서 내려 주므로 감사의 인사를 하고 승강장으로 향한다.

두 분과 마라톤을 주제로 얘기를 꺼내 보니 김해철인클럽 소속이며 나보다 1분 정도 앞서서 골인했다고 한다. 택시에 합승하여 시외버스 터미널로 이동을 하였는데 택시비를 주니 받지 않는다. 많은 돈은 아니지만 마냥 고맙기만 하다. 기약 없는 다음 볼 기회를 약속하며 인사를 나눈 후 헤어진다.

16시 44분 동해행 버스에 탑승하여 병곡휴게소에서 잠시 휴식 후 동해에 도착하니 19시 40분이다. 의형과 연결이 되어 소주를 한잔하기로 하였으므로 의형 친구 차로 주점 캐빈(라이브카페)으로 이동한다. 저녁식사를 거른 상태에서 소주와 맥주를 섞어 마시다 23시경에 귀가함으로써 33번째 마라톤 여행을 마무리하였다.

오르막 내리막이 몇 개나 되는지 기억도 못 하겠다. 임도구간이 28km이므로 산악마라톤이라고 해야 할 것 같다. 시멘트 포장이 된 곳과 비포장인 곳이 반복적으로 계속 나타났는데 임도 구간 내내 엎어질까 걱정되어 정말 조심스럽게 달리고 걸었다. 앞에도 뒤에도 선수가 보이지 않은 채 혼자 뛴 거리가 훨씬 더 많을 것 같다. 코스가 힘들었고 기록도 저조하였지만 맘에 드는 코스이고 다음에 꼭 와서 제대로 한번 뛰었으면 하는 마음이다. 급수대가 들쑥날쑥하게 설치되어 조금은 헷갈렸지만 생수와 이온음료, 그리고 간식은 충분하게 공급된 것 같다. 두 끼니를 제대로 먹지 못했는데 간식을 자주 먹은 덕분에 무사히 완주한 것은 아닐까 싶다. 대회 참가 전날의 과음은 정말 하지 말아야겠다. 즐기기 위해, 건강을 위해 많은 시간과 적잖은 경비를 써 가면서 참가하는데 몸이 망가지면 정말 안 될 일이다. 대회의 성공개최를 위해 애쓰신 모든 분들께 진심으로 감사드리며 보다 더 멋지고 훌륭한 대회로 발전하기를 기원한다.

댓글

이제는 절절 안도 한데 꿈임없이 도전하는 당신의 모습이 아름답습니다.
홍성래[2009/11/13]

유유자적하여 달리기를 즐기는 모습이 부럽습니다. ^^
수고하셨구요. 힘든 만큼 좋은 여행 추억하시기 바랍니다. 힘!!!
권석관[2009/11/12]

대단한 투혼입니다. 앞으로도 계속되는 님의 수기를 기대해 봅니다.
성재천[2009/11/11]

완주를 축하합니다. 앙 계장님! 술 좀 줄이시고 항상 편련 하세요.
임진호[2009/11/11]

반갑습니다. 강릉경포호수아라톤클럽의 윤정철입니다. 코스가 많이 힘들었다고 하
더군요. 축하드립니다. 강철앗 나는 글, 읽을수록 재미있어요. 앞으로도 자주 올려
주세요. 동해아라톤은 친한 분들이 많이 있어 좋아요.
윤정철[2009/11/11]

처음으로 2주 연속 풀코스 참가,
제7회 스포츠서울마라톤(34번째)

1. 대회개요

○ 대회명: 제7회 스포츠서울마라톤대회

○ 일시: 2009. 11. 15(일) 09:00

○ 장소: 상암월드컵공원 평화의 광장

○ 주최: 스포츠서울(주관: 앤앤앤 스포츠)

○ 코스: 평화의 광장~한양대학교 살곶이체육공원 왕복(한강고수
부지도로)

○ 종목: 4종목(5㎞, 10㎞, 하프, 풀)

○ 참가비: 40,000원(풀코스)

○ 기념품: 스켈리토 트레이닝세트(긴소매 상의＋5부 하의 타이즈),
완주메달, 간식

○ 총경비: 105,200원(참가비 포함)

○ 기록: 04:10:37.39(시간 단위) (358위/553명 – 남자)
○ 우승: 풀 / 이현석(02:37:54.81)

2. 참가배경

팔을 다쳐 5개월을 뛰지 못하다 올해 4월 20일 다시 시작한 이후
연내 10개 대회를 뛰기로 나름 계획은 세웠는데 그동안 제대로 참가하
지 못했다. 좋은 계절 내버려 두고 이 추운 계절에 무리해서 뛰는 것
같아 후회스럽지만 일단은 10개를 채우려고 한다. 개인적인 스케줄을
고려하다 보니 2주 연속 참가인데 한번 해 보자는 도전의 마음뿐이다.
그러나 '포항호미곶대회'에서 고생을 많이 한 이후 1주일 내내 비가
내리므로 걷기 회복훈련조차 제대로 하지 못한 상태에서 술자리는 계
속 이어지니 심적 부담은 갈수록 커짐을 느낀다.

3. 대회장에 도착할 때까지

11월 14일 18시 30분에 간단한 짐을 챙겨 집을 나선다. 당초에는
14시 9분 차로 출발 예정이었으나 직원 화합행사에 참석했다가 그만
분위기에 젖어 출발시간을 늦춘 것인데 결과적으로는 큰 고생을 하게
되었다. 택시를 이용하여 터미널로 이동하여 19시 05분 동서울행 버스
(15,300원)를 타고 서울에 도착하니 22시 05분이다. 모임에서 마신 술

때문에 차를 타자마자 잠이 들었고 서울에 도착해서야 눈을 뜬 것 같다. 새로 만든 광화문광장을 구경하기로 했으므로 늦은 시간이지만 22시 15분에 지하철(1,100원)을 타고 광화문에 도착하니 22시 55분이다. 아니나 다를까? 외투 속을 파고드는 쌀쌀한 바람과 늦은 시간 때문인지 분위기가 썰렁하다. 사진 촬영을 하는 외국인의 모습도 간간이 보이기는 하지만 생각보다는 못하다. 가장 교통량이 많았을 서울 한복판의 도로 중앙에 이렇게 큰 광장이 있다는 것이 믿기지 않을 정도로 규모가 엄청나다. 의경 2명씩으로 구성된 여러 순찰조의 모습이 곳곳에서 보이는데 군에 입대한 아들의 모습이 생각나 그저 안쓰럽게만 느껴진다. 겨울 날씨를 만만하게 보고 얇은 땀복만 입은 대가를 톡톡히 치르지만 그냥 갈 수는 없으므로 광장 전체를 벌벌 떨면서 한 바퀴 둘러본다.

이곳에서 찜질방을 찾아볼까 하다가 괜한 시간 낭비다 싶어 23시 25분에 지하철을 이용하여 강변역으로 향하는데 23시 45분 두 역을 앞둔 성수역에서 다 왔으니 내리라고 한다. 무턱대고 내려서 저녁식사를 할 겸 가까이 보이는 이북집찹쌀순대집을 찾아 들어가 순대국밥과 소주 1병(8,500원)으로 언 몸을 녹인다. 늦은 시간이었으나 손님은 만원인데 "음식재료에 이상이 있으면 10억 원을 배상하겠다."는 주인의 약속광고문구가 이채롭다. 물어물어 23시 55분에 역 앞에서 멀지 않은 '나성보석찜질방'(8,000원)을 찾아 들어간다. 이제야 오늘의 계획된 일과는 끝났다 싶어 안도의 한숨이 나온다. 추위에 굳고 피로에 지친 몸을 풀기 위해 사우나를 한 시간 정도 하니 제 컨디션이 돌아온 듯싶다. 노천사우나는 처음 보았으며 찜질방의 규모도 다녀 본 곳 중에 가장 큰 것 같다.

05시 50분에 일어나 06시부터 순두부(5,000원)로 아침을 먹는다. 늦은 시간에 저녁식사를 해서 속이 불편하지만 먹어 두는 것이 힘이다 싶어 깨끗이 비운다. 바깥 날씨도 춥기 때문에 사우나를 하고 TV를 보다가 07시 40분에 찜질방을 나왔는데 너무 여유를 부려 대회 참가를 장담하기 어렵다. 07시 50분에 지하철(1,100원)을 타고 08시 50분에 월드컵경기장역에 도착한 후 대회장에서 물품을 맡기고 복장을 갖추니 09시가 되었으며 풀코스 출발신호가 들린다. 그래도 찜질방을 나오는 순간부터 대회장까지는 계속 뛴 덕분에 억지로 출발시간에 댄 것인데 게으름을 피운 것이 후회스럽다. 스트레칭을 하고 화장실에 갈 시간적 여유도 없으므로 곧바로 출발선으로 갔는데 역시 하프 선수들이 도열해 있다. 배 번호 붙일 새도 없으므로 팬츠 주머니에 넣고 칩을 매달며 운동화 끈을 대충 묶는다.

4. 대회 참가 및 완주

정신이 없어 무슨 얘기를 하는지 알 수는 없지만 배동성 씨의 간단한 안내 멘트를 듣다가 09시 07분경에 하프에 끼어 출발을 한다. 맨 뒤에 섰는데 과연 얼마나 가서야 풀의 후미를 만나게 될지 마음은 조급하기만 하다. 몸을 충분히 풀어 주지 못한 탓인지 벗은 몸으로 느끼는 추위는 오싹오싹하다. 인파 속으로 파고들지만 크게 나아지는 것도 없다. 대로를 벗어나 강변 고가도로를 지나니 겨울 강바람은 더욱 거세기만 하다. 하프는 뛰어 본 지 꽤 오래되었는데 속도가 너무 빠르다 싶지만 그저 휩쓸려 간다. 2㎞도 채 뛰지 않아 한강변 고수부지 자전거도로와 산책로다. 몇 년 전 경향신문마라톤대회 때는 4차선 강변도로를 통제하고 뛴 기억이 있는데 어느 쪽이 과연 더 나을까 하는 생각을 한다. 몇 달 전 푸름을 자랑했을 이름 모를 나무들, 꽃들, 풀들은 누렇게 변한 채 겨울바람에 몸을 가누지 못하고 있다. 겨울 날씨치고는 좋지만 햇볕조차도 온기를 느낄 수 없게 하며 잔잔해야 할 검푸른 한강물도 바람에 몹시 출렁거린다. 5㎞를 09시 37분(30분 소요)에 통과한다. 날씨 탓에 아직 땀은 나올 기미조차 보이지 않으므로 물을 마실 마음도 생기지 않는다. 추운 날씨에 급수봉사 하는 학생들의 모습이 안쓰럽고 고맙기만 하다. 봉시시간이야 받겠지만 다른 봉사거리도 많이 있을 텐데 우리를 위해 고생하는 모습들이 기특하기만 하다.

7.5㎞에서는 갈증이 나므로 물 한 잔을 마신다. 09시 50분에 5시간 페메를 추월해 간다. 43분이나 걸렸는데 7분 차이가 이렇게도 크게 날 줄은 미처 몰랐다. 10㎞를 10시 02분(25분 소요)에 지나며 물 한 컵을 마신다. 풀코스의 꼴찌라는 것과 하프를 따라 뛰다 보니 너무 빠르다는 느낌이다. 우리가 주로 뛰는 곳이 자전거도로인데 간간이 자전거가 지나가므로 서로에게 불편함을 느낀다. 따지고 보면 우리가 도로를 점령해 버렸으므로 자전거 마니아에게는 얼마나 밉게 보였을까? 교통통제를 하지 않으므로 서로 양보하고 이해하면서 즐길 수밖에 다른 방도는 없다. 15㎞를 10시 32분(30분 소요)에 통과하며 물 한 컵을 마신다. 양 무릎에 통증을 느끼므로 의식적으로 속도를 줄인다. 아마도 스트레칭을 안 한 탓이라는 생각이 들지만 시간도 아깝고 남들 보는 눈 때문에 포기하고 만다. 에어파스를 공급해 주는 구급요원을 찾아보지만 보이지 않는다. 내가 보지 못했는지 모르지만 완주할 때까지 에어

파스의 모습은 볼 수 없었으며 파스 도움을 전혀 받지 않은 첫 대회였던 것 같다. 16㎞를 못 미쳐 선두의 모습이 보이므로 박수로 응원해 준다. 보통은 17~18㎞에서 마주치는데 출발이 늦은 만큼 빨리 만난 것이며 마라톤은 참 정직한 운동이라는 생각을 한다. 2위로는 잘 아는 홍천마라톤클럽의 강주원 씨가 달린다. 무척이나 반가워 눈을 마주쳐 보려 하지만 너무 빨라서 어렵다. 10위까지는 박수로 응원을 해 주었는데 콧물과 침을 흘리는지도 모른 채 혼신의 힘을 다해 뛰는 모습들이 존경스러울 따름이다. 20㎞를 11시 30분(30분 소요)에 통과하였고 이제 반환점을 돌아갈 생각을 하니 어지럽지만 열심히 뛰는 아름다운 모습들을 보며 힘을 내어 본다.

22㎞에서 4시간 40분 페메를 추월하고 물 한 잔과 바나나 한 쪽을 먹는다. 너무 열심히 달려왔다 싶어 잠깐 쉬며 무릎과 허리운동을 하며 숨을 돌린다. 25㎞를 11시 30분(30분 소요)에 통과하며 다시 물 한 컵을 마신다. 땀은 나지 않지만 목은 마르고 잠깐 쉴 틈을 벌기 위해서다. 무릎과 엉덩뼈, 허리의 통증은 계속되지만 참을 만하다. 몸에 가해지는 부담을 최대한 줄이기 위해 몸을 유연하게 하기 위한 노력을 계속하며 뛴다. 반환점을 돌아가는 길은 맞바람이고 갈수록 강도가 더해지기 때문에 더더욱 힘들다. 하지만 걷는 모습은 보이지 않고 모두 잘 뛴다. 선글라스 안으로 들어오는 바람 때문에 눈물은 계속 나지만 벗고 닦을 여유와 겨를도 없다. 30㎞를 12시(30분 소요)에 통과하며 물 한 잔과 초코파이 반쪽을 먹는다. 킬로미터당 6분대의 속도는 계속 유지되고 있는 것이 다행이다 싶다. 운동화 끈이 약간 느슨하다 싶었는데 발등과 뒤꿈치가 거슬리므로 다시 매는데 손가락이 구부러지지 않아 한참이나 걸린다. 몸에서 땀이 좀 나면 좋으련만 전혀 기색을 보이

지 않고 몸은 자꾸 움츠러든다. 햇볕이라도 계속 받으면 좀 낫겠는데 다리는 왜 그리도 많은지 그늘이 더 많은 것 같다.

이제부터는 걷는 모습이 더러 보인다. 나도 힘들지만 모두에게 얼마나 힘든 일인가? 32㎞에서 04:20 페메를 앞질러 간다. 잘만 하면 4시간 10분대는 될 것 같다는 느낌이다. 오후 시간이 지나면서부터 바람은 갈수록 더 세어지고 한강물도 더 출렁거린다. 자전거를 타거나 산책을 하는 시민들은 털옷으로 온몸을 감싸고 있다. 지나가면서 이상한 눈으로 우리를 바라보는 것 같은데 당연하다 싶다. 이 추워 빠진 날에 반은 알몸으로 뛰고 있으니 말이다. 35㎞를 12시 30분(30분 소요)에 지나며 물과 바나나 한 쪽을 먹으면서 잠깐 쉰다. 갈수록 걷는 모습이 자주 보이니 그 틈에 끼어 아프다 싶으면 잠깐 쉬며 아픈 근육을 주물러 주므로 한결 낫다. 이렇게 하기를 서너 번 했을까? 골인 지점이 한 발씩 앞당겨지므로 없던 힘도 생긴다. 40㎞를 13시 02분(32분 소요)에 통과하자마자 04:20 페메가 앞질러 간다. 몇 걸음 따라가 보지만 오른쪽 무릎이 너무 아파 그만 포기하고 만다. 마지막 2㎞를 4번이나 절뚝거리며 뛰다 걷다를 반복했는데 달리 방법이 없다. 흔한 에어파스라도 뿌려 주면 한결 나으련만 보이지 않는다. 그나마 나와 같은 모습이 많이 보여서 다행스럽다. 공원 외곽을 한 바퀴 돌아 절뚝거리며 골인하니 시계는 13시 18분을 지나고 있다. 마지막 2㎞에 16분이나 걸린 것인데 최종기록을 알고 보니 조금만 더 노력했으면 10분 안에도 가능했는데 하는 아쉬움이 생긴다.

5. 귀향 및 완주 소감

곧바로 화장실로 가서 소변을 보는데 갑자기 훈훈한 공간으로 들어선 까닭인지 순간 멍해지는 느낌이다. 칩을 반납하고 간식을 받은 후 물품을 찾아 탈의실로 들어가 겉옷을 입으니 조금은 살 것 같다. 손도 입도 얼얼하지만 빵 두 개를 아리수와 함께 먹는데 나와 같은 모습이 몇 명 보인다. 배가 조금 부르니 빨리 사우나를 찾아가 따뜻한 물에 몸을 담그고 싶다. 14시에 대회장을 나와 지하철을 타고 동서울에 도착하니 14시 50분이며 버스표를 산 후 자주 가는 동방대중사우나를 찾아간다. 15시부터 50분간 온탕과 냉탕, 사우나를 몇 번 들락거리며 스트레칭을 하고 나니 몸의 찬 기운이 빠져나가고 정상으로 되돌아온 듯하다. 16시 20분 동해행 버스를 타고 19시 10분에 터미널에 도착하니 아내가 승용차를 대기하고 있다. 천곡동 김씨네해물탕으로 가서 영양 돌솥밥과 소주 1병으로 저녁식사를 마치고 20시 15분에 귀가함으로써 34번째 마라톤 여행이 끝났다.

참 힘든 여정이었다. 출발부터 약간 어긋난 것이 하마터면 대회 참가도 못하고 돌아올 뻔했으나 다행스럽게도 만족스러운 기록으로 완주했다. 넓은 도로를 통제하지 않고 대회를 진행하였으므로 선수들의 부담도 덜했고 시민들의 생활불편은 크게 줄었을 것이다. 그러나 대회코스가 선수들이 마음 놓고 뛰기에는 상당히 신경이 쓰였을 것이라 생각한다. 통제를 하지 않았겠지만 나조차도 자전거와 충돌할 뻔했기 때문이다. 하지만 한강 변의 코스가 달리기에는 매우 좋은 코스였던 것 같다. 잘못 보았는지는 알 수 없으나 어느 대회에나 보이던 인라인 구급요원이나 에어파스 등은 좀 아쉽다. 나와 비슷한 능력의 마니아에게는 어느 정도 달린 후 꼭 필요한 물품이기 때문이다. 간식 공급이나 급수대 운영에 있어서는 불편을 느끼지 않았다. 비교적 폭이 좁은 코스에서 많은 선수들이 가고오고 했기 때문에 다소 혼잡했다는 느낌은 들었으나 서로 양보하면서 주로를 충분히 학보해 주는 모습은 보기 좋았다. 대회의 성공개최를 위해 애쓰신 모든 분들이 고맙지만, 그 추운 날씨에 밝고 명랑한 웃음으로 물과 간식을 나눠 준 자원봉사 학생들이 가장 고맙다. 앞으로 보다 멋지고 훌륭한 대회로 발전하기를 기원한다.

댓글

완전히 유격훈련이네요. 암튼 수고 많았습니다. 행복하세요.
성재천[2009/11/18]

항상 건강 챙기시고. 즐런 하세요. 고생하셨습니다.
임진호[2009/11/18]

추운 날씨에 완주하시느라고 고생하셨습니다.
홍성래[2009/11/17]

수고하셨습니다. 빠른 회복을 기원합니다.
권우천[2009/11/17]

잘 읽었습니다. 글을 아주 잘 쓰시네요. 저도 거기에 참가해서 덜덜덜 떨여
완주했는데, 멀리서 오셔서 최선을 다하고 돌아가는 그 모습이 참 멋져 보입니다.
수고하셨습니다.
임인병[2009/11/18]

그날따라 날씨 한번 고약했죠. 저도 오는 길에 추위에 바실 옷을 주위 입고,
덜덜 떨여 끝인했시유. 그날 진짜 개고생했습니다. 그래도 완주에둘에다 악결리,
뜨뜻한 순두부로 속 달래여 해피했시유. 한강 바람 엄청 차갑더구언요. 넝도
고생 많이 하셨습니다. 좋은 글 감상 잘하고 갑니다.
결래역[2009/11/23]

마라톤
뛰는 것만이
아니다

단지 풀 뛰기 위해 3천 리를! 안타까운 제9회 통영마라톤(35번째)

1. 대회개요

- 대회명: 제9회 이순신장군배 통영전국마라톤대회
- 일시: 2009. 12. 6(일) 10:00
- 장소: 도남동 트라이애슬론광장
- 주최: 통영시(주관: 통영시육상경기연맹)
- 코스: 통영시 해안도로 일원
- 종목: 4종목(5㎞, 10㎞, 하프, 풀)
- 참가비: 30,000원(풀코스)
- 기념품: 윈드브레이커재킷, 케이블카 탑승 할인권, 완주메달 및 간식
- 총경비: 142,600원(참가비 포함)
- 기록: 04:19:57.87 (352위/447명 – 장년부)

○ 우승: 풀/ 한석주(02:39:16.58, 청년부)

2. 참가배경

올해 목표로 하였던 풀코스 10번째를 채우기 위해 대회를 찾아보니 겨울철에는 대부분이 남해안을 중심으로 열린다. 지금까지 집에서 가장 먼 곳은 김제대회였으며 버스로 6시간 정도 걸린 것 같다. 남해안에서 개최되는 대회를 대중교통을 이용하여 이틀 만에 다녀오기에는 조금은 무리다 싶지만 한번 시도해 보기로 결심하였다. 겨울여행 삼아 남해안을 가 본 적도 없거니와 동해안 지방과의 기후, 코스, 음식 맛 등을 비교도 해 보고 싶었기 때문이다. 대회 선정도 쉽지 않게 하였지만 상당히 먼 거리에 위치한 지역이므로 기대 반 걱정 반으로 마음은 상당히 설렜다. 교통편, 숙소, 짧게 구경할 곳 등에 대하여 인터넷을 뒤지고 통영시의 관광안내책자도 요청하는 등 나름대로 준비를 하였지만 생각대로 과연 되려는지 내심 걱정을 떨쳐 버릴 수는 없다.

3. 대회장에 도착할 때까지

12월 5일 09시 40분에 롱타이즈와 덧껴입을 상의, 장갑 등 간단한 짐을 챙겨 집을 나선다. 통영까지는 거리도 멀지만 전날 회식에서 술이 조금 지나쳤기에 아내는 걱정을 한다. 몸도 풀고 술도 깨며 택시비도 벌 겸 걸어서 터미널에 도착하니 10시 10분이다. 10시 16분 서울행 버스에 탑승하여 동서울에 도착하니 14시 15분이다. 차가 출발하자마자 잠이 들었는데 평상시보다는 1시간이 더 걸린 것이다. 통영에 갈 시간이 바빠 터미널 앞 포장마차에서 우동(3,000원)으로 점심요기를 한다. 14시 50분 강변역에서 지하철(1,100원)을 이용하여 15시 20분에 남부터미널에 도착한다. 강남에서 고속버스를 이용할 수도 있지만 조금이라도 경비를 줄이기 위해 시외버스를 이용하고자 했기 때문이다. 15시 40분 통영행 버스(22,500원)를 탑승, 휴게소 1곳에 들러 잠깐 쉬고 고성에서 승객을 내린 후 19시 55분에 도착한다. 너무 늦었기 때문에 통영에서 케이블카를 타고 한려수도를 조망하거나 해저터널을 걸어 보려던 계획은 물 건너가 버린 것이다. 주변의 식당 중 마땅한 곳을 찾다가 바다향기에 들어가 멍게비빔밥(10,000원)과 지방 술인 화이트 소주로 저녁을 해결한다. 처음 맛보는 음식인데 멍게향이 입안 가득한 것이 맛이 괜찮다. 굴이나 멍게 등 수산물 양식을 많이 하는 지역의 토속음식인가 싶다. 20시 45분에 식당을 나오며 찜질방을 물어 1km쯤 떨어진 통영워터피아(7,000원)를 21시에 찾아 들어간다. 냉탕과 온탕, 사우나를 오가며 땀을 빼고 나니 한결 개운하다. 찜질방으로 옮겨 화산석, 천기토, 황토 등 6곳을 모두 체험해 본다. 남자 수면실과 찜질방을 오가며 잘 오지 않는 잠을 억지로 청해 본다. 06시에 깨어났는데 식당은 7시에 영업을 시작한다. 순두부백반(5,000원)으로 아침식사를 하는데 뛸 때를 생각해서 깨끗이 비운다. 07시 20분에 다시 사우나로 들어가 온탕과 냉탕, 침탕과 폭포탕을 오가며 찌뿌듯한 몸 상태를 회복시킨다.

08시에 대회에 참가하시는 어르신 두 분을 따라 사우나를 나온다. 이런저런 얘기를 나누며 걸어가니 터미널 옆에는 무료 셔틀버스가 대기하고 있는데 잘 따라나섰다 싶다. 미처 알지 못해 시내버스를 이용하려고 했었는데 50분 정도는 소요된다고 했기 때문이다. 버스에는 벌써 20여 명이 탑승하고 있으며 08시 30분에 출발, 시내 이곳저곳을 돌아 09시에 대회장에 도착한다. 아직은 이른 시간인지 참가자가 많이 보이지 않는다. 날씨는 맑지만 해변인 까닭에 바람이 제법 불어 온몸에 추위를 느낀다. 앞바다에는 크고 작은 배들이 많이 정박되어 있는데 특히 요트가 많아 외국영화 속의 한 장면을 연상케 한다. 나와 마찬가지로 다른 참가자들도 선뜻 옷을 갈아입지 못하므로 사회자는 복장을 갖춰 행사장으로 모이라고 계속 안내방송을 한다. 행사장을 두루 구경하다 탈의실로 향한다. 아식스 운동화로 갈아 신는데 작고 얇은 게 너무 추워 보인다. 귀를 덮는 모자, 선글라스, 긴팔 티셔츠 위에 바람막이 옷, 롱타이즈로 복장을 갖추고 나서니 더 춥다. 물품을 맡기고 소변을 본 뒤에 인파 속을 파고드니 조금 낫다. 스트레칭으로 몸을 풀고 부지런히 움직여 보지만 추위는 가시지 않는다. 통영시장의 인사에 이어 내빈 소개, 경품 추첨, 에어로빅팀의 스트레칭이 계속 이어진다. 오늘 참가자는 대략 7천여 명 된다고 하니 상당히 많은 숫자다.

4. 대회 참가 및 완주

풀코스부터 출발선으로 이동하여 앞뒤 선수 간에 인사와 등 마사지를 하도록 한 후 10시에 폭죽소리와 함께 출발한다. 행사장은 도남관광단지에 속해 있는데 통영의 외곽 해변으로 여겨진다. 오늘의 달리기 계획은 체력이 허락하는 대로 열심히 달리다가 힘들면 상황에 맞추어 뛰는 것이다. 속도가 빠르든 늦든 일정 거리에 이르면 통증은 찾아오고 그때부터는 시간과 몸과의 싸움이기 때문이다. 대회장에 올 때까지 차량으로 정체되던 4차선 도로는 차량을 전면 통제하여 시원스럽다. 쌀쌀하던 날씨가 오히려 뛰기에는 좋고 10여 분쯤 지났을까 약한 오르막이다. 3시간 40분 페메가 앞에 보이는데 속도가 빠른지 벌써 숨이 가빠진다. 3㎞쯤 지나자 통영대교가 나타난다. 바다 위에 놓인 탓인지 수면에서 엄청 높고 강 위의 다리와는 느낌이 다르다. 흥겹게 연주하는 농악대의 공연을 뒤로 하고 5㎞를 10시 25분(25분 소요)에 통과하면서 물을 한 컵 마신다. 꽤 긴 오르막이 계속되어 앞뒤로 뛰는 주자들의 호흡도 나처럼 거칠다. 정상에 오르니 섬에 가두어져 있는 바다가 호수만 같고 양식용 부표가 빼곡히 차 있다. 바다는 짙푸르며 경치는 고요하고 아름답다. 도로의 중앙선에는 진행요원들이 일정한 간격으로 계속 서서 차량을 통제하고 주로를 안내해 준다. 주로 변의 시민들은 파이팅과 손을 흔들며 주자들을 격려해 준다. 모두 밝고 환한 모습이며 나도 손을 흔들어 화답해 준다. 7.5㎞ 정도를 지나는데 보통 준비되어 있는 물스펀지는 보이지 않고 급수대가 보이므로 물을 한 컵 마신다. 이때부터는 골인지점에 도착할 때까지 모든 급수대에서 조금씩이라도 쉴 겸 수분을 계속 보충하였다. 1차 반환점을 돌아가니 달리는 행렬이 1㎞는 됨 직하다. 10㎞를 10시 50분(25분 소요)에 통과한다. 조금 빠르다 싶지만 아직까지는 견딜 만하고 10여 미터 앞에서는 03:40 페메가 계속 앞서 간다.

이제부터는 바다와 맞붙어 있는 해안도로다. 바다 양옆은 전체가 항구로서 수많은 배가 정박해 있고 상가가 연이어 있지만 주로 옆으로 보이는 바다는 아주 깨끗하다. 2차 반환점을 앞두고는 색소폰 연주자가

우리를 반긴다. 즐거운 음악소리가 발걸음을 한결 가볍게 해 준다. 15
㎞를 11시 15분(25분 소요)에 통과한다. 킬로미터당 5분 속도가 유지
되고 있는데 힘이 부침을 서서히 느끼며 과연 얼마나 더 갈 수 있을까
를 염려하게 된다. 다시 통영대교를 건너니 풀과 하프코스가 나누어지
고 이어서 언덕이다. 18㎞를 지나니 왼쪽 엉덩뼈에서 통증이 느껴지므
로 속도를 늦추고 진행요원에게 에어파스를 요청한다. 20㎞를 11시 45
분(30분 소요)에 통과하는데 오른쪽 허벅지 근육이 뻣뻣해짐을 느낀다.
킬로미터당 6분대로 금방 떨어진 것이며 아직 갈 길이 먼데 초반에 무
리한 탓인지 벌써부터 걷고 싶은 유혹이 생긴다.

21㎞를 지나면서 초코파이 1개와 바나나 반 개, 물 한 컵을 마시며
다리 근육을 풀어 준다. 무릎과 허벅지에 파스 살포를 다시 요청한다.
이곳에서부터 35㎞까지 몇 곳의 오르막에서는 거의 걷다시피 하였고
내리막에서는 속도를 내어 뛰기를 반복하였다. 또한 파스의 도움을 5
곳 이상에서 받았는데 뿌리고 나면 한결 나으니 어쩔 수 없다. 주로 변
에는 바다가 계속 보이는데 섬으로 가로막히고, 계곡 속까지 바다가
연결되어 있으며 파도도 없는 것이 강이나 하천같이 느껴진다. 주로
변을 따라 농장과 가로수로 심어져 있는 파란 파인애플 나무와 야자수,
연푸른 배춧잎 등이 남해안 지방임을 실감하게 한다. 나와 비슷한 수
준의 주자에게 쉬운 코스는 아닌지 오르막에서는 갈수록 걷는 모습이
많이 보인다. 25㎞를 12시 15분(30분 소요)에 지나므로 아직까지 6분
대는 유지되고 있다. 30㎞를 12시 47분(32분 소요)에 통과한다. 이제
는 6분대도 깨졌고 초코파이와 바나나 반 개, 파워젤을 먹으며 발과 허
리 근육을 풀어 준다. 아직까지는 거의 비슷하게 달려온 주자들과 앞
서거니 뒤서거니를 계속하지만 시간이 지날수록 힘이 들고 몸이 피곤

해져 옴을 느낀다.

숲 속의 내리막을 지나니 33㎞ 정도부터는 다시 해변이다. 숲 속을 뛰기보다는 바닷가를 뛰는 것이 후련하고 덜 힘들다. 35㎞를 13시 21분(34분 소요)에 통과하므로 이제는 킬로미터당 7분대로 떨어졌다. 37㎞를 지나니 바다와 맞붙어 있는 해변도로이고 41㎞까지 계속 이어진다. 무릎과 허벅지는 그래도 견딜 만한데 이제부터는 오른 발바닥과 발가락 두 개가 너무 아프다. 걷는데도 통증이 전신을 휘감으므로 뛰는 것은 엄두가 나지 않을 정도이다. 아직도 갈 길이 먼데 하지만 어쩌랴. 걷다가 조금 낫다 싶으면 천천히 뛰기를 계속한다. 주로의 진행요원과 관광객들이 보기 안되었는지 파이팅을 외쳐 주지만 몸은 마음대로 따라주질 않는다. 최악의 경우 걸어가도 5시간 내의 완주는 가능하므로 걱정은 없지만 간간이 응달이 나오고 바닷바람이 부니 갈수록 추워진다. 낚시 구경을 하고, 바닷속도 들여다보고, 도로변에 설치되어 있는 조형물도 살펴보고, 건너편에 보이는 선박과 섬들도 구경하면서 조금 걷다 조금 뛰기를 되풀이한다. 40㎞를 14시(39분 소요)에 통과하니 킬로미터당 8분대의 속도다. 마지막 급수대에서 바나나 두 쪽과 오렌지 주스 1통을 받고 다시 온몸을 움직여 근육을 풀어 준다. 마지막 1㎞ 정도는 뛰어 골인하기 위해 주스를 마시며 걸어간다. 마냥 걸어갈 수는 없으므로 또 뛰기를 시도해 보지만 발바닥의 통증은 여전하다. 1㎞를 앞둔 지점부터는 벌써 완주한 선수와 일행인 듯한 사람들의 모습이 많이 보인다. 이제부터는 끝까지 뛰기로 결심을 한다. 앞서 가거나 뒤에 따라오는 모습들이 모두 지쳐 보인다. 없는 힘 모두 짜내고 가장 부담스러운 발바닥 고통을 참으며 사회자의 완주 축하 멘트 속에 골인하니 14시 20분을 지나고 있다.

5. 귀향 및 완주 소감

물품을 찾고 완주메달과 간식(빵 1개, 바나나 1개, 주스 1개)을 받아 무료시식회장으로 향한다. 빨리 들어와 굴요리 시식을 기대했었는데 준비한 음식이 동이 났는지 철수 작업이 한창이다. 줄 따라 서 있다가 따뜻한 떡국과 김치를 받아먹으니 허기와 추위가 풀린다. 조금 부족하다 싶어 한 그릇을 더 받아먹으니 배가 부르다. 충무마리나리조트를 찾아가 15시에 사우나(2,500원/50% 할인)에 들어가니 50명 정원에 100여 명 정도가 들어차서 난리법석이다. 비집고 들어가 자리를 잡아 샤워를 한 후 온탕과 냉탕을 몇 번 오간다. 온탕 속에서 통증이 있던 부위를 계속 주물러 주고 한쪽 귀퉁이에서 스트레칭으로 몸을 풀어 주니 피로와 통증이 많이 사라진다. 훌랑 벗은 몸들이 모두 날씬하고 배 나온 사람은 보이지 않는다. 아마도 오늘 마라톤대회에 참가한 마니아들인가 보다. 마냥 있고 싶지만 1천 5백 리 길을 더 가야 하는데 차편도 모르니 더 이상 개길 수가 없다. 15시 55분에 리조트를 나와 버스 승강장으로 가니 마침 터미널행 버스가 대기 중이므로 참 다행스럽다. 16시에 버스에 탑승(1,000원)해서 터미널에 도착하니 17시다. 피곤한데다 배가 부르고 사우나까지 한 탓인지 버스에서는 계속 졸았다. 17시 30분 서울행 버스에 탑승하여 간식으로 부족한 배를 가득 채운다. 버스는 고성에서 남은 자리에 승객을 태우고 신탄진휴게소에 잠시 들른 후 21시 40분에 남부터미널에 도착한다.

동서울에서 동해로 가는 차는 이미 끊겼으므로 지하철을 이용(1,000원)하여 서둘러 강남고속터미널에 도착하니 22시다. 22시 동해행 버스는 벌써 출발을 해 버려 23시 40분발 마지막 차표(24,900원)를 구입한다. 시간도 보내고 빈속도 채울 겸 터미널 외부의 권서방네순대국에 들어가 술국(10,000원)으로 완주를 자축하며 하루를 되새겨 본다. 마지막 차에 탑승하여 횡성휴게소에 잠깐 들른 후 동해에 도착하니 02시 35분이었고 택시를 이용하여 집에 도착하니 02시 45분을 넘어가고 있다. 늦은 시간이므로 조용하게 한 탓인지 아내는 온 줄도 모르고 곤하게 잘 잔다. 굳이 깨울 이유는 없으므로 조용히 여행용배낭을 정리함으로써 35번째의 마라톤 여행은 마무리되었다.

서울과 통영 시내에서 움직인 거리를 빼고도 3,140리의 먼 길을 가고 왔다. 그럼에도 통영의 관광지를 한 곳도 구경하지 못하고 굴요리 맛도 보지 못한 것은 너무나 안타깝다. 나름대로 착실히 준비한다고 했는데도 조금은 소홀하였고, 대중교통을 이용한다는 것은 여러 가지의 제약요인이 있기 때문에 애초부터 불가능한 일이었는지 모르겠다. 그러나 처음 가 보았지만 달리면서 비교적 자세히 본 주로 변과 차창 밖을 통해서 본 모습은 깨끗하고 아름다웠으며 충분히 인상적이었다. 코스는 시내 곳곳을 고루 포함시켜 달리는 내내 새로운 볼거리를 만들어 주었다. 언덕이 7곳 정도 있었던 것 같은데 오르막이 있으면 내리막이 있기 마련이므로 문제 될 것이 없고 힘들게 뛰었다면 그것은 연습 부족이며 체력이 뒤따라 주지 않았을 뿐이다. 도시 자체의 공기가 깨끗하였음에도 교통통제가 잘되어 주로에서 차량을 거의 보지 못하였으므로 자동차 매연을 느끼지 못하였다. 급수대도 많아 갈증을 해소하는 데 전혀 어려움이 없었을 뿐만 아니라 쉴 틈을 자주 주어서 좋았다. 음료수와 간식을 나누어 주는 봉사자들은 모두 밝고 친절하였으며 응원까지 해 주어 힘을 북돋워 주었다. 다음에 충분한 시간을 갖고 꼭 다시 찾아가 즐겁게 뛰고, 이번 기회에 보지 못하고 맛보지 못한 것들도 체험하고 싶다. 추운 날씨임에도 대한민국 방방곡곡에서 마라톤을 즐기는 달림이들을 위하여 하루 종일 도로를 비워 준 통영시민들, 그리고 행사의 성공적인 개최를 위하여 애쓰신 모든 분들께 진심으로 감사의 말씀을 드리며 연륜을 더해 갈수록 대회가 더욱 발전하기를 기원한다.

댓글

완주를 축하드리며 빠른 회복을 기원합니다.
권우천[2009/12/11]

대단하십니다. 뭐라 표현 못 할 정도로~ 놀랄 뿐입니다.
성재천[2009/12/09]

멀리 갔다가 오셨네요. 고생하셨습니다.
임진호[2009/12/09]

동해에서 통영까지 가는 버스가 없는 모양이군요. 와~ 먼 거리, 고생하셨네요.
블랙홀[2009/12/08]

6년 3개월 만에 최고 기록 작성!
제5회 여수국제마라톤(36번째)

1. 대회개요

○ 대회명: 2012 세계박람회 성공 개최 기원 제5회 여수국제마라톤
   대회

○ 일시: 2010. 1. 10(일) 10:00

○ 장소: 여수시 소호동 디오션리조트

○ 주최: 여수신문(주관: 여수마라톤클럽, 여수엑스포국제마라톤 조
   직위원회)

○ 코스: 디오션리조트~화양면 장수리 쌈지공원 왕복

○ 종목: 4종목(5㎞, 10㎞, 하프, 풀)

○ 참가비: 35,000원(풀코스)

○ 기념품: 더맛 고등어, 사우나 50% 할인권, 완주메달, 떡국 및 간식

○ 총경비: 171,400원(참가비 포함)

○ 기록: 03:40:26

○ 우승: 풀 / 양석철(02:46:14)

2. 참가배경

2010년에는 12개 이상의 풀코스를 뛰려고 한다. 2009년 12월 6일 경남 통영에서 개최되는 대회에 참가해 보았는데 1박 2일간의 일정이 다소 힘겹게 느껴지지만 가능하다는 것을 알게 되었다. 대회 전날 아침 일찍 집을 떠나서 대회 다음 날 새벽에 귀가를 하게 되니 '마라톤 일정'이지만 가능성을 확인하였기에 대회 선택의 폭이 그만큼 넓어진 것이다. 여수는 남해안을 낀 도시로서 한려수도와 오동도 등 짧은 일정이나마 남도 마라톤의 매력을 느껴 보고 싶었기 때문에 신청하였다.

여수는 동해에서 편도 687㎞나 떨어져 있는 먼 거리에 위치하고 있다. 317개의 섬과 2개의 해상국립공원 그리고 청정한 바다로 둘러싸인 남해안의 중심도시로서 충무공 이순신 장군의 숭고한 얼이 면면히 내려오고 있는 호국충절의 고장이다. 1949년 여수시로 승격되었고, 1998년에는 통합 여수시로 개청하였으며 인구는 29만 4천 명에 이른다. 2012 여수세계박람회를 성공적으로 개최하여 전남 제1의 도시를 넘어 세계와 경쟁하는 국제도시로 발돋움하기 위해 노력하고 있는 곳이다.

3. 대회장에 도착할 때까지

1월 9일 10시에 프로월드컵 마라톤화를 신고 롱타이즈, 긴팔 티와 바람막이 상의, 면장갑과 가죽장갑, 귀를 덮을 수 있는 챙 모자 등 간단한 짐을 챙겨 집을 나선다. 늦은 귀가시간을 고려한 아내의 배려로 승용차를 이용하여 손목시계를 고친 후 터미널에 도착하니 10시 40분이고, 10시 50분 동서울행 버스(15,300원)에 탑승하여 소사휴게소에서 잠시 쉬었다가 서울에 도착하니 14시다.

당초에는 06시 40분 버스를 이용하여 11시에 서울 공덕로터리에서 여수행 셔틀버스(25,000원)를 타려고 했는데 전날 모임에서 도가 지나쳐 06시 45분에 잠이 깨는 바람에 일정이 확 바뀌게 된 것이다. 마음 자세의 흐트러짐과 게으름으로 여행경비도 더 많이 들었고 2시간 40분간의 시간도 낭비하는 결과를 초래한 것이다. 여수행 차표를 구입한 후 터미널 안의 식당에서 우동(3,500원)으로 점심 요기를 하는데 여유롭게 식사할 시간이 없기 때문이다.

14시 40분 여수행 금호고속(27,000원)에 탑승하여 탄천휴게소에서 잠깐 쉰 후 여수시외공용정류장에 도착하니 20시다. 예상 운행시간보다는 10분 빨리 도착했는데 정말 오래도 걸렸다. 배고픔을 느꼈으나 대회장 주변에 괜찮은 음식점이 있을 것 같다는 생각에 20시 20분 시내버스(1,000원)를 이용하여 30분 뒤에 소호요트경기장 앞에서 내린다. 한겨울이지만 소호동의 해변 산책로에는 운동하는 시민들의 모습이 많이 보이고 그리 춥게 느껴지지 않는다. 입맛 당기는 곳을 찾다가 두 곳을 거쳐 21시 10분에 '낙지해물수제비'에 들어가 낙지비빔밥

(7,000원)과 잎새주로 저녁식사를 한다. 처음 맛본 음식인데 입맛에 맞고 손님이 다섯 팀이나 있는 것을 보니 잘 찾았다 싶다.

식사를 끝내고 디오션리조트로 향해 해안 산책로를 걸어가는데 찜질방이 꽉 찼으니 오지 말라는 문자메시지가 온다. 큰일 났다 싶어 전화를 네 번씩이나 걸어 보는데 워터프론트와는 도대체 연결이 되지 않는다. 대략 2km 정도의 거리인데 내 한 몸이므로 가서 개개 보자는 마음으로 22시 10분에 도착하여 입장시켜 달라고 하니 조금 불편할 것이라고 하지만 반값을 할인(7,000원)받아 들어간다. 이제야 비로소 마음이 놓인다. 라커 키를 받아 신발장에 신을 넣고 사우나로 들어가니 장관이다 싶다. 라커가 6천 개나 되었다. 찜질방은 그리 넓지 않았는데 워터파크 때문인가 보다. 사우나는 침탕 등 7가지, 찜질방은 황토방을 비롯하여 5가지 등으로 다양하게 구성되어 있는데 01시까지 이곳저곳을 왔다 갔다 하면서 맘껏 즐겼다. 때마침 우리 월드컵 대표팀과 잠비아 간의 축구경기가 중계되고 있었는데 2:0으로 지고 있다가 한 골을 만회하기는 하였지만 흥미가 없다고 느꼈는지 그만 누군가 TV를 꺼버렸고 나도 보는 것을 포기하고 말았다.

비몽사몽 헤매다가 1월 10일 05시 50분에 일어나 사우나에서 정신을 챙긴 후 07시 10분에 카페테리아로 옮겨 미역국(5,000원)으로 아침식사를 한다. 나는 평소 아침을 적게 먹는 탓인지 이 정도면 됐다 싶은데 너무 부실하다는 얘기를 여러 명이 한다. 대회 운영규정에 따라서 라커룸을 나갔다가 확인 점검을 받고 다시 들어와 참가준비를 마친 후 시간 여유가 있기 때문에 드러누워서 시간을 보내는데 주변에 있는 사람들도 나와 같은 마음인가 보다.

사회자의 안내방송을 몇 번 듣고 09시 30분에 사우나를 나와 몸을 풀면서 대회장으로 향하는데 먼 길을 오거나 리조트에서 숙박을 하지 못한 사람들이 이제야 라커룸으로 들어오는지 입구가 매우 혼잡스럽다. 리조트 정문 출발장소에 도착하니 대회장인 여수신문 사장의 인사말씀이 시작되고 있고 뒤이어 전라남도 도지사, 여수시 국회의원 등의 인사말씀이 계속 이어진다. 에어로빅팀의 몸 풀기가 시작되지만 날씨가 조금은 추운 탓인지 호응하는 선수들의 모습이 많이 보이지는 않고 나 또한 마찬가지인데 그저 빨리 뛰면 좋겠다 싶다.

4. 대회 참가 및 완주

사회자의 안내에 따라 출발선으로 이동을 하는데 디오션리조트 출입구의 4차선도로다. 날씨는 어제저녁보다 오히려 더 춥게 느껴지는데 사회자의 멘트도 나와 같은 마음인 것 같다. 복장은 프로월드컵 운동화, 부드러운 팬츠 위에 롱타이즈, 긴팔 T셔츠 위에 바람막이 옷, 흰 면장갑 위에 가죽장갑, 귀를 덮을 수 있는 골프용 모자와 선글라스로 갖추었다. 통영 마라톤대회에서 추위를 조금 느꼈기 때문에 보온에 신경을 더 많이 쓴 것인데 남녀 불문하고 반바지에 반팔 티셔츠로 도전하는 선수들이 많이 보인다. 보는 것만으로도 몸에 추위가 느껴지고 그저 마냥 부러워 보이는 것은 내 체력이 따라 주지 못하는 것을 안타까워할 수밖에 없는 일이다.

10시 05분에 폭죽소리와 함께 풀코스부터 출발을 한다. 호수같이 잔잔한 바다를 낀 2차선 해안도로인데 대회의 원활한 진행을 위해 도로 전체를 통제하고 있다. 오늘의 작전은 할 수 있는 데까지는 내 마음 내키는 대로 실컷 뛰어 보고 힘들면 그때 가서 생각해 보기로 하였다. 날씨 탓인지 아니면 조금 앞에 줄을 선 까닭인지 달리는 속도가 너무 빠르다 싶지만 뒤처지기는 싫으므로 처음 잡은 순서를 지키며 계속 달려 나간다. 4시간 페메가 50여 미터 앞에서 무리를 이끌며 달려 나가고 있다.

1km를 조금 지났을까 높은 언덕이다. 대회의 모토가 "국내 최고의 난코스에 도전하라"인데 너무 빠르다 싶고 오르막이 상당히 길고 너무 가파르다. 지금까지는 오르막보다 내리막을 더 어렵게 경계하였기 때문에 조금은 걱정스럽다. 출발 지점부터 오르막에 도착할 때까지는 이곳저곳에서 시민들이 주로 변에 나오셔서 우리를 반겨 주며 응원해 준다. 이 추운 날씨에 교통의 불편까지 감수하시면서 뭐가 반갑다고. 그저 고마울 뿐이다. 2.5km의 급수지점은 그냥 통과한다. 아직은 추위를 더 느끼고 갈증은 느끼지 않기 때문이다. 3km를 지나면서 그만 자제를 하지 못하고 4시간 페메를 추월하고 만다. 이러면 안 되는데 하면서도 처음부터 끝까지 일정한 페이스를 지키면서 달리는 데 익숙하지 못한 나의 버릇 탓이다. 어찌 되었든 대열에서 벗어나 뛰니 몸과 마음은 한결 자유롭다. 오르막 내리막을 몇 개 지나 5km를 10시 30분(25분 소요)에 통과하는데 너무 빠르다 싶다. 물을 한 컵 받아 마시는데 봉사하는 학생들이 추운 날씨에도 너무 밝고 예쁘다. "파이팅!" "힘내세요." 하는 말이 너무 즐겁다. 오르락내리락 더 하다가 7.5km 지점에서 물을 한 컵 다시 마신다.

언덕을 자주 만난 탓인지 숨이 차고 갈증을 많이 느낀다. 주로는 전형적인 시골(산촌, 어촌마을)의 풍경이 계속 이어지고 집단부락이 있는 곳은 어김없이 마을의 어르신들이 나오셔서 우리를 응원해 주신다. 대부분은 60세 이상의 여성 어르신(할머니?) 같은데 한결같이 반갑고 즐거운 표정들이다. 10㎞를 10시 55분(25분 소요)에 통과하는데 조금은 빠른 듯하지만 아직은 괜찮다 싶다.

10㎞를 지나면서 초코파이 1/4쪽과 물 한 컵을 마신다. 이후에 12.5㎞에서 물, 15㎞에서 바나나 1/4쪽과 물, 20㎞에서 어묵국 한 공기, 22.5㎞와 27.5㎞에서 물, 30㎞에서 초코파이 1/2과 물, 35㎞에서 물, 37.5㎞에서 귤 3쪽과 물을 마셨다. 지금까지 참가한 대부분의 대회에서보다는 물과 간식의 공급량을 최대한 줄이면서 뛰는 것에 열심을 다했다고 할 수 있겠다. 여러 대회에 참가하면서 간식으로 이것저것 다 맛을 보았지만 반환점을 앞두고 어르신들께서 정성들여 끓여 주신 어묵국의 맛은 일품이었으며 마라톤을 하는 한 영원히 잊지 못할 맛으로 기억할 것 같다.

12㎞를 지나면서 3시간 45분 페메를 만난다. 10여 명이 무리 지어 달리는데 4명의 여성이 전혀 지친 기색 없이 페이스를 맞추고 있다. 1㎞ 정도를 같이 뛰었을까 '처음부터 끝까지 똑같은 페이스 유지'에 익숙하지 못한 나는 결국 13㎞ 지점에서 대열에서 빠져나와 앞으로 나서고 만다.

17.5㎞를 지날 때 반환점을 돌아오는 선두의 모습을 보았는데 전혀 지친 기색 없이 힘이 넘쳐 보여서 부러운 마음이 한이 없다. 19㎞를 지나 여성 선두들의 모습이 보이는데 눈에 몇 번씩 익은 모습이다. 남녀 선두 10위권 내는 모두 다 대단한 분들이고 대한민국 최고의 선남선녀들로 보인다.

오르막과 내리막은 이후 계속 이어진다. 한 코스를 왕복하는 것이므로 두 번 겪는 것이겠지만 주최 측에서 제공한 안내서를 보더라도 19번이나 반복되는 곳이니 국내 최고의 난코스 중의 하나라는 말이 틀리지는 않은 것 같다는 생각이다.

내가 2003년 10월에 풀코스를 처음 도전한 후 지금까지 34번의 풀코스를 뛰면서 최고기록은 03:46:55이었고, 그 기록은 영원히 깰 수 없을 것으로 나름대로 포기를 했었다. 하지만 오늘 18㎞를 지나면서 새로운 기록에 도전해야 되겠다는 마음을 가졌는데 어김없이 찾아오는 무릎의 통증이 느껴지지 않았기 때문이다. 13㎞에서 추월하여 8㎞ 정도의 거리를 조금 앞서 온 03:45 페메를 반환점을 돌때 200여 미터 앞섰는데 끝까지 한번 해 보자는 마음이 솟아올랐고 그 꿈을 결국 이루어 냈다.

하지만 이 페메가 골인지점까지 나를 추월할 수 없도록 몇 시간 동안을 의식하면서 뛰었으니 내 몸에 맞는 적당한 운동보다는 오히려 스트레스를 주는 무리한 운동이 아니었는가 하는 생각을 하게 된다. 마라톤을 함에 있어 연습 부족에서 오는 무릎 통증은 27㎞를 지나면서 오른쪽에서 시작되었고 35㎞부터는 양쪽 허벅지와 종아리에서 통증과 피로감이 극심하게 엄습해 왔다.

반환점을 돌아 23㎞를 지날 때 마음속으로 늘 존경하는 칠마회의 김진환 어르신께서 반대편에서 노익장을 과시하시면서 쉼 없이 달려오시는 것을 보았으며, 24㎞ 지점에서는 칠마회의 석병환 어르신과 100회 마라톤의 김무조 어르신께서 뛰시는 모습을 보면서 마음의 각오를 새롭게 다졌다.

전 구간은 2차선 도로로서 대부분을 경찰이 교통 통제를 하였다. 간간이 차량이 통행은 하였으나 선수들을 배려하면서 차선을 가리지 않고 저속 운행하였기에 전혀 부담감은 느끼지 않았다. 반환점까지 가는 동안에만 주로 변에 있는 마을의 주민들께서 마을앰프를 흥겹게 틀어 놓고 도로변에 나오셔서 무리 지어 응원해 주신 곳이 내 기억으로만 12곳이나 된다. 정말 놀라운 일이었는데 도대체 납득이 되지 않는다. 어떻게 이런 일이… 알고 하시는 것인지? 누가 시켜서 하시는 것인지? 마냥 좋아서 하시는 것인지? 하여튼 반겨 줘서 고맙고, 스쳐 지나가며 언뜻언뜻 본 한 분 한 분의 인상이 마냥 선하고 푸근해 보인다.

15㎞는 11시 20분(25분 소요), 20㎞는 11시 45분(25분 소요), 25㎞는 12시 13분(28분 소요). 30㎞는 12시 42분(29분 소요), 35㎞는 13시 09분(27분 소요), 40㎞는 13시 34분(25분 소요)에 지났고 골인 지점은 13시 45분경에 통과하였다. 마지막 2㎞는 정말 혼신의 힘을 다했다. 잘만 하면 3시간 30분대의 기록도 작성할 수 있을 것 같다는 기대감 때문이었는데 결국은 26초를 앞당기지 못했다. 지금 생각해 보면 참으로 아쉽다.

5. 귀향 및 완주 소감

사회자의 축하멘트를 들으면서 골인하니 학생들이 바로 완주메달을 준다. 물을 한 통 받아 워터파크 입구로 이동하여 두부와 갓김치를 안주로 막걸리를 세 잔 마시는데 맛이 아주 좋다. 자원봉사하시는 누님들은 인상과 인심이 좋아 달라는 대로 양껏 먹으라고 계속 주신다. 칩을 반납하고 간식을 받아 카페테리아로 이동하여 굴떡국으로 점심을 해결한다. 14시 10분에 조금 모자란다 싶지만 사람이 너무 많으므로 더 먹는 것은 포기하고 라커룸으로 향한다. 입구부터 마라톤으로 단련된 단단한 몸매의 나신은 사우나 안까지 수백 명은 되어 보인다. 샤워기, 냉탕, 온탕, 사우나 할 것 없이 몸을 비비고 들어갈 곳이 없다. 더 있고 싶지만 흥겹고도 소란스러운 분위기에서 벗어나고 싶어 15시 30분에 사우나에서 억지로 몸을 씻고 빠져나온다. 숱하게 많은 사우나와 찜질방을 다녀 보았지만 '디오션리조트' 내 사우나에서의 황당한 장관은 앞으로 영원히 볼 수 없을 것 같다는 생각이 든다. 순간적인 생각이었지만 몰래 사진으로 찍어 작품으로라도 남기고 싶었지만 실행은 결코 하지 않았다.

새 옷으로 갈아입고 짐을 정리한 후 로비에서 16시 30분까지 대기하다가 리조트 입구에 대기하고 있는 두레고속관광의 셔틀버스로 이동하여 탑승한다. 15시 30분, 16시, 16시 30분 등 여러 형태로 출발을 하는데 이 차가 가장 늦은 17시에 출발한단다. 이제부터는 과연 서울에서 동해로 가는 버스와 연결될지가 또 걱정이다. 나는 속이 타지만 대부분의 승객이 서울에 있는 마라톤 클럽의 회원으로 보이는데 전혀 걱정이 없다. '내 운이 이런 걸, 차 연결이 안 되면 서울에서 하룻밤 더 자지 뭐' 하는 마음으로 편하게 생각하고 아내에게도 전화를 한다.

17시 01분에 여수를 출발 정읍과 정안휴게소를 거쳐 21시 52분에 공덕로타리에 도착을 한다. 동서울 시외버스는 차편이 끊어진 것을 알기 때문에 버스 안에서 서울고속버스터미널에 전화를 하니 동해행 막차가 23시 30분이라고 하므로 잘만 하면 집에는 가겠다 싶었는데 기사님이 운전을 잘하셔서 엄청 빨리 도착한 것이다. 22시에 공덕역에서 지하철(1,000원)에 탑승하여 약수역에서 3호선으로 환승하여 고속터미널에 도착하니 22시 30분이다. 동해행 버스표를 구입(24,900원)하고 나니 비로소 여유로운 한숨이 나온다. 적당한 식당을 찾다가 '향의 맛'에 들어가니 빈자리가 별로 없다. 제육백반(5,000원)과 소주 한 병으로 늦고도 피곤한 저녁을 해결하고 나오니 23시 10분이다. 23시 30분 동해행 버스에 탑승, 소사휴게소에서 잠깐 휴식을 한 후 동해터미널에 도착하니 1월 11일 02시 25분이다. 주차장에 세워 놓은 차가 멀쩡하게 있으므로 차를 끌고 집에 도착하니 02시 35분인데 조용하게 현관문을 열고 들어간다고 했지만 아내가 잠에서 깨어 반겨 준다. 잠 깨워 미안하다는 사과를 하면서 36번째의 풀코스 마라톤 여행을 끝낸다.

될 수 있는 한 새로운 지역, 새로운 대회를 찾아가니 선택할 때부터 마음이 설렘을 느낀다. 하지만 다녀오고 나면 늘 아쉽다. 그 먼 거리를, 나름 많은 비용을 들여가면서 단지 뛰고만 온다는 것이 섭섭하다. 하지만 현재 내 여건이 허락하는 범위 안에서 최선을 다하려고 노력하였음을 위안으로 삼는다. 지금까지 다녀온 모든 곳들을 여유롭게 다닐 때가 하루빨리 오기만을 기다린다. '2012 세계박람회 성공 개최 기원 제5회여수국제마라톤대회'를 위해 애쓰신 모든 분들께 진심으로 감사드리며 2012 세계박람회가 역사상 최고의 박람회가 되기를 진심으로 기대한다.

댓글

추운 날씨에도 불구하고 대단한 기록을 내셨네요.
축하합니다 빠른 회복 바랍니다.
김낭효[2010/01/13]

어쩜! 훌륭하십니다.
어떤 훈련을 하시는지요? 저도 4시간의 벽을 깨고 싶어요.
신윤승[2010/01/13]

놀랍습니다. 酒만 조심하면, 조만간에 서브-쓰리도 가능할 것 같습니다.
심재천[2010/01/13]

대단하십니다. 뭘 삶아 드셨기에 이 추위에 그렇게도 힘이 남아돌아가는지 그
비법을 전수하심이 어떨는지요.
홍성래[2010/01/12]

양 계장님! 올 첫 풀완주 축하드리고 올 한 해 내내 부상 없이 즐거운 마라톤
여행이 되기를 기원 드립니다.
임진희[2010/01/12]

님의 후기 왜 안 올라오나 한참 기다렸습니다. 님의 팬이거든요.
저도 여수 갔었는데 반환점에서 분명이 봤을 텐데… 누군지 얼굴은 모르지만
님의 그 열정에 다시 한 번 고개 숙여집니다.
좋은 기록도 수백 회 완주하는 것도 대단하지만 그 먼 곳까지 차편으로 7~8시간
걸려 달리러 가시는 님은 분명 대단하시다는 생각뿐입니다. 그리고 님의 후기
볼 때마다 느끼지만 달림열정과 달필에 꼼꼼함까지 역시 공직자의 기풍이 보입
니다.
양원희 님 파이팅!
님의 팬[2010/01/12]

멋진 글 잘 읽었습니다. 저도 같이 뛰었는데 반환점에서 만났지 싶습니다.
그 먼 곳에서 제 고향 여수까지 와주시어 이런 멋진 글을 써주시니, 앞으로
님의 왕팬이 되지 않을까 싶네요. 부상 없이 출전 하시고 주로에서 뵙겠습니다.
여수달림이[2010/01/13]

새로운 기록 단축 축하드리고요. 멋진 고장에서 어련에도 기억할 만한 추억 쌓고
오심을 더욱 축하드립니다. ^^
지난번에 출간하신 책도 재미있게 잘 읽었습니다. 저도 마라톤 6년차로 대회
참가가 주는 설렘과 여러 경험들이 좋아 한 해에 20개 정도 대회에 참여하고
있습니다. 그래서 더욱 님처럼 동해에서 전국을 목적지로 그 먼 거리를 왕복하여
참가하시는 그 열정이 부럽고 존경스럽습니다.

새로운 도시나 고장을 바라보는 섬세한 시각과 그 느낌을 소중하게 여기는
마음이 님의 글을 통해 아주 잘 전달됩니다. 계속 건강하고 힘차게 아라톤
여행을 즐기시고 전해주시기 바랍니다~!
분당독립군[2010/01/14]

그대의 열정에 경의를 표합니다. 그대는 진정 멋진 아라토네!
또 다른 내일을 위하여 파이팅!
우성천 알톤 최순자[2010/01/24]

게으름과 지각, 그리고 힘든 완주!
보라매공원마라톤(37번째)

1. 대회개요

- 대회명: 보라매공원마라톤
- 일시: 2010. 1. 24(일) 10:00
- 장소: 보라매공원 도림천
- 주최: Walk & Run Tour
- 코스: 도림천~안양천 변 왕복
- 종목: 3종목(10㎞, 하프, 풀)
- 참가비: 20,000원(전 종목)
- 기념품: 고급 면양말, 컵라면, 막걸리
- 총경비: 105,700원(참가비 포함)
- 기록: 03:59:48
- 우승: 풀/ 김창선(02:54:10, 기록측정용 칩 미사용)

2. 참가배경

　제5회 여수 국제마라톤대회 이후 2주일 만이다. 2월 7일의 해남땅끝 마라톤대회 참가신청을 해 놓은 상태에서 중간에 한 개를 더 뛰고 싶어 고르게 되었다. 한강과 한강의 지천(支川) 변을 여러 번 달려 보았는데 모든 코스가 맘에 들었다. 보라매공원과 도림천 코스가 처음 가 보는 곳이기에 마음 한편으로는 기대를 하게 된다. 대회 신청 이후 갑자기 찾아온 폭설과 한파로 걱정은 되었지만 한번 해 보기로 마음을 가다듬는다. 그러나 가장 큰 문제는 대회 전날까지 6일간을 전혀 뛰지 못하였다는 것이었다. 날씨 탓이라기보다는 이런저런 일로 계속되는 술자리 때문이었는데 결국은 뛰는 내내 혼쭐이 나고 말았다.

3. 대회장에 도착할 때까지

　1월 23일 13시 20분에 짐을 챙겨 승용차를 가지고 집을 나선다. 늦은 귀가시간에 대비하여 승용차를 터미널에 주차시킨 후 동서울행 차표(15,300원)를 구입한다. 기다리는 중에도 한잔만 하고 서울로 올라가라는 전화가 오지만 단호하게 사양을 한다. 13시 47분행 버스에 탑승하였고, 강릉과 소사휴게소를 거친 후 영동고속도로가 정체됨에 따라 원주, 홍천을 거쳐 경춘고속도로를 이용하여 동서울에 도착하니 17시 25분이다. 예전 같으면 죽으나 사나 앞차만 보고 따라가야 하는데 교통망이 넓어지니 우회도로가 생겨 이동시간을 줄여 주니 좋은 일이다.

17시 35분 강변역에서 지하철을 타고(1,100원) 명동에 도착하니 18시 10분이다. 20여 년 전에 한 번 가 본 적이 있는데 며칠 전 '서울사랑(서울시장 발간)'이라는 소식지를 보다가 명동을 소개하는 글을 읽으면서 오랜만에 가 보기로 하였기 때문이다.

19시 10분까지 목적지도 없이 발길 닿는 대로 헤매고 다녔는데 인파(人波)라는 말은 바로 이곳에서 써야 할 말이라는 생각이 든다. 휘황찬란한 네온의 불빛, 끝도 없을 것 같은 포장마차 행렬, 지역 전체를 뒤덮는 음식냄새, 온 사방에서 일본어로 호객하는 소리와 수많은 외국인들…. 쌀쌀한 날씨로 볼과 장갑 낀 손에서조차 통증을 느낄 정도인데 정말로 이동하는 사람이 많다. 돌아다니다 눈에 띈 곳 중 마음에 든 '60년 전통 할매낙지볶음집'을 찾아 들어가 낙지볶음(7,000원)과 소주로 저녁을 해결한다. 내겐 특별한 맛이 느껴지지 않지만 손님들이 끊이지 않고, 간판이 범상치 않은 것을 봐서는 꽤 유명한 집을 찾아 들어간 것 같다.

19시 40분에 명동을 나와 20시 30분에 강변역에 도착한 후 저녁식사가 모자란 듯하여 포장마차에 들어가 순대(3,000원)로 소주 한 잔을 더 한다. 21시 25분에 단골인 강변스파랜드(9,000원)를 찾아 들어가니 예전에는 보이지 않던 '찜질방닷컴 선정 전국 1위 찜질방'이란 플래카드가 보인다. 사우나를 마친 후 찜질방으로 이동하여 풀코스로 다녀 보니 7곳이나 된다. 가끔 숙식을 해결하는 곳이지만 늘 찜질 마니아로 북적인다. 02시경에 억지로 한쪽 귀퉁이에 누울 자리를 찾아 잠을 청해 본다.

자는 둥 마는 둥 눈을 뜨니 06시 20분이다. 식당은 06시부터 운영한다는데 벌써 식사하는 분들이 보인다. 된장찌개(6,000원)로 아침을 해결하는데 씹히는 맛이 껄끄러운데 당연한 일이다. 사우나로 내려가 찌뿌듯한 몸을 풀어 보려 하지만 별로 나아지는 기색은 없고 08시 55분에 스파랜드를 나온다.

09시에 강변역에서 지하철을 탔는데 그만 방향을 잘못 잡았다. 가끔 촌놈티를 내는 일인데 여유가 있을 때는 시간 보내기에 좋지만 오늘은 큰일이 난 것이다. 시간이 바쁘므로 구의역에서 내려 부지런히 달려 반대편 열차로 옮겨 탄다. 09시 45분에 신대방역에 도착하여 대회장을 찾아가는데 안내문을 잘 보지 못해 또 길을 잘못 들었다. 방향을 제대로 잡아 출발시간에 닿기 위해 달려가는데 오늘 대회에 참가하는 조짐이 영 좋지 않았고 09시 55분에 도착하니 벌써 스트레칭의 마무리 단계에 접어들고 있다. 5m 정도나 될까 하는 도로에서 대략 200여 명의 선수들이 몸 풀기 하는 가운데를 지나 접수대로 가니 내 이름이 등록되지 않았다고 한다. 실랑이 끝에 확인은 나중에 하기로 하고 남는 번호를 받아 탈의실에서 옷을 갈아입는데 벌써 출발신호가 들린다. 사우나에서 복장을 어지간히 갖춰 나오기가 천만다행이다 싶다. 운동화 끈을 제대로 고쳐 매거나 몸 풀고 자시고 할 시간도 없다. 배 번호는 호주머니에 쑤셔 넣은 후 짐을 맡기고 나니 후미가 50여 미터 이상은 앞서 있는 듯하다. 출발 장소는 도림천을 지나는 다리 아래였고 기대했던 보라매공원은 구경도 하지 못하였다.

4. 대회 참가 및 완주

따뜻한 찜질방과 지하철에서 나왔고 햇볕이 제대로 들지 않는 다리 밑이어서인지 온몸에 추위가 느껴진다. 복장은 프로월드컵 운동화, 부드러운 팬츠 위에 롱타이즈, 긴팔 티셔츠 위에 방풍복(防風服), 면장갑 위에 털장갑, 귀 덮는 챙 모자와 선글라스로 갖추었다. 혹시나 하는 마음에 긴 땀복도 준비했지만 입지 않았는데 잘했다 싶다. 서울 날씨가 −1℃ 정도로서 겨울치고는 비교적 따뜻했으므로 얼마 가지 않아 윗옷 덧껴입은 것을 후회하게 되었다.

움츠렸던 몸을 풀지도 못한 상태에서 달리는 까닭에 몸과 발걸음이 무겁지만 앞서 가는 후미를 부지런히 쫓아간다. 대략 5㎞ 정도까지는 다리 밑이거나 복개된 하천 밑 도로이다. 여기저기 공사하는 곳도 보이는 등 앞서 달려가는 발걸음 때문에 먼지가 많이 날리는데 도림천 자연형 하천공사가 본격적으로 진행 중에 있다. 마냥 그렇지만은 않을 것이라 생각은 하지만 초반부의 코스는 맘에 들지 않는다. 혹시나 자주 뵙던 분들이 있을까 찾지만 보이지 않는다. 참가규모가 작은 탓인지 페메는 보이지 않고 구간 표시는 2.5㎞ 단위로 되어 있으며 보통 물스펀지나 급수를 해 주는 2.5㎞ 구간별 봉사자는 보이지 않는다. 자전거와 보행자 전용도로이므로 교통통제는 불필요한 탓에 통제요원도 보이지 않는다. 5㎞를 10시 30분(28분 소요)에 통과하면서 물을 한 컵 마시는데 초코파이 조각도 보이며, 간식과 급수장소는 5~7㎞ 단위로 설치되어 있다. 얼마 가지 않아 도림천은 안양천과 합류한다. 이곳은 한강 변처럼 체육시설, 산책로, 자전거도로 등이 잘 가꾸어져 있다. 바람도 적당히 불어주고 따사로운 햇볕을 받으니 벌써부터 온몸에서 땀이 난다. 자전거 타기, 산책, 조깅, 야구 등으로 휴일을 여유롭게 즐기는 시민들의 모습이 많이 보인다. 한창 달리다 보니 자연보호마라톤클럽의 김동호, 김관식 어르신의 모습이 보였고 한 분씩 추월해 나간다. 항상 보이던 100회 마라톤클럽과 칠마회의 몇몇 어르신들이 보이지 않는 것을 보니 다른 대회에 참가하셨나 싶다.

10km를 지나며 초코파이 한 쪽과 물을 먹는다. 안양천은 이곳에서 한강과 합류하며 코스는 염창교를 건너 맞은편 강변도로를 따라 계속 이어진다. 염려한 대로 13km를 지나면서 오른쪽 무릎과 엉덩뼈에서 서서히 통증이 느껴진다. 대회를 앞두고 연습을 제대로 하지 못한데다 출발 전에 몸 풀기를 하지 않은 탓으로 여겨지지만 이젠 돌이킬 수도 없다. 15km에서 쵸코(파이)와 물을 마신 후 휴식을 하며 무릎 굽혀 펴기, 허리 돌리기, 엉덩뼈 주무르기 등으로 잠깐 몸을 풀어 주니 한결 낫다. 17.5km를 지나니 양쪽 허벅지와 장딴지가 뻑적지근해져 옴을 느끼므로 걸음 폭을 줄이고 속도를 조금 늦춘다. 양발을 살살 달래면서 뛰다가 거의 2km 단위로 쉬기를 반복하였지만 끝까지 이 통증은 나를 괴롭혔다. 18km 지점에서 남자 선두, 20km 못 미쳐 여자 선두를 만난다. 모두 전혀 지친 기색 없이 힘이 넘쳐 보이고 인물도 잘났다 싶다.

본인이야 당연히 힘이 들겠지만 밝은 표정으로 여유 있게 뛰는 모습이 보기에도 좋지만 마냥 부럽기만 하다. 반환점을 돌면서 김밥을 먹고 물을 마시고 으슥한 곳을 찾아 소변을 본다. '시작이 반' 이라는데 이제 반 왔으니 다 온 셈인가? 이쪽 도로는 맞은편보다 자전거 마니아들이 더 많고 무리 지어 달리므로 뛰는 것도 상당히 신경 쓰인다. 또한 강변의 각종 체육시설에서는 궁도, 축구, 야구 등으로 스포츠를 즐기는 시민들도 많이 보인다.

반환점을 돌 때까지는 드문드문 한 명씩 앞섰는데 이제부터는 띄엄띄엄 추월을 내준다. 27㎞에서 쵸코와 물을 먹으며 잠깐 쉰다. 30㎞ 지점에서 김동호 어르신과 여성 주자가 추월해 가시는데 끝까지 보지 못하였으니 나보다 좋은 기록으로 골인을 하신 것이다. 급수대 등에서 멀리 모습이 보이므로 앞질러 가고 싶은 마음은 굴뚝같지만 몸이 뜻대로 되질 않는다. 다시 염창교를 건너 32㎞에서 쵸코와 물을 먹으며 잠깐 휴식을 한다. 이제는 10㎞밖에 남지 않았다고 스스로 위로를 하며 한 걸음씩 내딛는다. 호흡은 괜찮은데 발의 통증과 무게는 갈수록 더해 가므로 좌우로 시선을 주며 피로감과 통증을 잊기 위해 애를 쓴다. 조금 더 가니 '영롱이 갈대밭'이 보이는데 대충 2㎞ 정도는 되어 보인다. 산이 많은 지방에서도 보기 쉽지 않을 넓은 갈대밭이 도심의 하천변에 조성되어 있다는 것이 그저 놀랍다. 35㎞를 지나며 물을 마시고 잠깐 쉰다. 이후 골인 지점까지는 1㎞ 간격으로 30초 정도씩은 쉬었을 것으로 여겨진다. 걷지는 않았지만 뛰다가 너무 힘들다 싶으면 멈추어 서서 무릎 굽혀 펴기와 다리 주무르기를 한 것이다. 이 구간에서만 아마도 10여 명이 나를 앞질러 간 것 같은데 체력과 실력이 모자라니 당연한 일이다.

5㎞ 구간별 통과시간을 보면 10㎞는 10시 55분(25분 소요), 15㎞는 11시 22분(27분 소요), 20㎞는 11시 48분(26분 소요), 25㎞는 12시 13분(25분 소요), 30㎞는 12시 40분(27분 소요), 35㎞는 13시 10분(30분 소요), 40㎞는 13시 45분(35분 소요)이었으며 14시 01분에 골인하였다. 가까스로 4시간을 넘기지는 않았지만 30㎞를 지나면서 급작스럽게 페이스가 떨어진 것이다. 하지만 이 정도로도 충분히 잘했다 싶고 만족스럽다.

5. 귀향 및 완주 소감

모든 대회에서 볼 수 있는 출발점(골인점)의 애드벌룬은 보이지 않는다. 시간이 바빠 번호표를 붙이지 못했기에 손에 든 채로 보여 준다. 출발이 2분 정도 늦었으므로 기록을 조정해 달라고 요청하니 안 된다고 하므로 접수담당자의 입회하에 정정 확인을 받는다. 완주메달은 없다고 하는데 굳이 필요성을 느끼지도 않는다. 생수를 요청하니 종이컵에 따라 놓은 온수를 마시라고 하므로 2잔을 거푸 마신다. 작은 컵라면을 받아 끓는 물을 붓고 기다리면서 새우깡을 안주 삼아 막걸리 세 컵을 마시니 갈증이 가신다. 추운 날씨 속에서 한창 허기질 때 먹는 컵라면의 맛은 정말 일품이다. 한 개 더 먹을까 망설이다가 밥은 먹어야 하므로 유혹을 뿌리친다. 완주하신 분들 중 몇 분은 완주메달 없는 것을 불평한다. 모두가 컵라면은 정말 맛있다고 한마디씩 하는데 나와 같은 심정이며 맛있을 수밖에 없는 일이다.

허기를 달래니 힘들게 달린 탓인지 피로가 엄습해 옴을 느낀다. 옷을 갈아입고 짐을 챙겨 14시 30분에 대회장을 떠난다. 신대방역에서 지하철을 이용하여 15시 25분에 강변역에 도착하였고, 동방사우나(3,000원)를 찾아 들어간다. 온탕, 냉탕, 사우나를 오가며 스트레칭을 하고 발을 주물러 주니 한결 낫지만 피곤함은 더해지므로 17시에 나온다. 옆에 있는 들녘식당에서 옛날김치찌개(5,000원)로 점심 겸 저녁식사를 하고 동서울터미널로 이동, 17시 51분 버스를 타고 동해에 도착하니 20시 36분을 지나고 있다. 승용차를 이용하여 20시 50분에 집에 도착함으로써 37번째 마라톤 여행을 마감한다.

2주 간격으로 뛰는 것이 아직까지는 내게 무리일까? 보다 더 연습량을 늘리고 뛰기 전날 너무 무리만 하지 않으면 될 것도 같다. 이번 대회의 신청부터 완주를 끝낼 때까지의 허점을 고쳐 나가야겠다. 애드벌룬 미설치 등 분위기가 규모 큰 대회에 비하여 미치지 못하였지만 뛸 수 있도록 기회를 만들어 준 주최 측에 감사드린다. 달리는 것 좋아하는 사람들에게 달리는 기회와 공간 그리고 어느 정도의 배려와 서비스만 제공된다면 나는 만족이다. 대회비를 낮추고 기념품을 제공하지 않는 것도 자주 뛰는 마니아에겐 도움이 되는 일이다. 다만 참가 신청 확인이 매끄럽지 못해 결과적으로 준비시간을 앗아 간 점, 완주 후에 생수 한 통 정도씩 지급하는 것은 개선되었으면 하는 바람이다. **Walk & Run Tour**에서는 연중 많은 대회를 개최하고 있는데 회사에서 아무리 의욕을 가지고 있다 하더라도 참가자가 없으면 대회가 열리지 못할 것이다. 아무쪼록 달리기 위해 전국 방방곡곡을 돌아다니는 달림이들을 세심하게 배려하여 주기를 기대하면서 모든 대회의 성공개최를 기원한다.

댓글

완주를 축하드립니다.
김재영[2010/01/29]

엄청난 체력입니다. 얼른 회복하세요. ㅎㅎ
신윤승[2010/01/27]

대단하십니다. 부상 주의하시고 항상 즐거운 달림이 되시기를….
임진호[2010/01/27]

존경하는 양원희 님! 참가기를 읽고 있자니 제가 뛰고 있는 느낌입니다. 참가기
잘 읽었습니다. 예수대회 사진으로 양원희 님의 모습을 상상합니다. 항상 부상
없이 훈련 하십시오.
예수 달림이[2010/01/27]

열리 동해에서 오시어 보라매공원 아라톤 완주하셨군요.
참가기 재미있게 읽었으며 같은 달림이로서 1월 24일 주로에서 잠시 스쳐지던 님의 모습을 상상해 봅니다. 지방에서 아직은 전국적으로 잘 알려지지 않은 주최 대회 참가에 아라톤 열정이 님 못지않다는 느낌을 받았구요. 또한 충분히 2주 간격으로 대회를 나가신다 해도 더 좋은 기록으로 완주가 가능하실 것이라는 게 저의 소견입니다. 오끊록 자주 대회에서 님을 뵐 수 있기를 희망합니다. 신명나는 아라톤 여행 되시기를….
이재복[2010/01/27]

글 솜씨가 너무 좋으십니다. 자주 읽고 있으며 앞으로도 재미있는 완주기를 기대합니다. 건주하십시오.
열리서[2010/01/30]

뱁새가 황새 흉내 내다가…,
제8회 해남땅끝마라톤(38번째)

1. 대회개요

- ○ 대회명: 제8회 해남땅끝마라톤대회
- ○ 일시: 2010. 2. 7(일) 10:00
- ○ 장소: 해남 우슬경기장
- ○ 주최: 해남군, (주)해남신문사
- ○ 코스: 우슬경기장~어성교 왕복
- ○ 종목: 4종목(5㎞, 10㎞, 하프, 풀)
- ○ 참가비: 30,000원(풀/종목별로 10,000~30,000원)
- ○ 기념품: 해남 황토 호박고구마(5㎏), 겨울 배추 3포기, 메달, 간식
- ○ 총경비: 134,100원(참가비 포함)
- ○ 기록: 04:01:37(250위/393명)
- ○ 우승: 풀/ 김효상(02:42:55)

2. 참가배경

서울에서 개최된 보라매공원 도림천 마라톤대회 후 2주 만이다. 올해 들어 통영·여수에 이어 남해안에서 개최되는 대회에 연속 참가한다. 대회 선택의 여지가 그리 넓지 못한 탓도 있지만 남해 쪽에서 열리는 대회 나름의 매력이 있다. 청정 해역과 다도해, 옛날의 향수가 느껴지는 농촌·어촌의 여유 있고 평화로운 전원풍경, 주로 변에 나오셔서 정겹게 맞아주는 동네 어른신과 같은 할아버지·할머니의 모습들, 푸짐한 우리 농·수산물 기념품과 대회가 끝난 이후의 풍성한 맛깔스러운 음식들이 힘든 여정이지만 발걸음을 유혹한다. 그동안 선진지 견학이라는 이름으로 해남을 두 번 가 본 적이 있는데 처음 해 본 해수찜질과 남해안산 생선회의 맛이 아직도 입안에 감도는 듯해서 한번 가보기로 하였다.

해남은 한반도의 땅 끝에 위치하고 있으며 오염되지 않은 넓은 농토와 청정해역을 가지고 있다. 고산 윤선도 선생님의 유적지, 이순신 장군의 명량대첩지인 울돌목, 우항리 공룡화석지, 땅끝관광지, 후덕한 인심과 남도음식의 먹을거리 등을 해남군의 대표적인 자랑거리로 내세우고 있다.

3. 대회장에 도착할 때까지

2월 7일 18시 20분에 짐을 챙겨 집을 나선다. 터미널까지는 30분 정도 걸리며 운동 삼아 걸어가기로 하였는데 늦은 귀가시간에 맞추어 아내가 승용차는 터미널에 가져다 놓기로 하였기 때문이다. 19시 05분 동서울행(15,300원) 시외버스를 이용하여 서울에 도착하니 22시 05분이다. 버스 승객이 7명밖에 되지 않으니 자리를 넓게 사용해서 좋긴 한데 남의 일 같지 않다. 늦은 저녁식사를 하러 단골집인 들녘식당에 도착하니 문을 닫는다고 한다. 몇 곳을 기웃거리다가 오모가리 김치찌개집을 찾아 들어가 김치찌개(5,000원)를 시켰는데 들녘과는 비교가 되지만 '5천 원짜리 식사가 이 정도면 됐지' 하는 마음으로 남김없이 먹는다. 01시에 출발하는 해남행 셔틀버스를 타기 위해 22시 50분에 강변역에서 지하철을 타고 잠실종합운동장역으로 이동한다. 지하철 막차 운행시간을 알지 못하므로 우선은 버스 출발장소에 빨리 도착해야 안심이 되기 때문이다. 23시부터 01시 50분까지는 잠실역 옆에 조성된 86아시안게임 기념공원인 '아시아공원'을 구석구석 구경하면서 시간을 보낸다. 송파문화예술회관과 송파문화원, 야외공연장 3곳과 분수대, 근린체육시설과 지압보도, 기념조형물과 역대 올림픽 마스코트 전시대, 울창한 나무 숲 사이로 난 산책로 등 그리 넓지는 않지만 오밀조밀하고 아름답게 잘 조성되어 있다.

2월 7일 01시가 가까워지자 대회참가자인 듯한 분들이 한 분씩 모인다. 00시 50분에 '무지개관광' 셔틀버스가 도착, 대기자가 모두 탑승하니 40여 명은 됨 직하며 01시에 해남을 향해 떠난다. 02시 40분에 정안, 04시 40분에 함평천지휴게소를 거쳐 06시 20분에 해남의 '팔도강산' 식당에 도착한다. 휴게소에 도착할 때 잠깐씩 눈을 뜬 것을 제외하고는 비몽사몽하며 불편한 잠을 잤다. 소머리국밥(6,000원)으로 아침을 해결하는데 콩나물이 들어가 있으며 처음 맛보는데 먹을 만하다. 06시 45분 옆에 있는 해남온천관광랜드로 들어가 사우나(4,000원/50%

할인)를 하며 시간을 보낸다. 한증탕, 온탕, 냉탕, 마시지탕을 오가며 수영도 하고 스트레칭을 하니 찌뿌드드한 몸이 조금은 풀리는 듯하다.

08시 30분에 버스를 타고 대회장에 도착하니 08시 50분이다. 아직은 이른 탓인지 사람들이 그리 많이 보이지 않는다. 국토의 남쪽 끝이라고 해서 날씨가 포근할 줄 알았는데 찬바람도 제법 불고 온몸이 으스스하다. 이런 날씨에도 핫팬츠에 조끼유니폼을 입고 뛰어다니는 강인하고도 용감한 남녀 선수들이 많이 보인다. 나는 잔뜩 껴입은 상태에서도 추위를 느끼는데 볼수록 주눅이 들고 부러운 마음만 생긴다. 기념품인 고구마와 배추를 배부하는 곳에는 벌써 긴 줄을 이루고 있으며 뒤따라 서서 순서를 기다린다. 강원도 동해시까지 가지고 가기가 쉽지 않으므로 택배를 요청하니 고맙게도 해 준다고 한다. 옷을 갈아입고 짐을 맡긴 후 화장실을 다녀온다. 트랙을 도는 선수들을 따라 한 바퀴 돌고 맨손체조를 하며 계속 몸을 움직이지만 추위는 가시지 않는다. 시간이 지날수록 우슬경기장은 인파가 운집하고 대회분위기가 고조된다.

4. 대회 참가 및 완주

보통은 의식행사 등을 많이 생략하는데 국민의례에 이어 대회장, 군수, 국회의원 등 주요 내빈들의 연설이 계속 이어진다. 에어로빅팀의 공연에 이어 스트레칭을 하고 풀코스부터 스타트라인으로 이동한 후 폭죽소리와 함께 10시 정각에 출발을 한다. 복장은 귀를 덮는 모자, 선글라스, 긴팔 셔츠 위에 바람막이 옷, 2중 장갑, 긴 타이즈, 프로월드컵 운동화로 갖추었다.

경기장을 나가자마자 바로 내리막이 보이므로 골인할 때 고생 좀 하겠다는 생각이 든다. 경기장이 외곽에 있는 까닭에 주로 변은 한적하고 얼마 진행하지 않아 만나는 국도는 1～2개 차로를 통제하고 있는데 차량 통행이 별로 없어 차가운 공기가 맑고 상쾌하게 느껴진다. 중간 정도의 위치에서 뛰는 것 같은데 속도가 너무 빠르다 싶지만 춥기도 하므로 늦출 마음은 없어 보조를 맞추며 계속 뛰어 간다. 3km에서 첫 번째 급수대가 보이지만 그냥 통과한다. 이후 2.5～3km 간격(총 16개소)으로 물이 충분하게 공급되었으므로 갈증은 느끼지 않았고 2～3곳 정도를 제외하고는 거의 모든 곳에서 물을 마셨다.

집단부락의 버스 승강장이 있는 곳에서는 어김없이 어르신들의 모습이 보였는데 추운 날씨임에도 손을 흔들어 주시고 "파이팅!" "힘내라!"를 외치면서 선수들을 격려해 주신다. 요즘의 농어촌에는 젊은 사람들은 거의 없고 어르신과 손자들만 있다는 말은 통영과 여수에 이어 이곳에서도 실감이 난다. 하지만 볼거리도 없는 달림이들에게 이보다 더 큰 힘이 있겠는가? 반환점을 돌 때까지 농악대를 4번, 어르신 응원단을 10여 번 정도는 본 것 같다. 또한 마을 앰프를 이용하여 흥겨운 음악을 틀어 주는 곳도 5～6곳은 되는 것 같다. 그저 달림이들과 대자연을 벗 삼아 달리는 것도 좋지만 보아 주시고 응원해 주시는 것이 마냥 고마울 뿐이다.

5km를 10시 24분(24분 소요)에 통과하며 물을 한 컵 마신다. 이렇게 빨리 뛰어 본 적은 아직까지 없는데 추운 날씨 때문에 아직까지도 땀은 나질 않는다. 03:30 페메를 앞서서 달리지만 몸의 어느 한 곳도 이

상 징후가 보이지 않으므로 여수에서 세운 최고기록에 욕심이 생긴다. 그러나 이것이 내 몸과 체력의 한계를 모르고 까불었다는 것은 그리 오래지 않아 확인되었다.

10㎞를 10시 46분(22분 소요)에 통과하였고 12.5㎞에서 바나나 반 개를 먹는다. 15㎞를 11시 11분(25분 소요)에 지나면서 주로를 벗어나 소변을 본다. 17.5㎞에서는 파워젤과 오이를 먹고 18.5㎞에서 남자 선두를 만나는데 진천군청 소속이다. 전혀 지친 기색은 없고 보폭은 100m를 달리는 것 같다. 19㎞를 지났을까 오른쪽 사타구니 쪽 관절에서 통증이 느껴진다. 속도를 늦추면서 11시 38분(27분 소요)에 20㎞를 지나니 여자 선두가 마주 오는데 작고 단단한 체구에 힘이 넘치며 미소를 띠면서 달리는 모습이 마냥 부럽다. 22.5㎞에서 반환점을 돌며 초코파이와 바나나를 먹고 허리와 다리 근육을 풀어 준다.

03:30 페메가 앞서 가는 모습을 보며 다시 주로로 들어간다. '시작이 반'이라는데 '반 왔으니 끝난 것 아닌가'라고 되뇌지만 한 걸음씩 떼는 것이 갈수록 힘들어진다. 25㎞를 12시 04분(26분 소요)에 지나니 양 무릎과 허리의 통증이 상당히 심하므로 응급요원으로부터 에어파스 도움을 받는다. 초반부터 '뱁새가 황새 흉내 내다' 이 지경이 됐다 싶지만 되돌릴 수도 없다. 아직까지는 03:30 페메가 20~30여 미터 앞에 계속 보이므로 힘을 내어 보자고 애는 써 보지만 갈수록 힘들다.

24㎞를 지나면서 반가운 김무조 어르신의 모습이 보인다. 지금까지 내가 참가했던 거의 모든 대회에서 뵈었으며 혹시나 했는데 오늘도 어김없이 참가하신 것이다. 걸음걸이도 편치 않아 보이시는데 정말 대단한 체력을 가지셨고 존경스럽다. 26㎞를 지나니 석병환 어르신의 모습이 보인다. 서울에서 셔틀버스로 같이 오셨는데 뛰시는 것이 아주 힘

들어 보인다. 많은 연세에 밤새도록 불편한 버스에서 시달렸으며 바로 풀코스에 참가를 하셨으니 그저 놀라울 뿐이다. "힘내세요." 하는 나도 기진맥진해 있는데 어떻게 완주하실까 하는 걱정의 마음이 생긴다.

30㎞를 12시 32분(28분 소요)에 통과하고 31㎞를 지나니 도저히 뛰지 못할 정도로 무릎, 고관절, 허리에서 극심한 통증이 온다. 32∼33㎞ 는 아예 뛰기를 포기하고 걷는데 그것조차도 힘들다. 안되어 보였는지 앰뷸런스가 멈춰 서서 괜찮은가 묻는다. 여기서 포기하고 말 수는 없 으므로 걱정하지 말라고 그냥 보낸다. 걷다 뛰기를 반복하다가 35㎞를 13시 15분(43분 소요)에 통과하면서 바나나 1개와 초코파이 반 개를 먹고 잠깐 쉰다. 03:30 페메는 시야에서 사라진 지 벌써 오래되었고 03:45 페메도 앞세워 보낸다. 대략 15㎞부터 앞서거니 뒤서거니를 계 속해 오던 많은 남녀 선수들을 이 구간에서 모두 앞세워 보내고 만다. 4시간은 벌써 물 건너갔으며 걸어도 5시간 안에는 가능할 것 같다만 마지막까지 힘을 내 보자고 자기최면을 자꾸 걸어 본다.

30㎞를 지나면서 간혹 보이던 걷는 모습들이 갈수록 많아진다. 나도 힘든데 다른 사람들도 당연할 것이다. 하지만 5㎞를 푹 쉰 탓인지 통 증도 줄어들고 달릴 힘이 다시 생긴다. 37㎞를 지나니 발바닥이 아파 서 걸음을 딛지 못할 정도이다. 잠시 멈추어 섰다가 걷기를 몇 분간 정 도 한다. 38∼41㎞ 구간은 오르막이 계속된다. 잘만 하면 4시간 안에 도 가능하다 싶어 행여나 하는 마음으로 끝까지 최선을 다해 보자며 바닥난 힘을 다시 끌어내고 온몸의 통증을 참으며 계속 한 걸음씩 힘 겹게 내딛는다. 40㎞를 13시 46분(31분 소요)에 통과한다. 이제는 뛰 기보다는 걷는 모습이 더 많아 보인다. 30∼35㎞에서 나를 앞서 갔던 분들을 한 명씩 추월해 가니 41㎞는 내리막이다. 힘껏 달려 내려가니

바로 오르막이 시작된다. 아무리 용을 써 보아도 마지막 오르막에서는 또다시 걷고 만다. 언덕에 오르니 다시 내리막이므로 다행이다 싶다. 여기서부터 골인지점까지는 처음 출발할 때의 속도로 뛰었던 듯싶다. 대략 마지막 3㎞ 정도에서 50~60여 명은 따라잡은 것 같고 14시 1분을 넘기면서 결승점을 통과한다. 최종기록은 04:01:37로 나왔으니 나로서는 너무나 안타깝다. 조금만 더 아픔을 참고 노력했으면 4시간 안의 기록도 충분히 가능했기 때문이다.

5. 귀향 및 완주 소감

물을 한 통 받아 마시면서 칩을 반납하고 물품을 찾는다. 먹을거리를 배부하는 장소에는 줄이 길게 늘어서 있다. 차례를 기다려 주먹밥, 두부, 김치, 미역국, 울금과 고구마 막걸리, 한우 등심구이, 돼지 불고기와 바비큐 등을 받아 놓으니 훌륭한 점심식사가 된다. 울금막걸리는 맛이 좋아 한 통(900㎖)을 더 얻었고, 받은 음식을 남김없이 깨끗이 먹고 나니 과식했다 싶을 정도로 배가 두둑하다. 간이탈의실로 들어가 옷을 갈아입고 나와서 스트레칭으로 몸을 풀어 준다. 아직도 늦은 완주자들이 골인하는 모습이 계속 보인다. 15시 20분에 대기 중인 버스로 이동하였고 탑승자 확인을 모두 끝낸 후 15시 50분에 해남을 떠난다.

버스 안에서는 한국마라톤기획 대표님이 소주잔을 돌려 석 잔을 마셨고, 옆자리에 앉은 광화문페이싱팀의 회원과 마라톤을 주제로 이런 저런 얘기들을 나눈다. 피곤한 탓에 자다 깨다를 몇 번 했고 함평천지 및 부여백제 휴게소를 거쳐 21시에 잠실운동장에 도착을 한다. 다시 지하철을 타고 고속터미널에 도착하니 21시 30분이다. 23시 40분 동해행 표를 구입한 후 터미널 안의 '고향의 맛' 식당에 들어가 제육볶음(5,000원)을 안주 삼아 소주 한 병으로 완주를 자축한다. 땀으로 범벅이 된 몸이 찜찜하고 시간여유도 있으므로 22시 30분에 '라파터미널 대중탕'을 찾아 들어가 목욕(6,000원)을 하는데 조금 비싸다 싶다. 온탕에서 발과 다리를 마사지해 주고 한증탕과 냉탕을 오가면서 몸을 풀어 주니 한결 낫다. 23시 40분 버스를 타고 횡성휴게소에 잠깐 들른 후 동해에 도착하니 02시 25분이다. 아내가 터미널 부근에 가져다 놓은 승용차를 찾아 타고 집에 도착하니 02시 45분을 지나고 있다. 조용히 했는데도 잠에서 깨어 반겨 주는 아내의 목소리를 들으며 38번째 마라톤 여행을 마친다.

집을 나서 해남까지 가는 데 12시간, 달리기를 끝내고 대회장을 떠나 귀가하는 데 11시간이 걸렸다(왕복 이동거리 1,276㎞). 내게는 단지 오랜 시간 동안 차를 타고 이동하는 것 자체만으로도 상당히 피곤하고 힘든 일이며 차를 타거나 운전하는 것을 그리 즐기지 않는다. 최근에 남쪽 끝에서 열리는 대회에 여러 번 참가하다 보니 몸에 무리가 가는 것은 아닐까 하는 생각을 가끔은 하게 된다. 하지만 요즈음엔 운동 부족이 문제라고 하지, 좋아하는 운동 실컷 하는데 무슨 상관있겠나 싶다.

뭣 모르고 03:30을 넘보다가 죽도록 혼났다. 조금만 더 무리했다면 아마도 중도에서 포기하는 사태가 벌어졌을지도 모를 일이다. 그나마 적당한 지점에서 잘 포기했다 싶다. 늘 대회에 참가하면서 '한 번 뛰고 말 것도 아닌데 너무 무리하지는 말자'가 신조인데 뱁새가 제 주제도 모른 채 황새를 따라하려고 너무 까분 것이다.

앞으로는 정말 힘들이지 않고 즐기면서 달리기를 하자고 다시 다짐해 본다. 부상 없이 건강하게 다만 한 곳이라도 더 다녀 볼 수 있도록 노력해야겠다.

대회의 성공개최를 위해 애쓰신 해남군의 모든 관계자, 특히 주로에서 우리를 반겨 주고 응원해 주신 어르신과 교통 불편을 참아 주신 모든 분들께 깊이 감사드린다. 더불어 이 대회의 역사가 오래될수록 더욱 발전하여 전국 최고의 대회로 우뚝 서기를 기원한다.

댓글

주말마다 마라톤 여행 다니시니 참으로 대단합니다. 또 한 번 강축 드리고,
4월 11일 대구대회는 안 가시나요? 뜻있으면 개인신청 마시고 단체신청으로
부탁드립니다.
성재천[2010/02/09]

38번째 풀코스 완주, 축하드립니다. 무리하지 말고 편안하게 즐런 하세요.
^^
임진희[2010/02/09]

엄청나십니다. 04-11 대구 잡으러 가시죠?
신윤승[2010/02/10]

대단한 체력의 소유자 지치지 않는 님의 모습에 박수를 보냅니다. 파이팅!
홍성래[2010/02/10]

수고하셨습니다. 온라인에서 양원희 님의 글을 읽고 박수를 아끼지 않고 있습니
다. 대회장에서 만나지 못하여 아쉽습니다. 저는 작년 춘마 이후 부상으로 거의
달리기를 못 하다가 이번 해남대회에 하프 출전하여 옴 상태를 점검하였습니다.
이제 부상에서 완전 회복을 검증하고 기쁜 마음으로 동아대회를 준비하겠습니다.
다시 한 번 양원희 님의 열정에 박수를 보냅니다.
하철준[2010/02/09]

처음으로 가족과 함께한,
아름다운 2010 섬진강마라톤(39번째)

1. 대회개요

- 대회명: 2010 MBC 섬진강 꽃길 마라톤대회
- 일시: 2010. 2. 28(일) 09:30
- 장소: 전라남도 광양시 매화마을 둔치
- 주최: 진주MBC, 여수MBC(후원: 전라남도, 경상남도, 광양시, 하동군)
- 코스: 광양시 매화마을 둔치~남도대교~하동읍~섬진교~매화마을 둔치
- 종목: 5종목(5㎞, 10㎞, 하프, 30㎞, 풀)
- 참가비: 35,000원(종목별로 10,000~35,000원)
- 기념품: 르까프 티셔츠, 르까프 장갑, 완주메달, 타월, 간식, 두부 및 막걸리

○ 총경비: 174,200원(참가비 포함/개인 지출)

○ 기록: 03:43:26

○ 우승: 풀/ 심재덕(02:41:09)

2. 참가배경

우리나라 4대 강(한강, 금강, 낙동강, 영산강)의 본류(本流) 주변을 뛰어 본 것은 한강뿐인 것 같다. 2월에 뛸 대회를 찾던 중 '섬진강'이라는 단어가 가장 먼저 눈에 띄었고 주저 없이 선택하였다. 동해안의 북쪽에서 남해안의 끝까지 간다는 것이 거리는 멀게 느껴졌으나 숱하게 들어 보기만 했던 강변을 뛰어 본다는 것은 정말 설레는 일이었다. 그러나 대회가 하루하루 다가오면서 걱정은 늘어만 간다. 2월 초부터 계속되는 눈 때문에 '해남 땅끝 마라톤대회' 참가 이후 20여 일 동안 거의 뛰지를 못하였기 때문이다.

섬진강은 전라북도 진안군 팔공산에서 발원하여 정읍시·임실군·순창군·곡성군·구례군 등 전라북도와 전라남도의 동부지역을 남동쪽으로 흐르다가 경상남도 하동군과 전라남도 광양시 경계에서 남해로 흘러드는 길이 225km, 유역면적은 4,896㎢의 강이다.

전남 광양시는 450㎢의 면적과 15만 명의 인구를 가지고 있다. 광양제철소가 위치하고 있으며 남해안 선벨트 남중권의 중심도시, 저탄소 녹색성장을 바탕으로 하는 글로벌 명품도시를 꿈꾸고 있다. 또한 경남 하동군은 676㎢의 면적과 5만 2천 명의 인구를 가지고 있다. 민

족의 명산인 지리산을 유유히 흐르는 섬진강이 감싸 안고 청정한 남해
바다를 굽어보는 천혜의 관광자원을 지닌 물길과 꽃길의 고장을 자랑
으로 삼고 있다.

3. 대회장에 도착할 때까지

　지금까지 풀코스 이상을 38번을 뛰었는데 아내가 동행해 준 곳은
2007년의 '제112회 보스턴 마라톤대회'밖에 없다. 내가 뛰는 동안 개
최지 주변의 관광지를 여행 삼아 같이 가자고 해도 반응이 신통치 않
았기 때문에 이제는 사실상 포기한 상태였다. 얼마 전에 심심풀이로
이 대회 참가계획을 알려 주면서 섬진강과 하동 및 광양의 애기를 꺼
냈더니 같이 따라나서겠다고 한다. 운전하며 갔다 오기에는 너무 멀다고
했는데도 자기가 운전하겠다고 하니 나로서는 전혀 말릴 까닭이 없다.
　먼 거리를 승용차로 가는 것이 부담이 되었는지 2월 27일 04시 05
분에 잠이 깬다. 이것저것 하며 시간을 보내다 06시 10분에 달리기 복
장으로 집을 나선다. 오래도록 연습하지 못해 부담을 가지고 있던 차
에 날씨가 좋았기 때문이며 8㎞ 정도를 가볍게 뛴다. 아내도 평상시보
다 일찍 일어나 장거리 여행 준비로 바쁘다. 샤워를 끝낸 후 아침 식사
를 간단히 해결하고 짐을 챙겨 08시에 집을 나선다. 늘 혼자 외롭게
다니다가 아내가 동행도 해 주고, 완주지점에서 반갑게 맞아 줄 것을
생각하니 내색은 하지 않았지만 조금은 기대가 된다.
　삼척으로 이동하여 이번 여행을 같이하기로 한 처형을 태우고 고한

으로 이동한다. 경비를 줄이기 위해 우리 차인 투싼을 딸의 차인 아반떼로 바꾸고 딸을 태운 뒤 09시 30분에 하동을 향해 떠난다. 복잡하고 구경거리도 없는 고속도로를 피해 국도로만 이용하기로 뜻을 모은다. 봉화를 거쳐 11시 40분에 영주시 풍기 인삼시장에 도착, 인삼(1채 750g/24,000원)을 산다. 갈 길이 멀어 내키지 않지만 아내가 작정하고 나선 것 같아 뒤를 쫓아간다. 처음 들렀는데 신축건물 안에는 45개의 인삼전문점이 있으며 수삼을 비롯하여 수많은 인삼제품으로 가득하다. 12시 20분에 풍기읍을 벗어나며 노상에서 파는 사과도 한 상자(15,000원)를 사서 싣는다.

12시 40분경 도로 옆에 주차를 하고 차 안에서 준비해 간 김밥으로 점심을 해결한다. 16시 40분경 딸의 성화에 따라 산청읍에 도착하여 시내와 공원, 군청 등을 1시간여 구경한 후 다시 길을 찾아 나선다.

내비게이션이 가르쳐 주는 낯선 길을 더듬어 하동읍에 도착, 섬진교를 지나 광양시 매화마을 마라톤대회장에 도착하니 19시를 지나고 있다. 동해에서 고한까지는 내가, 고한부터 하동까지는 아내와 딸이 교대로 운전을 했는데 정말 먼 거리를 왔다. 출발할 때부터 날씨가 흐렸는데 하동읍에 도착하니 비를 뿌리기 시작한다. 나와 같은 심정인지 가족 모두가 내일의 대회를 걱정해 준다. 남해안에 왔으므로 낙지요리를 맛보기로 하고 1시간여 동안 수십 곳을 찾아 헤매다가 포기하고 만다. 대회안내서에 소개된 회타운의 '바다횟집'을 찾아 들어가 굴구이(5㎏/35,000원)와 작은 모듬회(깔다구·광어·숭어/50,000원)에 소주를 곁들여 먹는다. 깔다구는 농어 새끼의 다른 이름이라고 한다. 지역마다 음식과 상차림 등이 서로 다른데 가족들은 영 못마땅해하지만 살살 달래서 남김없이 먹고 많이 늦은 22시에 식당을 나선다.

이제는 하룻밤을 편히 쉴 찜질방을 찾아 나선다. 모텔을 권했으나 찜질방이 더 좋다고 하기 때문이다. 22시 30분에 가려지 찜질방(7,000원/1인)을 찾아 들어가니 비로소 안도의 한숨이 나온다. 대중사우나 시설은 없고 단순히 샤워만 할 수 있도록 되어 있다. 찜질방은 실내체육관 분위기로 매우 넓고 찜질은 4가지에 불과하지만 수면실은 잘 갖추어져 있는 것 같다. 식당은 다녀 본 곳 중 가장 넓고 메뉴도 다양한데 08시 40분부터 시작한다고 하니 내겐 소용이 없다. 몇 번을 자다 깨다가 05시 10분에 일어나고 만다. 아침 식사를 06시 30분 이전에 끝내야 할 식당을 찾아 나서야 하기 때문이다. 샤워를 끝내고 05시 50분에 혼자서 찜질방을 나선다. 찜질방과 회타운 주변에는 보이지 않으므로 결국에는 50여 분을 찾아 헤맨 끝에 광양시청 앞에 있는 '나들목 콩나물국밥'에서 국밥(4,500원)으로 식사를 한다. 전주에서 먹는 맛과는 차이가 있어 보이는데 이른 아침이지만 손님이 네 팀이나 되는 것으로 보아서는 꽤 유명한 집인가 보다.

다시 찜질방을 찾아가려고 내비게이션으로 검색을 하니 나타나지 않는다. 잠자는 아내를 깨워 전화번호로 검색해 찜질방에 도착, 차 안에서 08시 30분까지 시간을 보낸다. 08시 35분에 아내가 운전하여 20분 뒤 대회장 주변에 도착하니 지난밤 한산하던 도로는 주차장이 된 듯 통행이 잘되지 않으므로 차에서 내려 걸어간다. 이제부터 14시 40분까지 나는 달리고 가족들은 섬진강 주변을 구경하기로 되어 있으므로 각자 알아서 할 일이다. 대회에 참가하는 선수 및 가족들과 주차장으로 진입하는 차량들의 행렬이 얼마나 많고 긴지 가히 장관이다. 대회장 전경과 주변의 풍경, 대회장으로 이동하는 인파와 차량 행렬 등을 한눈에 바라보니 가슴속에서 울컥하는 흥분과 함께 전율을 느낀다.

날씨는 흐렸지만 비가 내리지 않으니 천만다행이고 조금은 쌀쌀하게 느껴지는 것이 달리기에는 오히려 좋을 듯싶다.

대회장은 섬진교에서 1㎞ 정도 떨어진 매화마을 섬진강 둔치에 마련되어 있는데 상당히 넓다. 'MBC 싱글벙글쇼'를 특집방송으로 보내는 탓에 무대도 멋지게 만들어 놓았고, 대회와 관련된 각종 시설물을 무대를 중심으로 밀집시켜 놓음으로써 행사장 분위기를 한껏 고조시키고 있다. 08시 55분에 대회장에 도착, 옷을 갈아입고 물품을 보관한 뒤 길게 늘어선 수세식 간이 화장실 앞에서 기다리며 몸을 푼다. 유인촌 장관의 축사를 시작으로 김태호 경남지사, 박준영 전남지사, 조유행 하동군수, 이성웅 광양시장 등의 연설이 이어진다. 사회는 마라톤대회 전문임을 자처하는 배동성 씨가 맡고 있는데 유머를 섞어서 역시 재미있게 잘한다. 공식행사를 모두 끝내자 출발선으로 이동하였고, 폭죽소리와 함께 출발신호를 알린다. 출발지는 2차선 도로의 넓이인데 참가자가 너무 많아 다소 좁게 느껴진다.

4. 대회 참가 및 완주

09시 34분에 출발선 아치를 통과한다. 전날 비좁은 승용차 안에서 너무 오랜 시간을 보내고, 소주도 적정량을 넘었다 싶기에 4시간 30분 이내로만 완주하기로 마음을 먹었다. 복장은 프로월드컵 운동화, 반바지, 긴팔 티셔츠, 선글라스, 면장갑으로 갖추었다. 처음에는 추위를 조금 느끼지만 땀이 나기 시작하면 간편한 것이 도움이 되기 때문이며

하프를 지날 때는 긴팔 입은 것도 후회하였다. 광양지역의 오늘 날씨
는 최저 6.5℃, 최고 13℃ 정도 된다고 하니 비교적 좋다. 둔치를 벗어
나 강둑으로 올라서자 2차선 도로이다. 도로 양편으로는 매화나무가
가득한데 꽃망울을 터뜨리기 직전이며 벌써 꽃을 피운 것도 간혹 보인
다. 2㎞ 지점에서는 뒤에서 나를 추월하려는 선수 때문에 피하다가 넘
어질 뻔했으며 대략 5㎞까지는 2차로에 풀과 30㎞ 선수들이 한꺼번에
달리다 보니 전후좌우로 부딪혀서 제대로 뛰지 못할 정도이다. 장거리
이동과 도를 넘은 술, 부족한 수면에 조금은 늦은 식사 탓인지 5㎞를
지날 때까지 몸이 무겁게 느껴진다. 이곳까지는 섬진강 변의 광양시
쪽 2차선 도로를 전면 통제하고 있는데 산 중턱부터 강변까지 이어지
는 모든 농경지에는 매화나무가 심겨 있는 것 같다. 5㎞를 앞두고 4시
간 20분 페메를 앞섰고 5㎞를 10시(26분 소요)에 통과하며 물을 한
컵 마신다. 너무 빠르다 싶지만 모두가 이 속도로 달리니 그저 휩쓸려
가는 기분이다. 넓고 넓은 섬진강의 강물은 어제저녁의 비 때문인지
황토 빛을 띠고 유유히 흐른다. 간혹 보이는 강변과 강 중간의 모래사
장도 한강에서는 볼 수 없는 색다른 풍경이다. 산이 제법 경사가 있는
까닭인지 큰 마을은 보이지 않는다. 간혹 연세 많은 마을 주민들이 도
로변에 나오셔서 우리를 환영하시면서 응원해 주신다. 그저 고마울 따
름이고 감사의 뜻으로 손을 흔들어 화답해 준다. 이런 모습을 30여 곳
이상에서 볼 수 있었는데 하동보다는 광양 쪽에서 더 많이 본 것 같다.
　7㎞를 지나면서 4시간 페메를 다시 추월한다. 주로 양옆으로는 매화
나무가 계속 보이고 반대편의 하동지역을 배경으로 한 지리산 줄기는
장엄하고 아름답게 느껴진다. 7.5㎞에서는 물스펀지를 나누어 주지만
아직까지는 흐르는 땀을 견딜 만하므로 그냥 통과한다. 주로는 더러

오르막이 있으면 좋겠다 싶을 정도로 평탄하고, 진행하면서 양옆으로 보이는 풍경은 비슷비슷하지만 새롭고 아름답게 느껴진다. 10㎞를 10시 26분(26분 소요)에 통과하면서 물 한 컵과 바나나 반쪽을 먹는다. 몸에서 나는 후끈후끈한 열기로 추위는 잊은 지 오래지만 호흡도 괜찮고, 무릎과 엉덩뼈의 상태도 양호하다.

12㎞에서 03:40 페메를 만나 일행에 합류한다. 여성 3명을 포함해서 15명인데 갈수록 늘어나 내가 대열에서 벗어난 25㎞에서는 25명 정도가 무리 지어 달린 것 같다. 결국 골인할 때까지 여성 2명은 보지 못했으므로 나보다 좋은 기록으로 완주했다는 얘기인데 그 연약해보이면서도 강인한 체력과 의지가 부럽고 존경스럽다. 15㎞를 10시 50분(24분 소요)에 지나며 물을 한 컵 마신다. 오른쪽 사타구니와 왼쪽 무릎에서 통증이 오는데 페메를 따라가자니 여유 있게 쉴 수가 없다. 조금은 무리다 싶지만 코스가 평탄하고 주변의 풍광이 뛰어나므로 새로운 기록에 도전해 보고 싶은 욕심이 생긴 탓이다. 17㎞를 지나면서부터는 왼쪽 발목과 복사뼈 쪽에서 통증이 느껴진다. 지금까지 몇 십 번을 계속 달리면서 발목 통증은 거의 없었는데 이상하다 싶지만 원인을 모르겠다. 아마 나도 모르게 어디에 부딪혀 타박상을 입은 것은 아닌지…. 25㎞ 지점에서 03:40의 대열에서 빠져나온 결정적인 이유도 발목 통증 때문이었다. 통증을 완화시키려고 응급구조대원에게 에어파스를 부탁하니 올해는 환경마라톤을 지향하기 때문에 맨소래담 로션으로 대체했다고 한다. 로션을 발목에 발라 달라고 부탁하기는 미안하고 내 손으로 바르자니 얼굴에서 흐르는 땀 닦을 일이 걱정되어 포기하고 만다.

18㎞를 지나니 섬진강을 전남과 경남으로 연결해 주는 남도대교를 건넌다. 2003년 7월에 전남 구례군 간전면 운전리와 경남 하동군 화개

면 탑리 사이에 개통되었는데 길이 359m, 너비 13.5m 규모로 217억 원의 사업비가 투자되었다. '닐슨 아치교'로 구조물을 대칭이 되게 설계해 경남과 전남의 동서화합을 상징하는 다리라고 한다. 높게 설치된 다리 위에서 바라보는 강의 상·하류와 좌우측의 경치는 너무도 시원스럽고 아름답게 느껴진다. 이제 광양시 쪽의 코스는 끝나고 하동군 방면의 코스로 계속 이어지며 다리를 건너니 머지않은 곳에 화개장터를 안내하는 팻말이 보인다.

20㎞를 11시 17분(27분 소요)에 지나면서 물과 간식을 먹는다. 보통은 이 지점에서 조금 쉬면서 전신운동으로 몸을 풀어 주는데 페메를 뒤쫓아 가자니 그럴 여유가 없다. 무릎과 발목에서의 통증이 계속되고 있으므로 잠깐 걸으면서 간식을 먹으니 페메와의 거리가 갈수록 벌어진다. 이후 5㎞ 간격으로 설치된 급수대에서는 물(콜라, 게토레이 등)과 간식(바나나, 초코파이, 방울토마토, 빵 등)을 계속 조금씩 보충하였다. 또한 급수대의 중간에 마련된 물스펀지대에서는 줄줄 흐르는 땀을 닦으며 짧지만 정말 맛있는 휴식시간을 가졌다.

광양이 매화 천지라면 하동은 온통 녹차 밭으로 제다(製茶) 장소를 많이 볼 수 있었다. 29~30㎞ 구간에서는 소설 '토지'의 무대인 평사리와 최 참판 댁을 통과하였다. 섬진강과 강변의 넓은 대나무 밭, 보리가 파릇파릇한 넓은 농경지와 웅장한 산세(山勢) 등이 왠지 모르게 훌륭한 인물이 나왔음직도 하고, 유명한 소설의 무대가 되기에 충분하다고 느껴진다. 몇 킬로미터 계속 이어지는 벚꽃나무 가로수와 아름답게 조성된 평사리 공원 등도 달리는 고통을 덜어 주는 데 큰 도움이 되었다. 30㎞ 참가자는 코스가 평사리 공원에서 끝나는데 더 뛸 힘이 있으면 완주를 해도 되고, 힘이 들면 버스로 대회장까지 이동시켜 준다고 한다. 하여튼 30㎞를 지나니 주로가 한산해서 뛰기가 적막할 정도이다. 반대편에서 제 속도를 내지 못하고 천천히 지나가는 차량에서 간혹 "파이팅!" "힘내라!"를 외쳐 주니 고마움에 앞서 미안한 마음이 더 많이 든다.

20㎞를 전후하여 나와 앞을 다투던 여성 두 분은 이를 악물고 뛴 덕분에 30㎞와 37㎞에서 어렵사리 추월을 하였다. 또한 30㎞부터는 몇 명을 앞세우거나 넘어설지를 세어 보기로 작정을 하였는데 골인할 때까지 65명을 추월하였으며, 특히 마지막 1㎞에서 20여 명은 앞선 것 같다. 특별한 의미는 없고 마지막 힘들 때에 달리는 동기와 재미를 부여해 보자는 나 혼자만의 내기인 것이다.

구급차는 대회장을 비롯하여 10곳에 배치되어 있었는데 광양, 하동은 물론 여수시와 119 구급대까지 동원되어 만일에 발생할지도 모를 선수들의 안전에 각별하게 신경을 쓴 모습이었다.

20㎞ 이후의 5㎞ 구간별 통과시간을 보면 25㎞는 11시 43분(26분 소요), 30㎞는 12시 09분(26분 소요), 35㎞는 12시 37분(28분 소요), 40㎞는 13시 04분(27분 소요)이었으며 13시 17분에 골인지점을 통과하였다. 4시간 30분을 한계시간으로 잡고 시작하다가 호기가 생겨 겁도 없이 03:40 페메와 같이 달리다가 결국에는 포기하였지만 최종기록은 03:43:26으로 나왔으니 대단히 만족스럽다. 발목이 끝까지 도와주었으면 03:40 이내의 기록도 가능했겠다는 약간의 아쉬움도 있지만 두 번째 좋은 기록으로 완주한 것이다.

5. 귀향 및 완주 소감

　골인하며 가족들의 축하를 기대했는데 보이지 않는다. 행사장은 강석과 김혜영 씨의 '싱글벙글쇼 공개방송'이 진행되므로 혼을 쏙 빼놓을 정도로 시끄럽다. 물 한 병을 받아들고 짐을 찾은 후 전화를 하니 마라톤대회로 도로가 막혀 대회장 진입이 어렵다고 한다. 스트레칭으로 몸을 푼 뒤 앉아 쉬고 있다가 가족을 만나 먹을거리(두부, 갓김치, 막걸리)로 간단히 요기를 한 후 14시 30분에 사우나를 찾아 행사장을 떠난다. 내가 도로에서 진땀을 흘리며 기록과 싸우는 동안 가족은 화개장터와 최 참판 댁 등을 두루 구경했다고 한다.

　15시경 화개장터에 도착하니 도로는 꽉 막혀 있고 장터는 붐비는 인파로 넘쳐나고 있다. 장터에서 200여 미터 떨어진 하천변 주차장에 어렵게 차를 주차시킨다. 모텔은 몇 군데 보이는데 사우나는 4㎞ 정도 떨어져 있다고 하므로 포기하고 먹을거리 장터로 발걸음을 옮긴다. 크게 넓지 않은 장터에는 대형 안내판, 관광안내소, 조각작품, 휴식공간 등이 잘 갖추어져 있고 오가는 사람들로 부딪혀 다니지 못할 정도이다. 마음에 드는 곳을 골라 '장터비빔밥'에 들어가 강된장보리밥(6,000원/1인분)과 녹두빈대떡(10,000원)을 주문한다. 마라톤대회로 인파가 갑자기 몰린 탓에 한참을 기다려 음식이 나왔는데 밑반찬, 서비스, 가격 등 모두가 마음에 들지 않지만 오늘같이 북적대는 날에 정상적인 접대를 바라는 것 자체가 잘못일 것이다.

　먼 길을 달려와 구경도 제대로 하지 못해 아쉽지만 딸의 회사 출근 때문에 16시 05분에 화개장터를 뒤로하고 귀갓길을 서두른다. 국도를 이용하기로 하고 진주, 산청, 합천, 고령을 거쳐 달성까지 3시간 30분을 달렸는데도 거리와 시간이 좁혀지지 않는다. 달성에서 고속도로로 경로를 바꾸고 대구를 지나 20시 10분 칠곡군 동명휴게소에서 저녁식사를 하는데 입맛에 맞다. 군위, 의성, 안동까지는 중부내륙고속도로를 이용하고 국도로 영주, 봉화, 태백을 거쳐 고한에 도착하니 24시 05분이다. 딸을 내려 주고 차를 바꿔 짐을 옮겨 실은 후 다시 동해를 향해 떠난다. 태백을 지나 삼척으로 이동하여 처형을 내려 준 후 집에 도착하니 3월 1일 01시 50분을 넘어가고 있다. 완주 뒤의 피로감이 있는 상태에서 막걸리도 한잔했기 때문에 대부분의 구간을 아내가 운전했고 나는 술이 어느 정도 깬 봉화부터 운전하였다. 마침내 내 차를 가지고 가족과 함께 처음으로 한 42시간의 마라톤 여행이 끝난 것이다.

가족들이 찬성을 했기 때문에 시작한 '남해안 마라톤 가족여행'이었는데 너무 무리였다는 생각이다. 그저 나 홀로 대중교통을 이용하여 오가는 것이 전혀 신경 쓸 일도 없고 마음 편하다. 시간 여유를 충분히 가지고 간다면 모를까 짧은 기간에 많은 주유비 지출, 운전자의 피곤함과 사고 위험, 비좁은 공간으로 인한 동승자의 불편함, 낯선 주행로를 찾는 불편함 등 좋지 않은 점이 더 많아 보인다. 그럼에도 불구하고 나의 마라톤 여행에 가족이 동행을 했다는 점과 선택의 여지가 없었지만 많은 시간을 같이 보낸 점, 처음으로 가 본 지역이었고 맘에 드는 코스에서 뛰었다는 점, 몸 상태가 좋지 않았지만 기대 이상의 기록을 거뒀다는 점 등은 새로 거둔 값진 결실이다.

코스와 주변 경관, 대회 분위기와 진행, 물품보관과 기념품 교환, 대회장과 주로 변의 화장실 설치, 코스 안내 표지와 교통통제, 급수와 간식 공급 및 응급구호 등 모든 것이 만족스러웠다. 다만, 매화꽃이 활짝

피는 시기로 개최일자 조정, 좀 더 푸짐한 먹을거리 준비와 배식장소 확대 등은 개선되었으면 하는 바람이다. 최상의 대회가 될 수 있도록 기획, 준비, 진행과 운영, 자원봉사를 해 주신 모든 분들께 깊이 감사드린다. 섬진강 변에서 영·호남이 함께하는 마라톤 축제의 장을 표방하는 이 대회가 해를 거듭할수록 보다 더 발전하여 대한민국 최고의 대회로 우뚝 서기를 기원한다.

댓글

가족들과 좋은 추억 만드셨네요. 완주 기록도 장난 아닌데요? 고생하셨고 축하합
니다.
강낭호[2010/03/02]

정말 기록이 장난이 아니네요. 곧 서브3.5 되겠습니다. 강축 드립니다.
신윤승[2010/03/03]

축하 드리고, 가족과의 좋은 여행 즐거웠겠습니다.
성재천[2010/03/03]

열정이 부럽습니다. 고생하셨습니다.
임진호[2010/03/03]

존경하는 양 선생님!
전 동호회에서 하동으로 이동하는 버스에서 배번과 책자를 받아서 맨 먼저 양 선생님을 찾았습니다. 마라톤을 즐기는 양 선생님께서 틀림없이 섬진강 대회에 신청했다고 믿었기 때문이죠. 그런데 배번이 저의 휴대폰 뒷번호더군요. 15*6. 아! 오셨구나! '오늘은 기필코 인사드려야지' 결심했지만, 서두른 출발과 뛰면서 보여야지 했지만 들어올 때까지 뵐 수가 없었네요. 죄송하게 생각합니다. 양 선생님보다 먼저 도착했지만 아픈 다리를 달래느라 기회를 놓치고 말았네요. 수기를 읽어보면 어찌 저와 생각이 이리 같을까 생각됩니다. 달리는 사람끼리 통한다는 생각이 드네요~. 다음에 만날 기회를 기리며 -여수달링아-
여수달링아[2010/03/03]

자초지종을 한군데 막힘도 없이 맛깔스럽게 써주어 재미있게 읽었습니다. 저는 하프를 뛰었는데 섬진강의 비경이 지금도 머리에 선합니다. 항상 좋은 글 올려주시어 감사합니다!
기쁨을[2010/03/05]

수고하였습니다. 완주기록 추월하고 있구먼. 언제 한 번……
하영철[2010/03/05]

즐겁게 달리기! 오직 연습뿐이다
한강관광마라톤(40번째)

1. 대회개요

○ 대회명: 2010~2012 한국방문의 해 기념 한강관광마라톤

○ 일시: 2010. 3. 14(일) 09:00

○ 장소: 마포대교 밑 서울색공원

○ 주최: **Walk & Run Tour**(후원: 한국관광협회중앙회)

○ 코스: 마포대교~안양천 변 왕복

○ 종목: 3종목(10㎞, 하프, 풀)

○ 참가비: 20,000원(전 종목)

○ 기념품: 고급 면양말, 컵라면, 막걸리

○ 총경비: 103,700원(참가비 포함)

○ 기록: 04:12:46

○ 우승: 풀/ 김종찬(03:01:45, 기록측정용 칩 미사용)

2. 참가배경

'섬진강 꽃길마라톤대회' 참가 이후 2주일 만이다. 3월에는 동아마
라톤대회가 있어 그런지 대회 자체가 적다. 그나마 대경연합회와 한국
마라톤 여행기획 주관으로 매주 개최되는 것이 다행이다 싶다. 가급적
참가해 보지 않은 대회를 찾다가 이 대회를 선택하게 되었다. 앞 대회
참가 이후 단 하루도 연습하지 못했다. 올겨울에 유별나게 눈이 많이
내리는 탓이다. 실내에서 러닝머신 하는 것을 좋아하지 않아 날씨와
기후에 전적으로 의존하기 때문이다. 걱정되지만 거금(?) 들여 신청해
놓은 것을 포기할 수는 없는 일이다. 주변에서도 "풀코스 참가하는 것
이 연습 아니야?" 하고 가끔 한마디씩 하는데 지금까지의 어설픈 경험
으로 보았을 때도 가능하리라 믿고 출발을 한다. 하지만 결론은 뒈지
게 혼났고, 연습 부족한 상태에서 무리한 도전이었음을 엄청나게 후회
했다.

3. 대회장에 도착할 때까지

3월 14일 14시 30분에 간단한 짐을 챙겨 아내가 태워 주는 차로 터
미널로 향한다. 봄이 되니 롱타이즈, 긴팔 티, 두툼한 외투를 안 챙겨도
되니 부피가 많이 줄어서 좋다. 14시 57분 동서울행(15,300원) 버스에
탑승, 여주휴게소에서 잠깐 쉰 후 18시 30분에 도착한다. 곧바로 강변
역으로 이동, 서울시청역에 도착하니 19시 05분을 지나고 있다. 덕수

궁의 정문인 대한문 앞 산책로를 지나 이화여고 앞, 서울역사박물관 앞 등 발걸음이 닿는 대로 걷다 보니 광화문 광장이 나온다. 광장을 한 바퀴 돌아본 후 세종이야기와 해치마당을 관람한다. 저녁바람이 쌀쌀한데도 광장 안팎으로는 구경하면서 기념 촬영하는 관광객들의 모습이 많이 보인다. 우리나라에서 가장 번화하고 붐비는 도시의 그 넓은 도로 한복판에 이렇게 넓고 멋진 광장을 만들었다는 것이 마냥 신기하기만 하다. 어떤 사람의 머릿속에서 시작되어 누구의 손으로 만들었는지 경이롭고, 전 세계의 어느 곳에 내놓아도 자랑거리가 될 만하다.

차를 타고 난 후 한참을 걸어 다닌 탓인지 배가 고프다. 광화문에서 저녁을 해결하고자 이곳저곳을 찾아 헤매다 광화문연탄집을 찾아 들어간다. 간판이 맘에 든 까닭인데 손님이 제법 많다. 꼼장어구이, 닭똥집, 삼합탕 등 각 메뉴의 가격이 1만 원이다. 꼼장어를 안주 삼아 늦은 저녁을 해결하는데 맛도 좋고, 사장님이 인심 좋아 서비스도 푸짐하다. 21시 15분에 광화문역에서 지하철을 타고 강변역 근처에 있는 강변스파랜드를 찾아 들어가니 22시 10분이다. 서울에서 개최되는 마라톤대회에 참가하거나 서울을 거쳐 가는 경우는 물론, 서울로 출장을 갈 때도 늘 이용하는 단골집이 된 곳이다. 전국의 여러 찜질방을 다녀 보았지만 접근성이 좋고, 가장 붐비며, 찜질코스도 다양한 것 같다. 사우나로, 찜질방으로 돌아다니며 시간을 보내다 산소방에서 한쪽 귀퉁이를 마련하여 억지로 잠을 청한다.

두 번 선잠을 깨었다가 일어나 보니 06시 20분이다. 너무 늦었다 싶어 벌써 뛸 일이 걱정된다. 순두부백반(6,000원)으로 아침을 해결하고 사우나로 내려가 온탕 냉탕을 오가며 물마사지를 받다가 08시에 스파랜드를 나온다. 08시 10분 강변역에서 지하철을 타고 충정로에서 5호선으로 환승한 후 여의나루역에 도착하니 50분이다. 대회에 참가하는 듯한 사람들을 따라 부지런히 대회장에 도착하니 출발 5분 전이고, 배 번호를 받아 짐을 맡기는 동안에 출발장소로 벌써 이동한다. 옷 갈아 입고, 운동화 끈을 조이는 중에 벌써 출발하므로 번호표는 손에 든 채 로 앞서 간 주자들을 따라 주로에 들어선다.

4. 대회 참가 및 완주

출발 전과 완주 후의 스트레칭은 반드시 하려고 노력하는데 몸 풀기 를 하지 못하니 기분이 찜찜하고 조짐이 나쁘다. 2주일간 날씨 핑계로 연습하지 못하고, 모임 때문에 술은 자주 해서 4시간 30분대의 완주목 표로 참가한다고 얘기는 했지만 속으로는 걱정을 안 할 수가 없다. 복 장은 프로월드컵 운동화, 반바지에 반팔 티, 면장갑과 선글라스로 간편 하게 갖추었다.

조금 이른 시간이고, 한강 변의 마포대교 밑이므로 강바람이 쌀쌀하 게 느껴진다. 출발지부터 3㎞ 정도까지는 색공원 부지인지 잘 가꾸어 져 있고 아직 이른 시간이지만 벌써 운동하는 시민들의 모습이 간간이 보인다. 출발이 늦었다 싶어 빠른 걸음으로 뒤쫓아 가니 여러 대회에 서 가끔 뵌 분들도 참가하였고 인사는 나누지 않았지만 반갑다. 조금 더 진행하니 산책로는 강변 쪽으로 조금 높게, 자전거도로는 안쪽으로 2차로를 낮게 만들어 놓았다. 부자들도 많고 서울시 재정이 풍족한 까 닭인 듯싶다. 5㎞를 09시 27분(27분 소요)에 지나며 물을 한 컵 마신다. 날씨와 바람 탓인지 아직까지는 몸에서 땀이 나지 않는다.

조금 더 가니 안양천과 한강이 만나는 염창교이고, 이곳은 1월 24일 '보라매공원 마라톤' 참가 시에 달렸던 곳이다. 이곳에서부터는 안양천 상류 방향으로 거슬러 올라가는데 잘 조성된 자전거도로와 산책로 옆으로 영롱 갈대밭, 안양천 자연생태공원, 각종 체육시설 등이 잘 만들어져 있다. 달린 거리가 늘어날수록, 시간이 지나가갈수록 자전거, 산책, 축구, 야구, 인라인 등 여가와 레저를 즐기는 시민들의 모습이 많이 보인다. 자기가 좋아서 하는 운동이겠지만, 마라톤이 힘들어 보이는 까닭인지 오가는 시민들의 시선을 많이 의식하게 된다. 7.5㎞를 지나면서부터 이마와 몸에 땀이 배고 더위를 느낀다. 왼쪽은 제방이므로 볼 것도 크게 없지만 오른쪽은 시야도 확 트이고, 대부분의 시설물이 배치되어 있어 지루함을 덜기 위해 시선을 주기에 좋다. 10㎞를 09시 54분(27분 소요)에 지나며 물과 초코파이를 반쪽 먹는다. 아직까지는 몸 상태도 괜찮고, 더부룩한 속도 견딜 만하다.

하프 반환점까지는 그런대로 앞뒤로 선수들이 제법 있어 외롭지 않았는데 하프를 지나니 앞서 뛰는 선수와의 거리가 얼마나 먼지 간격이 도무지 좁혀지지 않는다. 13㎞ 지점에서 소교량인 뱀쇠다리를 건너 반대편으로 건너간다. 이제부터는 한강 방향으로 염창교를 향해 달려가는 것이다. 15㎞를 10시 20분(26분 소요)에 지나며 물과 간식(쵸코, 귤)을 먹으며 조금 쉰다. 양쪽 엉덩뼈에서 통증이 조금씩 느껴지기 때문이다. 17.5㎞에서 반환점을 돌아오는 선두를 만난다. 2위, 3위는 상당히 간격이 벌어졌는데 모두 자주 보던 모습들은 아니다. 내가 출발할 때 뛰는 속도보다 훨씬 더 빠르고 더 쌩쌩해 보이는 것이 그저 부럽기만 하다. 무릎, 발목은 괜찮은데 오늘은 양쪽 엉덩뼈가 일찍부터 말

썽이고 끝까지 괴롭힐 것을 생각하니 앞이 캄캄해진다. 가다가 아프면 쉬면서 통증을 낮춰 줘야지 별수 있겠나 싶다. 20㎞를 10시 49분(29분 소요)에 지나는데 이제야 소화가 되는 것인지 화장실 가는 것이 바쁘다. 주로에서 30m 떨어져 제방 위에 설치되어 있는 화장실을 찾아 들어간다. 음악도 나오고, 에어컨도 설치되어 있으며 수세식이다. 바쁜데 일이(?) 잘 진행되지 않아 6분이라는 황금 같은 시간을 버리고 만다. 얼마나 많은 분들이 내 앞을 지나갔는지 알 수 없지만 마음이 바빠지고 발걸음은 자연 빨라진다.

맞은편에서는 두 부부가 정답게 뛰어오는 뒤로 초반에 내가 앞질렀던 여러 어르신들의 모습이 보인다. 이분들이 나보다 1～2㎞ 정도 앞선 것인데 결국 끝날 때까지 한 분도 추월하지 못했다. 반환점을 돌아오면서 콜라 두 잔과 김밥 1개를 먹는다. 시간은 없지만 출발할 때 하지 못한 허리와 무릎 돌리기, 무릎 굽혔다 펴기, 엉덩뼈 주물러 주기 등으로 몸 풀기를 한다. 이쪽 강변도 맞은편과 크게 다르지 않다. 각종 체육시설이 많고 레포츠 활동을 즐기는 시민도 많은데 궁도장 시설이 더 설치된 것 같다.

반환점을 돌아 골인할 때까지 가급적 걷지는 않으려고 무진 애를 썼건만 엉덩뼈의 통증 때문 몇 번을 걸을 수밖에 없었고, 10여 차례 이상을 잠깐씩 쉬면서 엉덩뼈를 주물러 주었다. 이후 물은 5㎞ 간격의 모든 급수대에서 마셨으며, 간식은 27.7㎞(초코파이)와 35㎞(쵸코, 귤)에서 먹었다.

30㎞ 지점부터 앞서거니 뒤서거니 했던 세 분과는 잠깐씩 얘기도 하고, 인삼사탕을 고맙게 얻어먹기도 했지만 앞을 내주지는 않았다. 그러나 37.5㎞ 지점에서 체격도 좋은데 변함없이 뛰는 분께 추월을 내준

이후, 골인 지점 200여 미터 앞에 이르러서는 100회 마라톤클럽의 김무언 어르신에 이르기까지 5명에게 추월을 당했다.

반환점 이후의 5km 구간별 통과시간을 보면 25km는 11시 21분(32분 소요), 30km는 11시 51분(30분 소요), 35km는 12시 21분(30분 소요), 40km는 12시 56분(35분 소요)이었으면 13시 13분경에 골인하였다. 참 고통스럽고 힘들게 뛰었지만 기록에는 전혀 개의치 않으며 만족스럽다.

5. 귀향 및 완주 소감

골인지점을 통과하니 바로 기록을 알려 준다. 몇 천 명, 몇 만 명이 참가하는 대회와는 골인한 후의 분위기가 사뭇 다르다. 오늘 풀코스 뛴 사람을 공지사항에서 확인해 보니 86명이다. 이렇게 숫자가 적은데 규모 큰 대회와 비교한다면 그게 바로 잘못된 일일 것이다. 코스 만들어 물과 간식 일정하게 대어 주고, 기록 재어 주고, 뛴 후에 막걸리 한 잔에 따끈한 컵라면, 그리고 기념품에 기록증까지 보내 주므로 나로서는 대만족이다. 오늘로서 한국마라톤 여행기획에서 주관하는 대회에 세 번째 참가했다. 울릉도 대회는 처음으로 풀코스를 실패했고, 보라매공원 대회는 이번 대회와 마찬가지로 시간을 맞추지 못해 혼났다. 모두 내 탓이다. 거의 매주 대회를 개최하니 코스 새롭게 만들고, 전반적으로 준비하기에 많은 어려움이 있을 것으로 생각한다. 나로서는 하고 싶을 때 언제든지 할 수 있도록 기회가 많이 주어진다면 더 이상 바랄 것이 없다. 앞으로도 더 좋은 대회 많이 만들어 마라톤 마니아들에게 즐거운 추억과 기록을 선사해 주기를 기원하며 감사드린다.

물 한 컵과 막걸리 두 잔을 거푸 마시고 난 후 스트레칭으로 몸을 추스르고 나니 추위에 몸이 덜덜 떨린다. 비가 오려는지 구름으로 해가 안 보인 지는 꽤 되었고, 바람도 많이 분다. 짐을 찾아 옷을 갈아입고 나니 컵라면 교환권을 나누어 준다. 마포 색공원은 얼마나 넓은지 가늠이 잘 되지 않을 정도이다. 뭐가 좋은지는 딱 잘라 말할 수 없지만 그냥 보고 느끼기에 좋다. 간이매점으로 가서 왕뚜껑으로 교환하여 따끈한 국물까지 다 비우고 나니 허기가 가시고 몸도 풀리는 듯하다. 같이 앉은 분은 이천에서 오신 분인데 일행이 아직 골인하지 못하셨다고 하시며 친구 분께 드리려고 남겨둔 막걸리 몇 잔을 내게 권하신다. 짧은 시간이지만 이러저런 얘기를 나누며 달림이로서의 공감대와 정을 나눈다.

작별을 나누고 여의나루역으로 이동하여 14시에 지하철을 타고 강변역에 도착하니 45분이다. 15시에 동방사우나(3,000원)에 들어가 16시 30분까지 온탕과 냉탕을 오가며 엉덩뼈, 허벅지, 무릎, 장딴지, 발목, 발바닥 등을 마사지해 준다. 몸이 나른해지며 한잠 자고 싶지만 갈 길이 머니 그럴 수는 없는 일이다. 같은 건물에 있는 들녘식당으로 옮겨 때늦은 점심인 옛날김치찌개백반(5,000원)을 안주 삼아 완주를 자축한다. 17시 10분에 식당을 나와 동서울터미널에서 17시 44분 버스에 탑승, 동해에 도착하니 20시 52분을 지나고 있다. 터미널에서 대기 중인 아내의 승용차를 이용하여 집에 도착하니 21시 10분을 넘어가고 있으며 이로써 또 하나의 여행, 40번째 마라톤을 마무리한다.

풀코스를 자주 뛰면서 풀코스를 다소 무시하는 경향이 있는 것 같다.

“이러면 절대 안 된다.”고 외치고, 생각하면서도 잘 고쳐지지 않는다. 내 몸에게, 그리고 결코 속이지 않는 정직한 마라톤에게 조금만 성의를 보이고 노력한다면 얼마든지 즐겁게 할 수 있는데도 말이다. 얼마만큼이나 지킬지 장담은 못 하겠지만 ‘다음부터는 정말 몸 고생시키지 않을 것’임을 다시 한 번 마음속으로 다짐해 본다.

댓글

대단한 체력입니다. 항상 무리하지 마시고 즐기는 달리기가 되시길….
임진호[2010/03/16]

오빠, 고생 많았습니다. 기록은 좋았고요, 그리고 40회 완주를 축하드립니다. 대단
하세요, 파이팅!
임소은[2010/03/16]

항상 느끼는 점이지만, 정말 멋있는 분이시네요.
가족 모두가 행복이라는 단어와 더불어 사는 느낌이 드는군요.
100회 완주 기념으로 기본 부수만 인쇄하여 마니아들께 무료 배부하실 마음은
없으신지요? 200회, 300회….
항상 훈련 하시고, 마라톤사에 한 획을 그으시길 기원합니다.
달령어[2010/03/16]

동해시에 사시는군요. 저도 동해시 천곡동에 삽니다.
4월 4일 영주/소백산마라톤 안 가십니까?
저랑 카풀하면 좋겠는데, 저는 그날 풀코스 달립니다.
가능하면 연락주세요. 010 - 2378 - 8344
이선득[2010/03/16]

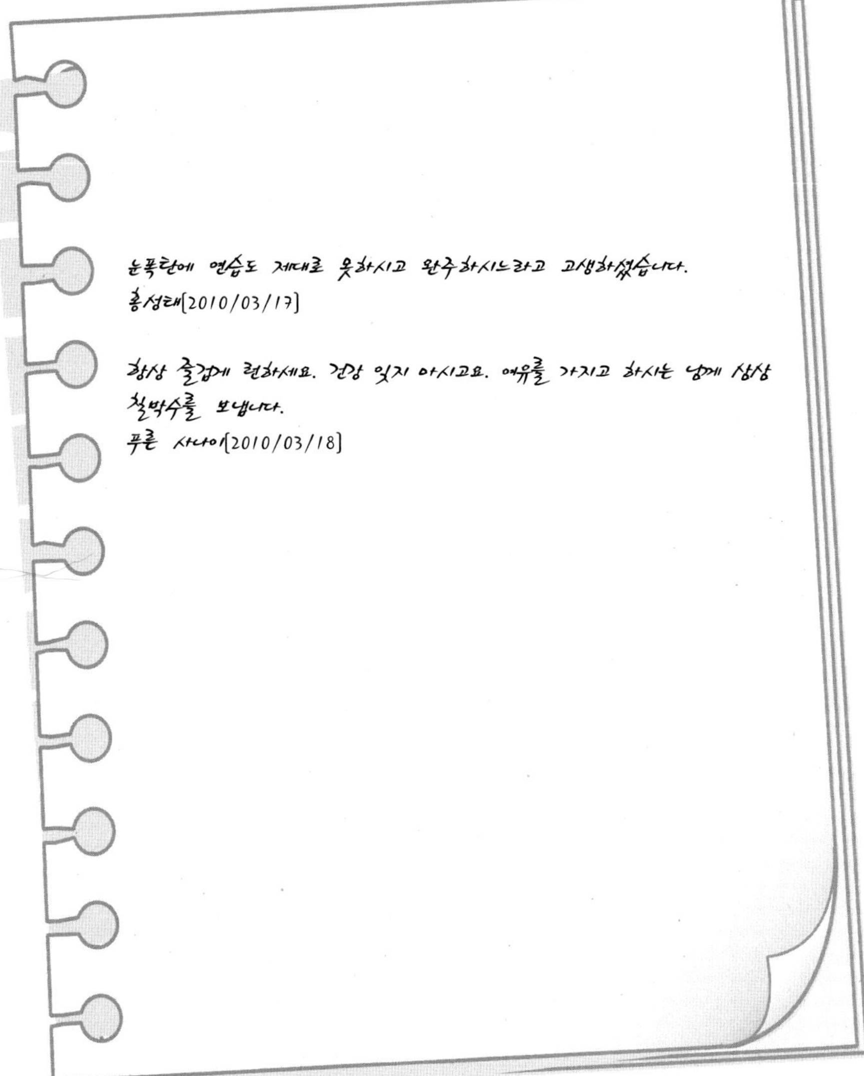

눈폭탄에 연습도 제대로 못하시고 완주하시느라고 고생하셨습니다.
홍성태[2010/03/17]

항상 즐겁게 런하세요. 건강 잊지 마시고요. 여유를 가지고 하시는 님께 상상
칠박수를 보냅니다.
푸른 사나이[2010/03/18]

마라톤
뛰는 것만이
아니다

낙동강 변을 달린다!
안동마라톤(41번째)

1. 대회개요

○ 대회명: 2010 안동 낙동강 변 전국마라톤대회

○ 일시: 2010. 3. 28(일) 09:00

○ 장소: 안동시민운동장

○ 주최: 안동시, 안동MBC(주관: 안동시생활체육회)

○ 후원: 안동경찰서, 안동교육청, 안동소방서

○ 코스: 시민운동장~신안레미콘 왕복(낙동강 변)

○ 종목: 5종목(5㎞, 10㎞, 하프, 풀, 단체전)

○ 참가비: 30,000원(종목별 10,000~30,000원)

○ 기념품: 티셔츠, 잔치국수, 돼지 바비큐 등

○ 총경비: 117,100원(참가비 포함)

○ 기록: 03:48:14

○ 우승: 풀/ 조춘보(02:51:14), 여자: 이행희(03:45:11)

2. 참가배경

서울에서 개최된 '2010～2012 한국방문의 해 기념 한강관광 마라톤대회' 참가 후 2주 만이다. 14일간이면 피곤한 심신을 회복하고 다음 대회를 준비하기에 충분한 시간이라 생각하는데도 여러 핑계로 연습다운 연습은 전혀 하지 못하였다. 게다가 갑작스럽게 업무 출장할 일이 생겨 고작 4회에 걸쳐 22㎞ 정도를 걸었을 뿐이다. 하지만 나름 정해 놓은 목표가 있고, 좋아서 참가 신청을 하였으니 선택의 여지 없이 달리러 갈 뿐이다. 안동은 여러 차례 스쳐 지나가 보았으나 머무르며 숙박해 본 경험은 없기에 꼭 한 번 가 보고 싶은 도시였다.

1963년 1월 1일 시가 되었고 1,521㎢의 면적과 6만 6천 가구에 16만 9천 명이 거주하고 있다. 유네스코 세계문화도시 연맹에 가입하였으며, 동양철학의 태두 퇴계이황 선생을 배출하였고 안동국제탈춤페스티벌과 안동민속축제 등 '전통과 문화의 향기가 살아 숨 쉬는 한국 정신문화의 수도'임을 자처하고 있다.

3. 대회장에 도착할 때까지

3월 25일부터 이틀간의 온양 출장을 마치고 안동과 쉽게 차편이 연결되는 동서울에 도착해서 하룻밤(강변스파랜드)을 지내고 27일 08시 버스로 안동(15,600원)으로 향한다. 11시 10분에 도착하였으니 아직은 이르다 싶어 시내를 정처 없이 돌아다니다 12시 10분에 안동간고등어 광고 모델(이동삼 씨)가 경영하는 '일직식당'을 찾아 들어간다. 터미널 부근에 있기도 하지만 유명세를 타는 까닭인지 단체 손님이 큰 자리를 차지하고 있고, 쉴 새 없이 드나드는 손님맞이로 분주스럽다. 정식(8,000원)으로 점심을 해결하는데 맛은 좋지만 밑반찬은 조금 모자라다 싶다. 모자라면 더 주문하라고 하지만 결국에는 남기고 만다.

식당을 나와 12시 45분 시내버스(1,100원)를 타고 35분 뒤 도산서원 입구에 도착한다. 2km를 더 걸어서 서원에 도착하였는데 진입로 양편의 크고 작은 소나무와 유유하게 흐르는 맑은 낙동강 물줄기, 강 건너편의 넓은 평야와 갈대밭 등의 경관이 너무도 빼어나 전혀 힘이 들지 않는다. 13시 50분부터 1시간 반 동안 서원 구석구석을 돌아보았는데 쌀쌀한 날씨임에도 가족 단위의 관람객들이 상당히 많다. 보물 210호인 전교당 등 건물과 우물, 비석 등 30여 개소의 크고 작은 유물(유적)이 있는데 규모는 작지만 동양철학의 태두 퇴계 선생님의 학문과 덕행을 추모하는 곳이라고 하니 괜히 몸가짐에 신경을 쓰게 된다.

다시 걸어서 승강장으로 이동하여 15시 50분에 버스에 탑승하였고 40분 뒤에 시외버스터미널에 도착한다. 대회장소도 알아볼 겸 가까운 낙동강 변을 찾아가니 국제탈춤축제장, 안동체육관, 건축 중인 문화예술회관 등 공공시설이 거의 1km 구간에 집중적으로 단지화되어 있다. 음식의 거리를 지나 시내 중심부에 있는 웅부공원에 도착하니 옛 관아인 영가헌, 대동루, 시민의 종, 컨텐츠박물관, 문화원, 정자와 연못 등이 조경수와 함께 아름답게 조성되어 있다.

18시에 음식의 거리로 발걸음을 옮겨 저녁식사를 하기 위해 쌈밥집을 찾아 들어가니 1인분은 팔지 않는다고 한다. 혼자 다니니 매 끼니 해결하는 것이 가장 어려운 일임을 다시 실감하며 '엄마밥상' 집으로 들어간다. 간고등어정식(7,000원)이나 실컷 먹어 보자고 주문하고, 지역 술인 안동 일품소주(5,000원)를 곁들여 저녁을 해결한다. 하룻밤을 보내기 위해 가까운 곳에 위치한 '온&청 찜질방'(6,500원)을 19시에 찾아 들어간다. 찜질방마다 조금씩 특색이 있는데 사우나 탈의실과 사우나 안, 찜질방에 각각 수면실이 마련되어 있고 사우나 안에는 코팅한 읽을거리도 준비되어 있다.

3월 28일 06시 푸석푸석한 모습으로 일어나 사우나에서 몸을 씻은 후 내부 식당에서 순두부백반(4,000원)으로 아침을 먹는다. 장사하는 시간 때문에 아침이 늦었지만 나중 일을 생각해서 깨끗이 비우고 07시 50분에 찜질방을 나온다. 택시를 이용(3,700원)하여 시민운동장으로 가는데 대회장이 가까워질수록 지체가 심해진다. 운동장을 돌아보는데 간이화장실은 보이지 않으므로 실내에서 큰 것을 해결하고, 옷을 벗어서 맡기고 나니 온몸이 오돌오돌 떨린다. 탈의실 한편에 공간을 확보해서 바람을 피하다가 출발 10분을 앞두고 밖으로 나가서 스트레칭으로 몸을 푼다. 운동장은 규모 있게 잘 만들어져 있고, 행사에 필요한 모든 지원시설물들은 운동장 안팎의 곳곳에 자리 잡고 있으며 출발시간이 가까워질수록 앰프를 통해서 나오는 사회자의 멘트와 흥겨운 음악이 대회분위기를 한껏 고조시킨다.

4. 대회 참가 및 완주

　내빈 소개와 개회선언 및 연설에 이어 풀코스부터 출발선으로 이동을 한다. 모든 대회의 통과의례가 되다시피 한 함성 지르기, 앞 선수 등 주무르기와 두드리기를 끝낸 후 카운트다운과 함께 풀과 하프가 같이 출발한다. 복장은 프로월드컵 운동화, 반바지와 반팔 셔츠, 흰 장갑과 선글라스로 간편한 차림이다. 105리의 먼 길을 돌아와야 하는 힘겨운 싸움을 앞두고 있지만 모든 참가자들의 표정은 매우 밝고 즐거운 모습이다. 운동장을 벗어나 500여 미터 지났을까 농악대의 흥겨운 장단이 먼 길 잘 다녀오라고 응원을 해 준다. 주로 변에서 시민들이 자연스럽게 응원해 주는 모습은 그리 많지 않았으나 반환점을 돌 때까지 10여 곳 이상에서 농악대원이 우리들을 반겨 주고 힘을 북돋워 주었다.

　곧이어 낙동강에서 첫 번째 만나는 영호교를 건널 때 갑자기 불어닥친 바람으로 살이 떨린다. 낙동강 살리기 프로젝트가 한창 진행 중인 넓은 강변도로를 따라 어제 보았던 체육관, 탈춤 축제장 등을 지난다. 2.5㎞ 지점에는 물스펀지 대신에 급수대가 마련되어 있으며 40㎞까지 일정한 간격으로 급수(음료수)와 간식(초코파이, 바나나)이 충분하게 공급된다. 3㎞를 지나 03:45 페메를 10여 미터 앞에서 볼 수 있었고 법흥교를 지나 09시 28분(28분 소요)에 5㎞를 통과하며 물을 한 컵 마신다. 예전과 같이 03:45페메를 무리하게 앞서는 시건방짐을 결코 저지르지는 않았고 30㎞까지는 20여 미터 정도, 38㎞까지는 200여 미터 정도 안팎에서 뒤쫓아 갔으나 최종적으로는 2분 14초 처지게 된다. 조금 빠르다 싶지만 휩쓸려 뛰는 데다 추위를 느끼므로 늦출 마음은 없다. 세 번째인 용정교를 지나 운동장 방향으로 다시 올라간다. 강변 쪽으로 시야가 뻥 뚫린 도로 1〜2차로를 전면 통제한 상태에서 달리는 기분은 정말 끝내준다. 도로를 빼앗기다시피 우리에게 내준 운전자와 차량에게 조금은 미안한 마음이 든다. 6㎞를 지날 때 우리보다는 한창 늦게 출발한 10㎞ 남자 선두 그룹이 100m를 경주하듯이 달려간다. 크게 뒤지지 않은 여자 선두의 달려가는 모습도 매우 날렵하고 실력과 에너지가 넘쳐난다. 첫 번째 약한 오르막을 오르니 풀·하프와 10㎞ 코스가 갈라지며 아직은 초반인 까닭에 힘들이지 않고 넘는다.

10㎞ 주자들이 운동장으로 들어가는 모습을 보며 더 나아가니 5㎞ 참가자들이 맞은편 2차선 도로를 가득 메운 채 운동장을 향해 걸어간다. 우리처럼 힘겹게 땀 뻘뻘 흘리지 않고 남녀노소 구분 없이 흥겹고 재미있게 즐기는 모습이 마냥 부럽게 느껴진다. 10㎞를 09시 55분(27분 소요)에 지나면서 물을 한 컵 마신다. 땀이 나기는 하지만 불어오는 강바람에 말라 버리고 아직까지도 추위가 느껴진다. 몸 상태가 걱정되어 조심스럽게 걸음을 옮기지만, 아직까지는 엉덩뼈와 무릎이 괜찮다.

12.5㎞를 지나며 물을 한 컵 마셨고, 이후로는 몸의 부담과 충격을 조금이라도 덜어 주자는 뜻에서 모든 급수대에서 수분을 보충해 주었다. 13㎞를 지나 언덕을 오르면서 염려한 대로 양쪽 엉덩뼈에서 아픔이 시작된다. 완주할 때까지의 싸움은 기록이 아니라 엉덩뼈 및 무릎 통증과의 싸움이었음은 두말할 필요가 없다. 당연한 결과겠지만 이 통증은 완주한 지 이틀이 지난 지금까지도 계속되고 있다. 네 번째인 옥수교를 건너니 지금까지 달려온 하프코스와 아쉬운 작별을 하고 10시 20분(25분 소요)에 15㎞를 통과한다.

조금 더 진행하니 상당히 긴 오르막이다. 아픔도 더 심해지고 조금 힘이 부침을 느끼지만 걷는 모습은 전혀 보이지 않으니 혼자만 그렇게 할 수도 없다. 언덕을 넘고 시외버스터미널 공사현장을 지나 5번째 솔방다리를 건너니 한적한 시골마을로 들어서는 듯 차량통행이 거의 없는 곳이다. 이제부터는 앞으로도 뒤로도 뛰는 선수들의 모습이 별로 보이지 않는다. 대회의 규모를 갖추는 차원에서 풀코스를 만들었겠지만 최근 들어서 뛰는 선수가 너무 적으면 도로를 전세 내고 뛰는 것 같아 왠지 운전자들에게 미안한 마음이 많이 생긴다.

20㎞를 10시 46분(26분 소요)에 통과하였고, 21㎞에서 선두주자 3명을 본다. 보통은 17~18㎞를 지나면서 마주치는데 코스가 조금은 어렵고, 참가선수들이 여러 대회로 분산된 탓인가 싶다. 전혀 지친 기색이 없는 모습이며, 선두 경쟁을 하듯이 함께 달린다. 내가 초죽음이 되어 23㎞를 지날 때 여자 선두를 보는데 역시 멋진 몸매를 가지고 힘차게 달린다. 꽤 긴 언덕을 힘들게 올라 내리막에서는 할 수 있는 최대한으로 보폭을 벌려 속도를 내어 뛴다. 이래저래 아프기는 매한가지이므로 오르막에서 잡아먹은 시간 내리막에서 최대한 당겨 보자는 심산이다. 이 조금 무리한 작전은 끝날 때까지 계속 이어졌으므로 4곳에서 신나게 달린 셈이다. 25㎞를 11시 14분(28분 소요)에 지나며 물을 마시고 초코파이 한 개를 다 먹을 때까지 걷는다. 반환점을 돌아 언덕을 마주치니 이제는 처음으로 걷는 주자의 모습이 더러 보인다.

26㎞를 지날 때는 2주 전 서울 대회에서 나보다 1분 정도 먼저 골인하신 김무언 어르신께서 맞은편으로 달려오시는데 지난 대회와 같이 지친 기색이 보이지 않아 부럽고 존경심이 솟는다. 30㎞를 11시 42분(28분 소요)에 통과하며 적당한 곳을 찾아 소변을 보느라 2분을 잡아먹는다. 이 동안에 03:45 페메는 나를 버리고 멀리멀리 달아나 버리는

데 결국에는 벌어진 거리를 전혀 줄이지 못하였다. 35㎞는 12시 10분
(28분 소요), 40㎞는 12시 38분(28분 소요), 골인시간은 12시 49분(11
분 소요)이었으므로 마지막 2.1㎞는 스스로 보기에도 믿기지 않을 속
도로 달린 것이다.

　35㎞ 이후 그렇게 애쓰면서 달린 결과 8명을 추월할 수 있었으며,
될 수 있는 한 걷지 않으려 최대한 노력한 덕분에 3시간 40분대의 기록
을 만들어 낼 수 있었던 것 같고 만족스럽다.

5. 귀향 및 완주 소감

　골인하자마자 바로 칩을 반납하고 간식을 받은 후 물품을 찾고 스트
레칭으로 몸 풀기를 한다. 옷을 껴입고 잔치국수를 얻어먹으러 가니
떨어졌다고 한다. 아직 내 뒤로 안 들어온 선수가 많다고 하니 새로 끓
여 주겠으니 바비큐 맛을 보며 조금만 기다리라고 한다. 프라이드치킨
등 3가지는 조금씩 얻었으나 돼지 바비큐는 품절되어 기계를 철수 중
이다. 국수로 요기를 한 후 13시 20분에 택시(2,600원)로 '온&청 찜질
방'(4,500원)으로 이동을 한다. 15시 10분에 도착, 100분 동안 충분히
사우나를 하면서 다리를 주물러 주니 한결 낫다. 16시 20분 버스
(18,000원)를 타고 평창휴게소에서 잠깐 쉰 후 강릉에 도착하니 19시
30분이다. 강릉으로 이동 중에 가까운 형님으로부터 완주 뒤의 피로를
풀어 주겠다는 전화를 받았으므로 부지런히 동해행 버스(3,300원)에
탑승, 도착 후 택시를 이용(2,700원)하여 약속장소인 '고향식당'에 도

착하니 20시 10분이다. 간단히 한잔만 하기로 한 술이 그만 너무 길어져 세 곳을 옮겨 다니다가 03시를 넘겨 귀가함으로써 41번째 마라톤 여행은 마무리되었다.

안동에서의 이틀간이 너무 짧았지만 시민들의 친절함도 느꼈고, 맛있는 음식 맛도 보았다. 도산서원에서 퇴계 이황 선생님을 통하여 나 자신을 돌이켜 보는 시간도 가질 수 있었고, 일부에 불과하지만 안동시의 대표적인 문화·예술·체육시설도 살펴볼 수 있었다. 시외·시내버스를 이용하고 시내 곳곳을 걸어 다니며 시민들의 모습과 시의 면모도 볼 수 있었다. 안동은 지금까지도 꾸준히 모습을 바꿔 왔겠지만 앞으로 더욱 역동적으로 변화·발전해 나가고 있다는 것을 실감할 수 있었다.

넓은 강이 있는 도시들이 매우 부럽다. 문명의 발생지가 강을 끼고 있다고 하므로 여러 가지 긍정적인 면들이 많을 것이다. 마라톤 마니아의 입장에서는 아름답고 쓸 만한 마라톤 코스가 많이 나올 것으로 여겨지기 때문이다. 한강, 금호강, 한탄강, 임진강, 섬진강, 낙동강 등 강을 끼고 있는 코스들을 달릴 때는 아름다운 경관도 즐길 수 있지만 가슴이 후련해짐과 피로감이 덜어짐을 느낀다.

낙동강은 4대 강 살리기 프로젝트가 준공되면 훨씬 새로운 모습으로 탄생될 것으로 기대된다. 아무쪼록 안동 낙동강 변 전국마라톤대회가 해를 거듭할수록 더욱 멋지고 훌륭한 대회로 성장하기를 기대한다. 대회의 성공적인 준비와 진행, 그리고 마무리를 위하여 애쓰신 모든 분들께 진심으로 깊은 감사의 말씀을 드린다.

댓글

우친한 도전과 성취감~ 축하합니다.
성재천[2010/03/31]

41번째 완주 축하합니다. 고생하셨습니다.
임진호[2010/03/31]

대회 후기 잘 읽었습니다. 지속적인 운동으로 늘 건강하시기 바랍니다.
영국신사[2010/03/31]

마라톤을 즐겨 하시고, 전국을 무대로 독립군으로 다니시는 수기를 접하니 대단
한 분이라고 생각합니다. 계속적인 후기를 올려 주세요.
소방대[2010/03/31]

아무나 잘 수 있을 것 같지만 아무나 잘 수 없는 특별한 삶을 사시는 것이
정말 부럽군요. 항상 즐겨 하세요.
달림이[2010/03/31]

최고기록 경신!
대구국제마라톤(42번째)

1. 대회개요

- 대회명: 2010 대구국제마라톤대회
- 일시: 2010. 4. 11(일) 08:00
- 장소: 대구스타디움
- 주최: 대구광역시, 대한육상경기연맹(주관: 대구광역시 체육회, 대구육상경기연맹)
- 후원: 2011대회조직위원회, 대한체육회, 대구생활체육회, 대구지방검찰청
- 코스: 대구스타디움~대구 시내 일원
- 종목: 2종목(10㎞, 풀)
- 참가비: 30,000원
- 기념품: 코오롱 마운틴숄더백, 힙색, 스포츠물병, 완주메달, 메밀묵

○ 총경비: 87,400원(참가비 포함)

○ 기록: 03:29:22(387위/약 4,000명)

○ 우승: 풀/ 에대 데레사 킴사(02:08:54), 2위: 지영준(02:09:31)

2. 참가배경

언제부터인가 월 2회 풀코스를 뛰는 것이 자연스러워졌다. 2주 만인 4월 11일에 참가할 대회를 찾아보니 **Walk & Run Tour**에서 주최하는 대회를 제외하고는 광주와 대구대회가 있다. 두 곳 모두 참가해 보지 않은 곳이었으나 광주대회에 참가하기로 결정하였다. 신청하려는 때에 동해마라톤클럽에서 30명 이상 단체 완주 시 100만 원의 상금이 지급되므로 같이 참가하자는 연락이 왔고, 계획을 변경하여 대구대회에 참가키로 마음을 바꿨다.

대구군이 1963년 대구시로 개칭되었고, 1981년 대구직할시로 승격하였으며, 1995년 1월 대구광역시로 개칭되었다. 884㎢의 면적에 7개 구 및 1개 군으로 이루어져 있으며 90만 6천 가구에 251만 명이 거주하고 있다. 영남권 중추도시로서의 면모를 갖추고 있으며 2002년 월드컵 본선경기, 2003년 하계유니버시아드대회를 개최한 데 이어 2011년 대구세계육상선수권대회를 성공적으로 치르기 위해 전 시민이 한마음 한뜻이 되어 준비하고 있음을 확인할 수 있었다.

3. 대회장에 도착할 때까지

4월 10일 아침부터 16시 10분까지는 동호동 느릅재에서 산불 비상 근무를 하였다. 원래는 4월 11일 오후 근무였으나 마라톤 참가 때문에 일정을 바꾸었으며 동료 직원의 양해를 얻은 뒤 조금 일찍 근무지를 벗어난 것이다. 대회 당일 03시 20분에 동해마라톤클럽 회원들과 이동할 계획이었으나 한경훈 씨께서 하루 전에 같이 가자고 제안함에 따라 계획을 바꾼 것이다. 16시 20분 동해터미널에 도착하니 한경훈 씨께서 차표를 벌써 구입, 기다리고 있다. 16시 45분 포항행 버스(29,000원)에 탑승, 구계휴게소에서 잠깐 쉰 후 포항에 도착하니 20시 05분이다. 작년만 하더라도 도로공사가 한창 진행 중이었는데 확장공사가 끝나 시간이 1시간 정도는 짧아진 것 같다. 버스를 바꿔 20시 09분에 포항을 출발하여 대구에 도착하니 21시 30분이다.

늦은 저녁식사를 하기 위해 터미널 앞에 있는 '복덩이 돼지국밥'으로 찾아 들어간다. 비좁은 공간에는 많은 손님들로 소란스러워 식당은 제대로 골랐구나 싶다. 모둠 돼지국밥(5,000원)을 안주 삼아 지역 술인 참소주 한 병을 해치우고 나오니 22시 10분이다. 하룻밤을 보내기 위해 택시를 이용(8,400원)하여 대구스타디움 주변에 있는 '월드피아 찜질방'을 찾아간다. 이동에 따른 교통편의 어려움도 덜고 아침에 운동 삼아 걸어갈 수 있기 때문이다. 기사에게 물어보니 시설도 좋고 대구에서는 꽤 알려진 곳이라고 한다. 22시 30분에 입장료(8,000원)를 내고 들어가 사우나를 한 후 찜질 체험을 5곳이나 한다. 사우나는 23시부터 05시까지는 운영을 하지 않고, 입식 샤워만 가능하며, 찜질방은

5종, 수면실은 세 곳이나 된다. 내부 식당에서 아침식사는 09시부터 판매를 한다고 하므로 부탁해서 05시 30분으로 미리 예약한다.

누울 공간을 억지로 마련하고 잠을 청해 보지만, 코 고는 소리와 높은 온도로 자는 둥 마는 둥 하다 04시 50분에 일어난다. 어둡고 숱하게 많은 사람들 중에서 일행을 찾다 포기하고 전화를 걸어 잠을 깨운다. 05시 30분에 미역국(5,000원)으로 아침을 해결하고 몸을 씻은 후 06시 50분에 찜질방을 나선다.

운동 삼아 걸어서 대회장에 도착하니 07시 10분이다. 이른 시간인데도 대회장 입구는 차량과 인파로 붐빈다. 새벽에 동해에서 출발한 팀과 연락해 보니 차가 많이 막힌다고 하므로 제대로 뛸 수 있을까 염려된다. 스타디움 전면에 설치된 대회 진행 부스를 둘러본 후 스타디움 안으로 들어가 보니 규모가 대단하다. 서울올림픽경기장 및 상암월드컵경기장보다 더 웅장하고 멋져 보인다. 아마도 월드컵 경기 개최 후 국제육상대회를 치르기 위해 리모델링한 듯하다. 화장실을 다녀온 후 추위에 벌벌 떨며 클럽회원들을 기다리다 07시 50분에 만나 배 번호를 받는다. 옷을 갈아입고, 물품을 맡긴 후 제대로 몸도 풀지 못하고 출발장소로 이동한다. 전날의 늦은 저녁식사와 이른 아침으로 속이 더 부룩한 상태에서 스트레칭을 하지 못해 과연 어떻게 뛸지 걱정된다.

참가 계획 인원은 풀이 4천 명, 10㎞가 9천 명이라고 하는데 경기장 외곽과 출발지 주변은 진행요원, 선수들과 가족 등으로 너무 혼잡스럽다. 인파 속을 헤치고 출발대기 중인 선수들 틈에 합류한다. 오늘은 김종석 씨가 사회를 보는데 마라톤대회 전문 사회자라는 김동성 씨만큼이나 말을 잘한다. 선수들 속에서 좁은 공간을 만들어 몸을 이리저리 흔들면서 추위도 덜고 경직된 근육을 풀어 준다. 서로 간의 인사, 달리

기 계획, 예상 기록, 날씨와 코스 얘기 등으로 얼마나 시끄러운지 사회
자의 멘트가 잘 들리지 않을 정도이다. 짧게는 2시간 반, 길게는 5시간
남짓 힘든 자신과의 싸움을 치러야 함에도 모두 밝고 건강한 모습이고
달리기에 대한 사랑과 열정이 넘쳐난다.

4. 대회 참가 및 완주

등 주무르고 두들겨 주기, 함성 지르기, 풍선 날리기, 내빈 소개 및
김범일 시장의 인사말씀에 이어 조용한 출발신호와 함께 초청선수들이
먼저 출발한다. 복장은 프로월드컵 운동화, 반바지와 반팔 셔츠, 흰 장
갑과 선글라스로 간편한 차림인데 날씨가 너무 추워 몸에는 소름이 돋
고 이가 덜덜 떨린다. 카운트다운을 끝내고 거대한 폭죽소리와 함께
눈송이처럼 흩날리는 비닐조각들을 맞으며 출발을 한다. 내 위치는 중
간쯤이고 스타트라인을 08시 12분에 밟는다.

경기장 삼거리에서 U턴하여 본격적인 도로레이스 구간이 시작된다.
날씨가 흐리고 찬바람이 많이 부는 탓인지 선수들의 속도를 따라 내
걸음도 빨라진다. 늘 느끼는 것이지만 처음에는 앞뒤와 좌우에서 들리
는 요란스럽고 부산스러운 발걸음 때문에 도통 속도를 통제하기가 어
렵다. 오버페이스를 하지 않기 위해 가급적이면 뒤쪽에 자리를 잡지만
오늘은 너무 늦어서 그렇게 하지 못한 것이다.

2차선 도로를 전면 통제한 주로 변에는 반갑게 손을 흔드는 시민들
의 모습이 간간이 보이므로 팬서비스 하는 마음으로 같이 손을 흔들어

준다. 1㎞ 지났을까 농악대가 흥겨운 음악으로 우리들을 응원해 준다. 지금까지 참가해 본 대회 중 대구시민들의 응원열기가 가장 뜨거웠던 것으로 기억된다. 보스턴같이 열광적인 것은 아니었지만 10여 곳의 농악대 공연, 수십 명에서 수백 명에 이르는 각종 사회단체의 행렬이 수십 곳, 색소폰 연주와 삼삼오오 자발적으로 손 흔들어 주는 시민 등 처음부터 끝까지 반겨 주고 격려해 주는 모습을 끊이지 않고 볼 수 있었다. 별 볼일 없는 나 같은 놈을 위하여 환호하며 손을 흔들어 주는 시민들을 볼 때마다 힘이 더 솟아나고 걸음이 빨라짐을 느낀다. 도심 한복판의 그 넓은 도로를 알몸으로 전세 낸 듯이 달리는 이 기분을 말로 다 표현할 수는 없는 일이다.

1.7㎞ 지나서 월드컵 3거리에서 우회전하자 8∼10차로의 달구벌대로인데 양 방향으로 전면 통제를 하니 눈앞이 시원하고 마음까지 후련하다. 대도시임에도 매연은 느껴지지 않고 공기도 차고 맑다. 3㎞쯤 지났을까 반대편에서 선두그룹이 달려오는데 모두가 흑인선수들이며 키는 크고, 너무 말랐다. 몸이 빨리 달아올라 땀이 나고 추위가 가셔졌으면 하는 바람이지만 뜻대로 되지 않는다. 5㎞를 08시 36분(24분 소요)에 지나면서 물을 한 컵 마신다. 추워서 마시고 싶은 마음은 없지만 나중을 생각해서 미리 마셔 두는 것이다. 이후 모든 급수대에서는 반 컵이나 한 컵 정도의 생수와 이온음료를 마시면서 수분을 충분히 보충하였다.

처음과 마지막 각 2㎞ 정도를 제외하고는 전 구간이 시내 중심도로를 달리므로 깨끗한 거리와 크고 작은 건물, 응원하거나 이동하는 시민들의 모습을 끊임없이 볼 수 있어 무료하지 않다. 구간의 대부분을 양 방향으로 전면 통제하였기 때문에 시민들은 몹시 불편하였겠지만 선수들에게는 최상의 코스였을 것이라 생각된다. 7.5㎞부터 5㎞ 간격으로 물스펀지가 준비되어 있으나 한 곳도 사용하지 않았다. 필요하므로 설치하였겠지만 물스펀지는 습관적으로 사용하지를 않는다. 다음 대회부터는 사용하는 것이 도움이 되는지 시험을 해 봐야겠다.

10㎞를 09:00(24분 소요)에 통과하며 물은 마시고 간식은 먹지 않는다. 벌써 간식을 준비한 것을 보니 선수에 대한 깊은 배려가 느껴진다. 뛰는 속도가 너무 빠르다 싶지만, 페이스메이커가 보이지 않으므로 어느 정도로 뛰는지 가늠이 되질 않는다. 그러나 아직까지는 무릎이나 엉덩뼈의 상태가 괜찮다. 몸에서 받는 충격과 부담을 최대한 줄이기 위해 몸의 상태에 최대한 신경을 곤두세우면서 앞으로 간다.

15㎞를 09시 23분(23분 소요)에 지난다. 보통 이 정도 거리면 다리에서부터 나타나는 좋지 않은 신호가 없어 다행이다 싶다. 뛰는 속도가 더 빨라져 걱정되지만 힘에 부쳐 걷게 될 때는 걷더라도 달릴 때까지는 해 보자고 마음먹는다. 출발할 때부터 바람이 많이 불긴 했지만 계속 부는 맞바람이 조금은 힘겹게 느껴진다. 시간이 지날수록 몸에 피로가 쌓이고 평상시에 연습한 거리를 넘어서기 때문일 것이다.

늘 15㎞에서 17㎞ 사이에서 선두그룹과 만나는데 너무 열심히 뛴 탓인지 지나가는 것을 보지 못했다. 18㎞를 지나면서 무릎과 엉덩뼈에서 통증이 느껴지므로 보폭을 줄이고 지면을 스치듯이 걸음을 옮긴다. 20㎞를 09시 46분(23분 소요)에 지나며 바나나 반쪽과 물 반 컵을 마신다. 보통은 다리, 허리 운동을 하며 2분 정도 쉬지만 오늘은 걸으면서 먹고 마신 후 바로 주로에 들어선다.

이제 되돌아가는 길만 남았는데 어떻게 돌아갈지가 걱정스럽다. 나는 힘들어 죽겠는데 앞뒤로 뛰는 선수들은 이런저런 얘기를 나누며 산보 나온 것 같은 느낌이다. 비슷한 속도로 뛰는 선수들 얘기가 이 속도로만 가면 3시간 30분 정도는 가능하다고 한다. 나보다 몇 년 늦게 마라톤을 시작하였으나 풀코스 2번 만에 03:32의 기록을 가진 동료 직원이 생각나면서 오늘 한번 도전해 보자는 의욕이 불현듯 생긴다.

골인지점이 한 걸음씩 가까워질수록 무릎과 엉덩뼈의 아픔은 더해 가고, 다친 팔과 허리에서조차도 아픔이 시작된다. 발걸음은 무거워지는데 맞바람은 점점 더 거세어지는 것 같고 갈수록 흐려지는 날씨는 금방이라도 비가 쏟아질 것 같으며 온몸으로 추위를 느낀다. 25㎞를 10시 10분(24분 소요)에 지났고, 30㎞를 10시 36분(26분 소요)에 지나면서 바나나 한 개와 이온음료 한 컵을 마신다. 비교적 빠른 속도로 상당히 먼 거리를 달려온 탓인지 이제부터는 간혹 걷는 모습이 보인다. 나에게는 큰 유혹이지만 뿌리치고 무겁게 한 걸음씩 옮긴다. 35㎞를 11시 02분(26분 소요)에 통과하였고 39㎞까지는 2개 정도의 큰 오르막인데, 힘이 바닥날 즈음에 만나는 이 손님은 전혀 반갑지 않았고 이곳에서 순위가 많이 바뀐다.

오르막의 막바지에서 제공된 비공식 급수는 가뭄 끝의 단비 같다. 이 덕분에 40㎞를 11시 30분(28분 소요)에 통과하면서도 물을 마시지 않아 3시간 29분대의 기록을 만들어 낼 수 있었던 것 같다. 되돌아보면 어떤 단체였는지 그저 엄청나게 고마울 뿐이다. 30㎞를 지나면서 오르막에서는 늦지만 걸었고, 내리막에서는 아픔 속에서도 낼 수 있는 최대한의 속도를 내어 달렸다. 골인지점에 가까워질수록 격려와 축하해 주는 응원단의 환호와 박수소리는 드높아진다. 머리에서 흘러내린 땀으로 쓰리고 흐릿한 시야, 늘어뜨린 채 걷기에도 힘든 손과 천 근 같은 발, 몸 곳곳에서 깊이 느껴지는 고통과 바닥난 에너지로 멍한 정신

속에서 받는 힘찬 응원은 목표를 향한 성취동기와 뜨거운 에너지를 되살려 주었고 11시 41분(11분 소요)에 골인지점을 통과한다.

30㎞를 지나면서부터 57명을 추월하였다. 맹목적인 달리기보다는 재미와 스스로의 동기부여를 위해서였다. 20㎞부터 경합하던 여성에게는 마지막 언덕에서 추월을 내주었고, 내 앞에서 계속 달리던 작고 연약해 보이던 여성 1명은 41㎞에서 추월하였는데 상당히 미안한 마음이 든다. 최종기록은 03:29:22로 확인되었고, 2010년 1월 10일 여수대회에서 세운 내 최고기록(03:40:26)을 석 달 만에 경신한 것이다.

5. 귀향 및 완주 소감

골인하자 날씨 탓도 있지만 긴장이 풀려 엄청난 추위가 한꺼번에 몰려오므로 마무리운동보다 겉옷을 먼저 입고 싶다. 바로 칩을 반납하고 기념품을 받아 물건을 찾으러 가는데 마사지부스가 보인다. 다리가 너무 불편해 벌벌 떨며 기다리다 마사지를 받고 나니 한결 낫다. 한방대학생들인데 맨손으로 남의 발 마사지를 해 주는 것이 너무 고맙다. 물품을 찾아 옷을 갈아입고 스트레칭으로 몸 풀기를 한다. 먹을거리 부스로 이동하여 메밀묵 한 그릇과 간식으로 나온 빵 한 개를 먹고 나니 배고픔이 가신다.

동해마라톤클럽 회원(17명)들을 만나 임대차량으로 이동하여 준비해 온 먹을거리(소주, 막걸리, 닭튀김)로 간단한 뒤풀이를 하고 13시 50분에 대구를 떠난다. 포항을 거쳐 동해에 도착하니 17시 20분이고,

해단식 장소인 '마당'으로 옮겨 마라톤을 화제로 저녁식사와 소주잔을 나눈다. 직장동료와 함께 2차 장소로 자리를 옮겨 한잔을 더하며 못다 한 얘기를 나누다 21시경에 귀가함으로써 42번째의 마라톤 여행을 마감한다.

대구는 2009년 6월 '금호강마라톤대회' 참가 이후 두 번째이다. 대구는 2011 국제육상대회의 마무리 준비로 매우 분주한 모습이다. 멋지고 웅장한 스타디움, 깨끗한 도시경관과 그 안에 만들어진 만족스러운 코스, 오늘의 마라톤대회 준비와 시민들의 뜨거운 응원 등을 보았을 때 2011대회는 성공적으로 치러 낼 것임을 믿는다.

저녁에 도착해서 늦은 저녁식사를 하고, 찜질방에서 하룻밤을 보낸 후 마라톤대회에 참가한 것이 대구에서 보낸 모든 일정이다. 기왕에 숙박할 계획이었다면 일찍 가서 다만 한 곳이라도 구경을 했으면 하는 아쉬움이 남는다.

잘 가꾸어진 금호강 변을 오가며 뛴 금호강대회의 코스도 좋았지만, 이번 코스도 가장 마음에 드는 곳 중의 하나다. 이번 대회를 어떤 사고도 없이 성공적으로 잘 치렀다고 하니 진심으로 축하의 말씀을 드린다. 대구국제마라톤대회가 더 훌륭한 대회로 성장하고, 2011년 대구세계육상선수권대회도 성공적으로 개최하기를 기원한다. 전국의 달림이들을 위해 대회의 성공적인 준비와 진행, 그리고 마무리를 위하여 애쓰신 모든 분들께 진심으로 깊은 감사의 말씀을 드린다.

댓글

축하! 축하! 왕축하 드립니다. 올가을쯤이면 서브-쓰리로~.
성재천[2010/04/13]

살 좀 줄이고, 연습 강도만 조금 높이면, 서브3도 어렵지 않겠네요. 수고하셨습
니다.
임진호[2010/04/13]

악조건에서 최고의 기록을 이루시다니 감축 드립니다. 올가을에는 영예의 전당을
목표로 하심이 옳을 듯 하외다. 축하드립니다.
신윤승[2010/04/14]

좋은 기록 완주 축하드립니다.
황재근[2010/04/14]

잘 읽었습니다. 다음 편 기대할게요(2주 후에).
철가야[2010/04/13]

언제나 님의 완주기를 읽으면 역사공부를 다시 하는 것 같아 가물가물 하던 기억을 되살리게 하는 아력에 단숨에 읽어 내려갑니다. 많은 분들이 어렵다고 하는 코스에서 개인 신기록 달성이라는 훌륭한 업적에 경의를 표합니다. 그리고 왕성한 체력에 감탄을 금할 수 없군요. 거듭 축하드립니다.
강우연[2010/04/13]

전술 저녁 '창소주' 아시면 다음 날 대회에서 기록 경신하는군요. 감사합니다. 좋은 정보 주셔서. 내내 즐런 하시길.
웅[2010/04/13]

평소 기록 단축을 위한 훈련을 꾸준히 하시는지요? 대회 참가만으로 기록이 단축되신 건가요? 대단히 멋진 역주이셨습니다 ~!
팬[2010/04/14]

42번째 풀 개인 최고기록 경신 축하합니다. 님의 대회참가기를 거의 다 읽어봤습니다만, 근래에는 훈련을 거의 못하고 참가하시는가 싶더니 이번에는 훈련을 조금 하셨나 봅니다. 낭들인큼 적당히 훈련하시면 서브-3도 가능하시겠습니다. 우릎과 엉덩이 통증으로 기록이 저조할 때도 있지만 퍼지신 적은 없더군요. 체력은 타고나신 것 같습니다. 언제 한번 주로에서 뵙겠습니다. 늘 즐런 하십시오.
박창열[2010/04/14]

정말로 대단하십니다. 그 힘은 어디서 나오는지, 또한 그 기술은 무엇인지 참으로
궁금하고 궁금하네요. 선배님~! 참으로 멋지십니다.
임소은[2010/04/15]

풀코스 최고 기록 완주를 축하드립니다.
김재영[2010/04/15]

대단하심. 결국은 해냈군. 그러나 기다려 50대에 한번 하지.
수고하였습니다.
하영철[2010/04/23]

두 번째 해외마라톤대회 완주,
그리고 백두산 천지 오르다!(43번째)

1. 대회개요

○ 대회명: 제24회 대련국제마라톤대회(중국)

○ 일시: 2010. 4. 18(일) 08:30

○ 장소: 중국 대련시 금석탄 황금해안

※ 중국 여행: 4. 17~4. 22/대련(성해광장, 금석탄 해변 등), 단동(압록강 철교, 호산장성), 통화(백두산 천지, 금강대협곡), 집안(광개토왕비, 장군총)

○ 주최: 중국육상협회, 대련시정부

○ 후원: 대련스포츠복권센터, ANA 항공사 등

○ 코스: 금석탄 황금해안~대련시 왕복

○ 종목: 5종목(풀, 풀 릴레이, 하프, 휠체어 풀, 휠체어 하프)

○ 참가비: 50,000원(종목별 40,000~60,000원)

○ 총경비(2인): 1,875,500원[여행사 1,449,800원(비자 포함),
현지 279,000원, 국내 이동경비 146,700원]
○ 기념품: 티셔츠 2, 대형 수건, 메달, 간식
○ 기록: 03:37:33/두 번째 좋은 기록(한국에서 풀코스 7명 참가)
○ 우승: Stephen(02:13:10, 케냐)

2. 참가배경과 준비과정

2008년 4월에 9박 10일간의 일정으로 보스턴마라톤대회에 참가하였다. 아내에게는 비밀로 한 채 3년간의 준비 끝에 처음으로 아내와 함께 해외여행을 한 것이다. 모든 마라토너가 꿈꾸는 대회에 참가하여 내 꿈을 이루었지만, 아내도 상당히 좋아하고 기뻐하는 모습이었다. 미국과 캐나다 여행을 하면서, 그리고 귀국하는 과정에서 할 수만 있다면 힘이 있고, 능력이 될 때 아내와 같이 마라톤 해외여행을 자주 하기로 마음먹었다. 처음에는 런던이나 동경 쪽으로 생각을 하였으나 지난해에 여행춘추의 해외마라톤 여행일정을 찾던 중 대련마라톤대회로 계획을 바꾸었다. 우리 민족의 영산인 백두산 천지, 고구려 역사에서 가장 훌륭한 왕으로 생각되는 광개토대왕릉과 장군총 등이 포함되어 있는 여행 일정이 마음에 쏙 들었기 때문이다.

아내에게 얘기했더니 마라톤에는 큰 관심도 없지만 백두산 천지 때문인지 대찬성이다. 딸과 아들에게 조금 미안하기는 했지만, 니들은 돈 벌어서 나중에 갈 기회가 훨씬 많을 테니 섭섭하게 생각하지 말라고 이해를 구한다. 2개월 전에 예약을 하고 나니 하루하루가 기다려지고, 날짜가 너무 더디게 지나가는 느낌이다. 어떻게 될지 알 수 없으니 이번 여행은 갔다 오기 전까지는 일체 비밀로 하기로 한다. 그러나 5일간 휴가를 내야 하므로 1개월 전에 사무실의 몇몇 직원에게만 미리 알리면서 몇 년간 준비해 온 것이므로 자리 비우게 됨에 대하여 양해를 구한다.

3. 4. 16(금) 맑음

바쁜 하루를 보냈다. 내일부터 시작되는 여행 때문에 기대되고 설레는 하루였지만 그럴 마음의 여유가 전혀 없었다. 5일간의 연가와 6일간의 여행을 앞두고 급하게 처리해야 할 일들이 몇 건 있었기 때문이다. 그나마 일이 원만하게 마무리되어 홀가분한 마음으로 여행을 떠날 수 있게 된 것이 천만다행이다. 농협시청출장소에서 환전하면 수수료가 싸다는 것을 알면서도 미처 환전하러 갈 생각조차 하지 못하였다. 평상시보다 늦게 퇴근하면서 비로소 환전하지 못했구나 하는 생각이 났기 때문이다.

아내와 저녁식사를 하면서 여행준비에 대한 얘기를 나누었고, 나름대로 준비를 잘하였다고 하므로 크게 신경 쓰지 않았다. 3년 전에 아내와 함께 제112회 보스턴 마라톤대회에 참가할 때는 소주, 라면 등 먹을 것을 너무 많이 마련해 갔다가 처리하는 데 적잖이 애를 먹었던 기억이 있다. 따라서 이번에는 음식은 전혀 준비하지 않기로 하였고 현지에서 주는 대로, 나오는 대로 체험하면서 외국여행의 묘미를 느껴 보기로 얘기가 잘되었다.

여행사에서는 이번 해외여행에서 특별히 고려해야 할 사항으로서 ① 요즈음의 대련 날씨는 4~10℃ 되므로 유니폼은 긴 것과 짧은 것을 준비, ② 백두산 천지는 -2~-3℃로 겨울에 해당하므로 겨울옷 준비, ③ 특히 천지는 당일 또는 시간에 따라서 등산이 어려울 수도 있고, 연간 40일 정도만 등산 가능함, ④ 여행지의 날씨가 수시로 변할 수 있으므로 접는 우산이나 비옷을 반드시 준비할 것 등을 주문하였다.

아내가 빠트린 내 짐을 챙긴 후 이번 여행에 맞춰 딸이 새로 마련해 준 캐논 디지털카메라 작동법을 익힌다. 우리나라와는 아무리 떼려도 뗄 수 없는 미지의 땅인 중국과 백두산, 그리고 대련마라톤의 모든 일정을 떠올리면서 왠지 모르게 설레는 하룻밤을 보낸다. 처음 가 보는 중국과 백두산 여행에 대한 기대감으로 쉽게 잠을 이룰 수 없어 OCN TV를 통해서 방영되는 '스파르타쿠스'를 보다가 02시 30분이 되어서야 잠을 청한다. 지난겨울에 헬스를 새롭게 시작하다가 새봄이 되어 다시 등산을 열심히 하기 시작한 아내는 피곤한 탓인지, 설렘도 없는지 쌔근쌔근 잘도 잔다.

4. 4. 17(토) 맑음

4시 30분 핸드폰의 알람소리에 잠이 깬다. 예전에야 알람시계에 의존했었지만 IT 시대를 살게 됨에 따라 우리의 생활이 그만큼 바뀐 것임을 느끼게 되는 새벽이다. 아내에게 세면 순서를 넘기면서 며칠 전부터 준비한 짐이지만 다시 한 번 나름대로 챙겨 본다. 아내가 참 잘도 챙겨 전혀 흠 잡을 데가 없다.

먼저 내려가 승용차를 준비하고 있는 아내 뒤를 따라 마지막 짐을 챙겨 05시 10분에 동해시를 떠난다. 남강릉 톨게이트(1,700원)를 거쳐 05시 48분 강릉시외버스터미널에 도착하여 승용차는 주변 무료 주차장의 안전하다고 느끼는 곳에 잘 세워 놓는다. 1주일간을 집과 멀리 떨어진 도시의 외곽 주차장에 세워 놓는 것이 불안하지만 하루에 몇 만 원씩 주고 유료주차장에 맡기기에는 우리의 마음과 형편이 그리 넉넉하지 못하다.

06시에 인천공항행 리무진버스(25,000원/1인)에 탑승, 여주휴게소에서 해물튀김우동(4,000원/1인)으로 아침식사를 한다. 여러 곳을 다니며 우동을 먹어 보지만 이 음식만큼은 어느 곳을 불문하고 개성 있고 맛이 있다. 졸다 깨다 멍한 상태에서 김포공항이 인천공항인 줄 알고 내리려다가 망신을 당한다. 분명 3년 전의 모습은 아닌데 그동안 이렇게 바뀌었을까 의아해하면서도 공항이라고 하니까 무조건 내리려고 한 것이다. 우리와 같이 버스를 이용한 여성 4분은 유럽 여행을 갈 계획이었는데 아이슬란드의 화산 폭발로 인한 항공기 결항소식을 버스 안에서 들었다고 한다. 힘들게 준비하고 귀중한 시간을 내어 공항까지 왔을 것을 생각하니 남의 일 같지 않으며 안타까운 마음이 든다.

10시 10분 인천공항의 약속장소에 도착하여 에코원 여행사의 가이드 및 참가자와 만나 인사를 나눈다. 숫자가 많아 보이지 않아 왠지 모르게 염려되는 것은 무슨 까닭일까? 10시 40분까지 일정을 안내받고, 탑승권을 수령한 후 물건을 보내고 출국 수속을 마친다. 우리의 탑승구인 105번으로 이동하는 코스는 E번 출국장(3층)에서 수백 미터를 걸은 뒤 1층으로 이동하고, 다시 셔틀트레인을 탑승한 후 3층으로 찾아갔으며 20여 분 걸린다. 이동 중에 오가는 사람들은 외모로는 구분을 못 하겠고 말하는 것을 들어보니 대부분이 중국인들이다.

우리 부부는 11시에 탑승구에 도착, 11시 30분 CZ(중국남방항공) 686기 28 A, C 좌석에 탑승한다. 이 비행기는 1줄당 6자리, 32줄의 소형인데 빈자리 없이 만원이다. 최근 우리나라와 중국의 교역, 관광이 늘어나고 있음을 쉽게 확인할 수 있다. 나조차도 중국여행 간다고 나섰으니 해외여행이 어지간히 보편화되긴 했는가 보다. 12시 10분에 활주로로 이동 및 이륙하여 2분 뒤에는 구름 위를 난다. 잠깐 뒤에는 간식으로 샌드위치 1/2쪽, 요구르트, 과일 3쪽, 음료수가 나온다.

1시간 뒤인 12시 20분(대련과의 시차 1시간) 대련공항(機場)에 도착하여 입국 수속 및 짐을 찾고 현지가이드와 만난다. 대련공항은 규모가 작고, 공항 내외부는 공사가 한창 진행 중이다. 항공기와 공사장 때문이겠지만 매연이 상당히 자극적이다. 공항은 주택지의 한가운데 위치하고 있으며 머지않아 외곽지역으로 이전하기 위해 한창 공사가 진행 중이라고 한다. 입국 수속은 친절하고 간단하게 이루어졌는데 어설픈 영어 한마디 할 기회도 주지 않은 것이 한편은 아쉬웠지만 천만다행이다. 모든 남녀 직원들은 군복인 듯한 복장을 하고 있었는데 일반 근무복인지는 알 수 없는 일이다.

중국(중화인민공화국)은 북경이 수도로서 약 14억 명의 인구에 960만㎢(한반도 44배, 세계 3위, 한국의 약 100배)의 넓은 면적을 가지고 있다. 표준어는 보통어(普通語)이며 지역별로 8개의 방언을 가지고 있다. 화폐는 위안(元)화로서 1위안은 163원 정도 되지만 우리는 현지에서 200원으로 거래하였다. 행정구역은 4개 직할시와 22개 성, 5개 자치구, 2개 특별자치구로 구성되어 있으며 세계의 문화유산인 만리장성, 자금성, 병마용 등의 유서 깊은 유적들이 많이 있다.

또한 대련은 요동반도의 남쪽 끝에 위치한 중국 제2의 무역항구로서 사과와 미녀가 유명하며 중국 북방지역의 소문난 관광·휴양도시라고 한다. '북해의 진주' 또는 '북방의 홍콩'이라고 불릴 정도로 깨끗하고 아름다운 도시로 유네스코 선정 100대 도시 속에 포함되어있다. 12,000㎢의 면적에 약 600만 명의 인구가 거주하고 있으며 해수욕장, 해변 공원, 동물원, 화원 등 관광객을 위한 시설도 갖추고 있다. '중화 연화폭죽 개나리 잔치', '평곡얼음 등전'과 '대련 수출상품 교역회' 등이 국내외적으로 널리 알려져 있다고 한다.

현지 가이드를 만나 인사를 나누고 전용버스(35인승)에 탑승한 후 일행이 16명으로서 2박 3일이 9명(여성 2), 5박 6일이 7명(여성 1명) 임을 알게 되었는데 장기 중 부부는 우리뿐이다. 가이드는 조선족 미혼여성으로서 한국말을 따로 몇 년간 배웠다고 하는데 매우 잘하였으며 운전기사는 중국인이다. 13시 버스에 탑승, '명원복숯불구이집'으로 이동하여 점심식사를 한다. 이곳은 조선족이 경영하는 한식당으로서 된장찌개, 잡채, 해파리냉채, 김치 등 다양한 음식이 깔끔하게 나오는데 거의 한국에서와 비슷하다. 주인은 친절하고 인정이 많아 보였으며 음식은 푸짐하고 맛있다. 중국 대련 도착 기념으로 이과두주 한 병(180㎖/10위안)을 주문하여 아내 및 가이드와 함께 건배를 한다. 내 생에 처음으로 중국 땅에 도착하여 처음으로 내 돈 주고 사 먹어 보는 술이다. 술맛은 한국에서 마시는 고량주와 크게 다를 바 없다.

14시 05분 식당을 나와 30분 거리에 있는 성해광장으로 이동하여

10여 분간 차를 타고 한 바퀴 돌면서 구경한다. 성해공원은 동북 최대의 해양 테마파크로서 아시아에서 제일 긴 바닷속 118미터 길이의 투명통로 된 성아해양세계, 해양전망대, 산호초홀 등을 갖추고 있다. 성해광장은 110만㎡의 거대한 넓이를 자랑하는 아시아 최대의 원형 광장으로 1999년 다롄 건설 100주년을 기념하기 위해 조성되었다고 한다.

대련 시내를 통과한 후 외곽의 마라톤 출발지인 금석탄 해안을 향해 간다. 시내 중심부의 교통난은 심각하지만 얼마 지나지 않아 외곽지역에 들어서니 한산하고 도시 곳곳에 신도시 건설공사가 진행 중이다. 차창 밖으로 언뜻언뜻 보이는 시가지는 초고층 현대식 빌딩과 아파트부터 낡고 오래된 주택, 현대식 대형공장과 작고 노후한 것, 한국 차는 거의 보이지 않는 고급차량 행렬, 중국 간판 사이로 드문드문 보이는 영어간판 등 짧고 간결하게 표현하기 어렵다.

16시경부터 30여 분간 금석탄 해변을 둘러보며 가이드로부터 대회 당일의 일정과 관련 부스 및 주차장 등에 대한 설명을 듣는다. 모래는 진흙이 많이 섞여 서해안의 갯벌을 보는 듯하다. 갑자기 발생된 해무로 기온이 떨어져 추위를 느끼는데 보통 3일 간격으로 발생한다고 한다. 해변으로부터 200여 미터 거리에 있는 대회장은 아취, 귀빈석, 행사부스, 홍보물 설치 등이 한창 진행 중이다.

16시 35분 해변을 떠나 시내 중심부에 있는 만찬 장소로 향한다. 신도시 조성지역, 코리아타운을 경유하였는데 간혹 한국간판이 보이기는 하지만 실감 나지 않는다. 대형 상가 앞에 주차하여 일행 몇 명이 화장실을 찾지만 시설도 좋지 않고 개방하지 않아 포기하고 만다. 이곳은 차량과 인파가 많이 붐비는 곳인데 교통법규가 있는지 의심스럽다. 신호등은 보이지 않지만 보행자는 차를 전혀 의식하지 않고 무단 횡단하며, 차 또한 횡단보도를 개의치 않고 주행한다.

17시 45분에 만찬장소인 '대련 진유안호텔' 환영리셉션장에 도착한다. 이번 대회에는 18개국에서 참가했다고 한다. 우리 일행과는 별도로 대련시와 교류를 맺고 있는 인천시에서도 15명 정도가 참가했다고 하며, 바로 옆에 자리가 마련되어 있다.

내빈소개에 이어 여자 부시장의 인사말씀, 공연 등 의식행사가 19시까지 진행된다. 영어와 일어로 통역을 하는데 무슨 말인지 전혀 알아들을 수 없어 답답하기만 하고, 평상시 영어공부 좀 제대로 해 둘 것을 하는 후회의 마음도 든다. 일본인은 숫자도 많고, 연설 기회까지 주는 것으로 보아 후원에 참여한 것으로 판단되지만 기분은 조금 상한다. 음식이 조금 짠 듯하지만 입맛에 맞았고, 이것저것 새로운 음식을 안주 삼아 맥주, 포도주와 함께 배불리 먹는다. 바로 옆자리에서는 초청선수인 듯한 흑인선수 10여 명이 식사를 한다. 앳되어 보이지만 거의 개인별로 통역이 따라다니고, 이 사람 저 사람들과 기념촬영 하기에 매우 바쁘다.

19시 50분 연회장에서 나오니 비가 내리고 바람이 많이 불며 날씨는 한층 더 춥다. 러시아타운을 경유하지만 어두워서 크게 달라 보이지 않고, 이곳저곳을 돌아 대련역 앞에 있는 '발해명주호텔'에 도착하여 체크인을 하고 나니 21시를 넘어서고 있다. 이곳은 4성급 호텔로서 30층의 고층 건물이며 우리는 2003호를 배정받았는데 전망이 매우 뛰어나다. 객실은 넓고 200V 전기용품을 마음대로 사용할 수 있으며, KBS 1TV도 시청이 가능하다. 화장실은 욕조와 유리칸막이 샤워실이 구분되어 있는 것이 인상적이다. 짐을 풀어 정리하고, 세면을 마친 후 일과를 정리하며 하루의 여정을 마무리한다.

<table>
<tr><td>대련공항</td><td>금석탄해변(한국참가자)</td><td>금석탄해변에서 아내와 함께</td></tr>
</table>

5. 4. 18(일) 흐림

가. 대회장 이동

04시에 일어나 창밖을 내다보니 간밤에 비가 내린 듯 도로가 많이 젖어 있고 계속 가랑비가 내린다. 해외에서의 두 번째 달리기가 순탄하게 잘 이루어질지 걱정되며 그저 비가 빨리 그치기만을 바랄 뿐이다. 스트레칭을 하고 일과를 정리하다 보니 아내가 모닝콜에 잠이 깬다. 대회 참가준비를 한 후 짐을 챙겨 로비로 내려가니 벌써 일행들이 보인다. 내 손목시계가 잘못되어 2분 정도 늦은 것인데 몹시 미안한 마음이 든다.

너무 시간이 일러 호텔에서는 아침식사가 제공되지 않으므로 05시 10분 버스에 탑승, 전날 점심식사를 했던 '명원복숯불구이'로 이동한다. 메뉴는 된장찌개, 갈치튀김, 계란찜 등인데 이번 해외여행 중 가장 맛있게 아침식사를 한다. 06시경에 대회장으로 이동하는데 날씨가 조금 쌀쌀하지만 비는 내리지 않아 다행스럽다. 07시 10분 금석탄공원의 해변에 도착하여 버스 안에서 달리기 복장으로 옷을 갈아입고 짐을 맡긴다. 조금은 이르다 싶고, 바깥 날씨는 제법 쌀쌀하지만 마냥 움츠러들 수는 없으므로 붐비는 인파 속을 뚫고 대회장으로 이동한다.

나. 대회 참가 및 완주

이른 시간이지만 참가자들과 가족, 행사 관계자 등으로 몹시 북적인다. 어제와는 전혀 다른 분위기로 멋진 행사장이 만들어져 있다. 보스턴대회, 동아대회, 조선일보대회보다 훨씬 더 많은 투자와 준비를 하였고, 아마도 국제적으로 이름 있는 대회로 만들기 위해 많은 노력을 기울이고 있는 것으로 보인다. 인파 속을 헤집고 들어가 단체로, 개인별로 기념촬영을 하고 몸을 푼 후 출발 대기 선으로 이동한다.

앞뒤 양옆으로는 풀, 하프, 계주 등 모든 참가자들이 섞여 있어 혼잡스럽고 조금은 걱정이 되기도 한다. 나라마다, 지역마다 풍습이 다르므로 인정하고, 준중하며 받아들일 수밖에 없는 일이다. 중국말을 단 한마디도 알아들을 수 없으므로 무슨 일이 벌어지고 있는지 알 수 없으나 행사는 계속 진행되는데 중국 분들이 얼마나 목소리가 크고 말씀이 많은지 귀가 멍멍할 정도이다. 한국에서는 모든 대회 때마다 통과의례처럼 진행되는 에어로빅이나 스트레칭 등 두드려 주고 주물러 주기, 카운트다운, 신호 폭죽 등은 없다.

초청선수가 출발한 지 5분 정도 지나 한꺼번에 출발을 한다. 오늘 복장은 프로월드컵 운동화, 반바지, 반팔 셔츠 위에 동해시청마라톤클럽 조끼유니폼, 흰 장갑, 선글라스, 디카와 디카용 주머니 등이다. 아내

대회장 광경

출발을 앞두고

대회장 광경

가 얼굴 탄다고 모자 쓰라고 하는 것을 정중히 사양했다. 모든 종목의 선수를 한 번에 출발시키니 장관이다. 처음 5분 정도는 앞 사람에 가로막혀 뛰는 게 아니라 차라리 빠르게 걷는다는 표현이 맞을 것 같다. 입구부터 주로 양쪽으로는 시민, 학생 등이 동원되었는지 손마다 중국 수기를 들고 흔든다. 엄청난 숫자이고 보스턴대회 참가할 때가 생각난다. 하지만 시민들의 자발성, 즐기는지 여부, 참여도는 서로 다를 것이라는 것이 눈에 보인다. 그럼에도 불구하고 모든 대회참가자에게 이보다 더 큰 환대와 선물은 있을 수 없다. 나를 위해 이 많은 대련시민들이 도로에 나와 주었고, 열렬히 응원하며 환호해 주니 얼마나 즐겁고 힘이 나는 일인가 말이다.

출발점에서 반환점까지의 거의 모든 주로 변에는 수많은 시민들이 나와서 우리를 응원하여 주었는데 짐작에 최하 이십여만 명은 되지 않을까 싶다. 응원행렬이 거의 끊어지지 않고 연결되고 있었으며 어린이부터 어르신들까지 남녀노소를 불문하고 각양각층의 시민들의 모습을 볼 수 있었다. 최하 100여 명부터 수백 명으로 구성된 혼성 공연단의 모습을 20여 곳 이상에서 보았으며, 응원행렬에서는 뜻도 모르는 구호를 연달아 외치는 모습을 처음부터 끝까지 볼 수 있었다. 이들의 열렬한 응원에 팔이 아프도록 흔들며 화답을 해 주었고 그럴 때마다 응원의 강도는 높아졌다. 내 마라톤 여정에서 두 번째로 좋은 기록을 세웠는데 이는 전적으로 대련 시민들의 응원인 듯싶다. 정말 가슴에 불을 지르는 뜨거운 응원이었고 모든 대련시민들께 감사드리고 싶다.

코스는 대련시 외곽의 해변에서 200여 미터 떨어진 곳에서 시내 방향으로 출발하여 되돌아오는 왕복 길이다. 4~6차로의 왕복구간을 전면 통제한다. 화단 등으로 중앙분리대가 설치된 곳을 제외한 전 구간에는 대회용 안전띠와 A형 입간판을 세워 선수들의 주행 편의를 돕는다. 도로는 아스팔트로 포장되어 있고, 비교적 완만한 언덕이 4곳이다. 최근 나로서는 모든 구간이 평탄한 곳보다는 어느 정도의 언덕이 몇 곳 있는 것이 달리는 재미를 더해 준다. 대련은 얼마나 땅이 넓은지 코스 주변에는 끝이 보이지 않을 정도의 광활한 땅이 개발 중이거나 농경지 등으로 활용되고 있는 곳이 대부분이다. 특별히 아름답다는 느낌은 없었으나 깨끗하고 쾌적하였으며 지금까지 달려 본 코스 중 좋았던 곳으로 기억된다.

급수는 5km 간격으로 35km까지 설치되어 있었고, 7.5km부터는 물스펀지가 제공되었는데 이곳에서도 급수가 같이 이루어진다. 15km를 지날 때 응원에 화답하느라 하이파이브를 하면서 급수대를 그냥 지나쳐 버린 곳을 제외하고는 모든 곳에서 충분히 물과 이온음료 등 수분을 보충하였다. 30km를 넘어서부터는 급수대와 스펀지대에서 음용수를 마셨고 충분히 만족스러웠다. 다만 아쉬운 것은 40km 지점에 급수대가 없다는 것이었다. 이때쯤이면 많은 선수들은 극도의 피로감과 수분의 갈증을 느끼는데 잠깐 쉬면서 맛보는 물맛은 천금의 보약과도 같고, 마지막 남은 힘을 북돋우는 데도 매우 중요하기 때문이다.

20km를 통과하는데 기대했던 간식이 보이지 않는다. 떨어진 체력을

보충하며 휴식도 해야 하는데 계획에 큰 지장이 발생한 것이다. 하지만 없는 것을 어떻게 하겠는가? '좀 더 가다 보면 있겠지' 하고 기대했는데 결국에는 30㎞에서 파워젤을 먹고 난 뒤인 33㎞ 지점에서 초코과자를 제공하고 있었으나 그냥 지나쳤다. 파워젤은 아침에 아내가 일행에게 껌을 나누어 주면서 두 개를 얻어 출발 전에 한 개 먹고, 혹시나 해서 작은 주머니에 억지로 구겨 넣다시피 해서 가지고 간 것인데 큰 도움을 받은 것이다.

마라톤을 하면서 굳이 사진은 찍어야 하는 것일까? 뛰면서 그림이 괜찮다 싶은 곳에서 정신없이 사진을 찍었는데 완주 후에 확인하니 20여 장 된다. 내가 찍은 것이 더 많았지만 중국인에게 부탁해서 나를 찍은 것도 6장이나 된다. 뛰다 말고 멈추어서 사진 촬영을 부탁하니 어리둥절해하기도 하지만, 응원하는 사람들조차도 박수치고 환호하며 난리법석이다. 친절하게 잘 찍어 주신 분들이 그저 고마울 뿐이다.

주로 변에 설치되어 있는 화장실은 지금까지 참가한 모든 대회 중 최고 수준이다. 5㎞ 간격으로 남녀가 같이 사용할 수 있는 화장실을 4칸씩이나 설치하였다. 모든 화장실에는 관리인 1명씩을 배치하여 수시로 청소를 하고 있다. 25㎞를 지나며 참을 수 있음에도 불구하고 화장실을 구경하고 싶어 소변을 보며 1분 이상을 까먹었고, 화장실 전경을 한 컷 찍는다.

기록은 좋지 않았지만 상당히 부지런히 달렸다. 급수대를 빼놓고는 한 번도 쉬지 않았기 때문이다. 가만 생각해 보니 그건 아니고, 사진을 찍으면서 잠깐씩 멈추어 섰으니 이것도 쉰 것에 포함시키는 것이 맞겠다. 그렇다면 최소한 10여 곳이 넘으니 너무 많이 휴식한 것인가? 5㎞ 정도를 지날 때부터 50~100여 미터 앞에서 잘 뛰는 여성 두 명을

응원광경　　　　　　　　　　주로에서　　　　　　　　　　응원광경

발견한다. 속도가 전혀 변함이 없고 그 간격이 좁혀지지 않는다. 역시 한국의 주로에서 만나는 잘 뛰는 여성들과 같이 작은 체구와 갈색 피부, 군살은 전혀 없는 탄탄한 몸매를 유지하고 있다. 무리다 싶지만 속력을 내어 15㎞와 17㎞를 지나면서 각각 추월한다. 이 여성들에게는 25㎞를 지나면서 추월당했는데 그 속도는 여전히 변함이 없고 지친 기색이 보이지 않는다. 이후에도 두 명의 여성에게 순위를 내주고 말았으나 30㎞를 넘어서부터 골인하는 순간까지 27명을 추월할 수 있었다.

　내게도 마라톤 시계가 있다. 언제 어디에서 기념품으로 받은 것인지 기억은 나지 않지만 내 머리가 나쁜 탓인지 제대로 사용하지 못해 집에 잘 모셔 두고 있다. 그런 까닭에 5㎞ 구간별 뛰는 기록을 나만의 방법으로 외운다. 뛰면서 기록할 수는 없는 까닭이다. 5㎞를 08시 52분(22분 소요)에 통과하였고, 10㎞는 09시 18분(26분 소요), 15㎞는 09시 40분(22분 소요), 20㎞는 10시 05분(25분 소요), 25㎞는 10시 30분(25분 소요), 30㎞는 10시 53분(23분 소요), 35㎞는 11시 23분(30분 소요), 40㎞는 11시 50분(27분 소요), 골인을 12시 07분에 하였다. 나름대로 괜찮게 뛰었는데 마지막 2㎞의 기록이 매우 아쉽다. 최종기록은 03:37:33초로 집계되었고, 골인지점에서 100여 미터 떨어진 해변 백사장의 대회용 부스에서 기록증을 곧바로 발급받았다.

다. 완주 소감

골인하자 진행요원의 안내를 받아 대형 타월과 간식, 물 등 기념품을 받는다. 가이드의 안내에 따라 기록증을 발급받고 장소를 옮겨 기념 티셔츠를 또 하나 받는다(배 번호와 함께 1개 미리 받음). 아내와 완주 기념촬영을 한 후 스트레칭을 하고 버스에 올라 간식을 먹는다. 1시간 정도 지나서 풀코스 참가자들을 비롯하여 일행 모두가 버스에 탑승함으로써 대련마라톤 일정은 아무런 사고 없이 잘 끝났다.

13시 50분 대회장을 떠나 30분 뒤에 점심식사 장소인 '청화연교자'에 도착하여 만주요리인 만두정식, 잉어찜, 계란볶음밥 등으로 늦은 식사를 한다. 우리는 장기팀인 LS엠트론 마라톤클럽 회원과 자리를 함께 해서 소주와 중국 맥주를 마시면서 완주 뒤풀이를 한다. 상당히 고급 요릿집이라고 하는데 시장한 탓인지 아주 맛있기는 하지만, 우리나라에서 먹는 만두 맛과 큰 차이는 모르겠다. 외관상으로도 중국 무협영화에서나 볼 수 있는 고풍스럽고 면적도 상당히 넓은 곳이지만 시간이 늦은 까닭인지 손님은 그리 많지 않아 보인다.

15시 10분 식사를 끝내고 10여 분 거리에 있는 '통화김요반 마사지' 집으로 이동한다. 발마사지(20,000원)를 받기 위해서인데 나로서는 국내외를 막론하고 처음 출입해 보는 곳이다. 우리 부부와 일행 두 명이 한방에 들어갔는데 남자손님은 여종업원이, 여자 손님은 남종업원이 담당한다. 따뜻한 물에 발을 담그게 한 후 어깨, 등을 안마해 주고 발, 다리 순으로 40여 분간 이루어지는데 여성참가자들은 최고 수준의 마사지를 받았다고 한다. 나올 때는 개인별로 1~2달러씩의 팁을 주었는데 모두 고마워하는 모습이다. 풀코스를 힘겹게 뛴 후 태어나 처음 받아 본 마사지는 몸이 나른해질 정도로 긴장과 피로를 풀어 주어 걷기에 한결 편하다. 이곳에서 2박 3일 일정의 참가자와는 아쉬운 작별을 한다.

어떻게 일정이 잘못 꼬이다 보니 2주 연속으로 풀코스를 뛰게 되었다. 처음이었고 대련마라톤 일정이 1주일 앞당겨지는 바람에 대구마라톤에 이어 연달아 뛰게 된 것이다. 일정이 확정되고 나서부터 상당히 걱정하였다. 2주 간격으로 뛴 지는 1년 남짓 되었지만, 보통은 뛰고 난 후 1주일간 정도는 연습도 하지 못하고 쉬었기 때문이다. 왜냐하면 자연스럽게 걷지 못할 정도로 무릎과 엉덩뼈가 특히 더 아프고, 온몸이 쑤시고 결린 까닭이다.

그럼에도 대구대회에서의 기록에 이어 두 번째로 좋은 기록을 만들어 내었다. 아마도 오랫동안 기대하던 대회였고, 부담 없이 가볍고 즐거운 마음으로 뛰었기 때문일 것이다. 게다가 일기도 좋았고, 코스도 만족스러웠을 뿐만 아니라, 대련시민들의 열렬한 응원이 힘을 북돋워 주었기 때문일 것이다.

완주 기념사진

완주 후 오찬

완주 후 아내와 함께

라. 대련에서 단동으로

16시 20분 이번 중국여행에서 마라톤대회 참가보다 더 중요한 목적
지인 백두산을 향하여 대련을 떠난다. 35인승 버스에는 LS팀 5명과
우리 부부 등 9명이 탑승객 전원으로서 넉넉하고 여유로워 좋기는 하
지만 너무 호사스러운 것은 아닌가 하는 생각조차 든다. 출발하자마자
LS 팀에서 가져온 팩소주로 차내 파티가 벌어진다. 단동까지 이동하는
데는 3시간 40분 정도 걸렸는데 상당히 많은 양의 소주를 마시면서 마
라톤 애기를 주제와 안주 삼아 지루한 이동시간을 즐겁게 보낸다.

차창 밖으로 펼쳐지는 풍경은 우리나라의 어느 시골길을 달리는 것
과 같은 느낌이다. 다만 땅이 얼마나 넓은지 가도 가도 산이 보이지 않
는다. 고속도로를 꽤 오래 달렸음에도 철거 중인 낡은 건물들이 계속
보이는 것은 대규모 도로확장 공사나 건설공사가 진행 중인 것으로 보
인다. 1시간 30분 정도를 달려 첫 번째 휴게소에서 잠깐 쉰 후 2시간
정도의 거리에 다다르니 비로소 높지도 않지만 먼 거리에 있는 산을
처음으로 볼 수 있었다. 휴게소는 새로 지은 지 얼마 되지 않아 편의점
내부와 화장실 등 건물 전체가 깨끗하다. 작은 편의점만 운영되고 있
는데도 직원은 많고, 한국 상품은 별도로 진열되어 있었으며 가격은
거의 비슷한 것 같다.

20시 05분 단동에 도착, 조선족이 경영하는 '민속촌'에 들러 청국장,
고등어구이, 낙지볶음, 잡채 등으로 저녁식사를 하며 대려주(大麗酒)
와 소주로 반주를 곁들인다. 주인은 한국어를 자유롭게 구사하며 음식
은 모두의 입맛에 맞는다고 한다. 21시 30분에 식당을 나와 5분 거리
에 있는 가양광양호텔(SUNNY RESORT HOTEL)에 도착, 체크인을

한다. 역시 4성급 호텔로서 품격이 있고 시설은 안락하게 잘 설치되어 있다. 바쁜 일정에 마음에 맞는 분들을 만나 계속 술을 마시다 보니 흐릿하지만 기억을 떠올려 일과를 간단히 정리하며 이틀째 여정을 마무리하고 나니 23시 10분을 넘어가고 있다.

6. 4. 19(월) 비

04시 30분에 일어난다. 어제 제법 많은 술을 마셨음에도 컨디션은 괜찮다. 마사지를 받을 때는 온전하게 회복된 듯하였는데 온몸이 뻑적지근하다. 욕조에 따뜻한 물을 한가득 받아 놓고 30여 분간 온욕을 하면서 다리를 주물러 주니 풀리는 듯하다. 06시에 짐을 챙겨 로비로 내려가니 우리가 가장 먼저 내려와 있다. 밖으로 나가 보니 부슬부슬 비가 내린다. 오늘의 여정이 제대로 이루어질까 염려스럽지만, 하늘에 맡기는 수밖에 별 도리는 없다.

기다리다 06시 40분에 일행을 만나 호텔 안의 청애해(淸曖海) 식당에서 뷔페로 아침식사를 한다. 우리 부부는 야채 위주로 녹두죽, 만두, 볶음밥 등을 맛있게 먹었으나 순두부는 기름기가 많고 소스가 입맛에 맞지 않아 남기고 말았으며, 후식은 우유와 홍차로 하였다.

07시 30분에 호텔을 나선다. 단동 시내는 대련에 비하여 많이 낙후되어 보인다. 중국의 요령성에 속하며 압록강을 경계로 북한의 신의주와 철교로 연결되는 도시로서 200만 명이 거주하고 있다고 한다. 이른 시간이지만 호텔 앞 도로와 버스가 지나는 모든 도로는 사람과 차로 혼잡스럽다. 우리나라도 언제부터 교통신호를 그렇게 따졌는가? 시가지는 차도와 인도의 구분이 거의 없어 보이는 모습이 웃음도 나오지만 충분히 이해가 된다. 대로변임에도 불구하고 오래되어 낡아 보이는 건물이 많이 보이며 철거작업도 많이 진행 중이다. 대련에서는 거의 보지 못한 자전거 이용 시민이 많고, 한국어로 된 간판도 드문드문 눈에 뜨인다.

07시 50분에 압록강 변에 도착한다. 비가 내린 탓인지 강물은 황토빛이다. 한반도와 중국의 역사에서 압록강은 얼마나 중요한 곳인가? 그 역사의 현장에 처음으로 와 본 것이다. 큰 기대를 가지고 왔지만 마음은 별다르지 않다. 강은 심하지는 않지만 안개 때문에 1,000m 건너편 북한의 모습이 어렴풋이 보인다. 이곳은 연중 200일 이상이 안개가 발생된다고 하는데 우리나라에서 가장 넓고 긴 강을 끼고 있는 도시이므로 당연하다 싶다. 북한을 희미하게 알고 있듯이 압록강에서 처음 본 북한의 풍경은 희뿌옇다. 맑은 날씨에 북한을 본들 크게 달라질 것도 없지만 그래도 날씨가 맑았으면 하는 아쉬움은 남는다.

기념사진을 몇 장 찍고 압록강 단교(1인당 30위안)를 구경한다. 단교는 1911년 일본에 의해 건설되었으며 한국전쟁 당시 미군기 B29의 폭격을 받아 일부 교각만 남아 있는 아치형 철교이다. 끊어진 다리 끝까지 걸어갔다가 되돌아온다. 남북관계가 너무 완화되어 그런지 인천함을 떠올리면서도 별 감흥이 없다. 100여 미터쯤 위쪽에 건설된 압록강교에는 승용차 1대가 검문소(출입국관리소)를 거쳐 북한으로 들어가고 있는 모습이 보인다. 이때쯤 북한 쪽에서는 기차의 기적소리와 중장비들이 둔탁하게 움직이는 소리가 안개 속을 뚫고 들려온다.

압록강 단교비   압록강 단교 전경   압록강 단교 끝에서

08시 35분에 압록강 단교를 뒤로하고 다음 목적지인 호산장성으로 향한다. 차창 밖으로 위화도라고 설명해 주는 곳은 강 건너 100m 안팎의 가까운 거리인데 2~3층 규모의 낡은 건물이 수십 동 보인다. 이곳이 고려의 이성계 장군이 고려를 멸망시키고, 조선 건국의 시발점이 된, 그 유명한 위화도 회군의 역사적 장소인 것이다. 압록강에는 200여 개의 섬이 있는데 6개 정도를 제외하고는 북한의 영유라고 한다. 많은 섬이 있는 까닭이겠지만 북한과 가까운 곳은 불과 10m 정도밖에 되지 않는다. 우리 역사상 그리고 현재의 북한과 중국의 관계를 볼 때도 파란만장한 역사의 사슬을 끊으려고 해야 끊을 수 없는 관계일 수밖에 없겠다는 마음이 든다. 도로변으로 보이는 중국 쪽의 가옥들은 아마도 한국의 60~70년대 풍경이 아닐까 하는 생각이 들 정도로 낙후되었으며 제법 번듯한 건물은 모두 관공서인 듯하다. 상류로 올라갈수록 물이 깨끗해지는 것은 당연하겠지만, 강폭은 오히려 더 넓어지고 골재를 채취하는 모습도 간혹 보인다.

09시에 입장료(60위안/1인)를 내고 호산장성 입구에 도착한다. 만리장성의 동쪽 끝이라고 한다. 북한과 가장 가깝다는 일보과(一步跨)마을은 하천에 물이 줄어 불과 한 걸음밖에 안 될 북한 쪽에 울타리가 설치되어 있다. 쪽배가 운영되므로 타 보려고 하였으나 물이 없어 수

심이 얕은 관계로 포기하고 만다. 수량이 풍부하다면 30여 분간 압록 강 쪽으로 한 바퀴 돌아온다고 한다.

호산장성의 동쪽 끝을 오르기 위해 등산을 한다. 입구에서부터 대략 1㎞는 됨직하고 왕복에 소요된 시간은 45분 정도 걸린다. 정상에 올라 서니 중국 땅보다는 북한 땅이 관심의 대상이다. 이곳이 만리장성의 시작이라니…. 온 사방이 환하게 잘 보인다. 성은 수천 년 전에 어떻게 도 그리 잘 쌓았는지 내 머리로는 도대체 이해가 되지 않는다. 웅장하 고, 길고, 넓고, 높고, 가파르고, 완만하고, 단단하고, 치밀하고, 아름답 다는 표현밖에는 더 할 말이 없다. 만리장성은 세계 7대 불가사의한 일 중의 하나라고 하는데 내가 밟아 본 불과 1㎞ 안팎의 거리만으로도 충 분히 이해가 된다.

우리 버스는 통화를 향해 계속 올라간다. 가까워질수록 마을은 낙후 되어 보인다. 마을 주변과 하천 변은 쓰레기장이다. 과거에 청소관리업 무를 담당한 탓인지 유독 쓰레기가 눈에 많이 보인다. 아마 우리나라 도 60~70년대에는 그러하였으리라. 소변을 보기 위해 중급 정도의 휴게소라는 곳에 들렀다. 요즘에는 손님이 없어 주로 여름철에만 운영 한다고 한다. 화장실은 재래식인데 출입문도 없고, 화장지도 없고, 칸 막이도 없다. 대변기 두 개가 1m 간격으로 나란히 놓여 있는데 낯선 사람들이 서로 인사하며 볼일 보기에는 안성맞춤일 것 같다. 높이 3~ 4m 남짓한 곳에서 맨 땅바닥으로 그냥 배설하는 것이다. 과연 최종 처 리는 어떻게 하는 것인지 내 일은 아니지만 정말 걱정된다. 소변기는 당연히 없지만 천만다행으로 남녀는 구분되어 있다. 하도 어이가 없어 이곳을 기념하기 위해 한 컷 찍는다.

북한과 가장 가까운 일보과   호산장성에서   호산장성에서 본 북한

　이동하는 중에 LS 엠트론 팀과는 가져온 술, 중국 현지 술로 계속 정을 두텁게 한다. 이제는 3일째인 까닭에 호형호제하며 가깝게 지낸다. 연세가 가장 많은 정득환 형, 둘째인 권경태 형, 나보다 두 살 위인 김상수 씨, 아내와 동갑이자 한 살 위인 채춘동 씨, 내 동갑인 방동학 씨 등 모두 고맙다. 이분들이 아니었으면 나의 대련마라톤과 백두산 여행은 이루어지기가 힘들었으리라 생각된다. 차 안에서 술판을 벌이며 통화를 향해 발걸음을 재촉한다. 나도 한 술 하지만 LS팀도 보통이 아니다. 그 독하다는 고량주 한 병 해치우는데 채 20분이 걸리지 않는다. 가다가 발동 걸린 상태에서 술이 떨어지므로 주인이 열심히 카드 치고 있는 구멍가게에 들러 고량주 세 병(80위안)을 사서 술판을 계속 이어간다. 구경할 관광지가 많지 않고 지나가는 곳의 풍경이 시선을 크게 끌지 못하므로 차 안에서 마냥 대화와 술로 시간을 보내는 것이다.

　14시 30분 점심식사를 하기 위해 '한국농가집(韓農飯店)'으로 들어간다. 삼겹살과 된장찌개를 식사와 안주 삼아 지금까지 얻어먹은 것이 미안해 고량주(60위안/2병)를 주문해서 마신다. 아내는 술을 너무 먹는다고 난리지만 이미 발동된 술이고, 일행과 죽이 잘 맞으니 말릴 수도 없는 노릇이다.

　15시 18분에 식당을 나와 3시간 뒤에 통화에 도착하니 도시는 더 낙후되어 보인다. 비가 내리고 있는 시내는 어둡고 차량과 시민들의 통행하는 모습은 거의 보이지 않는다. 전날 받은 발 마사지의 여운이 있는데다 무언가 아쉬워 전신마사지를 받기로 의견을 모아 18시 30분 금향관(金香鎔)에 들어간다. 1인당 3만 원씩 내고 1시간 30분 동안 받긴 받았는데 잠이 들었는지 특별히 기억나는 것이 없다. 팁은 안 줘도 된다는데 술기운에 호기가 발동되어 아내 것까지 20위안을 주었다가 혼나고 만다.

20시 15분에 강씨숯불구이 집에 들어가 삼겹살을 안주 삼아 고량주와 맥주를 마셨고, 술값은 아내가 계산한다. 어떤 음식이 나오든 가리지 않고 맛있다며 모두 잘 먹는다. 사실 집 떠나서 먹을거리와 잠자리에 불만이 없다면 모든 것이 해결된 것이나 다름없으니 우리 일행은 팀이 잘 구성되었고, 복 받은 사람들인 것이다.

20시 50분 통화휘풍호텔에 도착하여 체크인을 하고, 우리 방에 들어가 짐을 푼 뒤 음주와 팁 건으로 다시 한 번 훈계를 받는다. LS 팀의 초청에 따라 옆방으로 옮겨 담소로 하루 일정을 되돌아보며 3일째 여정을 마무리한다.

7. 4. 20(화) 맑음

05시에 일어난다. 어제 꽤 늦은 시간까지 술 마시고 아내에게 잔소리 들은 것까지도 어렴풋이 기억난다. 그 좋아하는 술을 덜 마시려고 단 한 병도 사 오지 않았건만 일이 잘 풀린 것인지 마냥 술이 생겼고,

그로 인해 아내에게 혼이 난 것이다. 참지 못해 한바탕 냅다 쏴대기는 했지만 이내 후회하고 만다. 지가 별 수 있나? 마누라한테 이기려다가는 본전도 못 찾는다. 괜히 덤볐다는 생각이 든다.

06시 30분에 방을 나선다. 하룻밤을 더 자야 하므로 큰 짐은 남겨두고 여권 등 여행에 필요한 최소한의 물건만 갖고 나간다. 아침식사는 호텔 안의 식당이다. 뷔페식인데 가일양광호텔보다는 못하지만 또 다른 음식들이 많이 보인다. 우리는 야채를 위주로 좁쌀죽, 삶은 계란, 볶음밥이 주 메뉴다. 우유와 주스를 마시고 중국인들이 그렇게도 좋아하는 차를 찾으니 없다고 한다. 보통은 좋아하지 않으면서도 내가 필요하다고 느낄 때 제대로 해결되지 못하는 아픔이란 모두 같을 것이다.

07시 20분에 우리의 꿈과 희망인 백두산 천지를 향해 호텔을 나선다. 날씨가 너무 좋다. 안내자는 여행일자를 너무 잘 잡았고, 천지를 볼 수 있는 가능성이 70%는 된다고 한다. 언제 또 와 보겠는가? 이번 기회에 제발 천지를 보았으면 하는 바람이 간절하다.

시내를 벗어나자 강을 낀 도로로 이동을 하는데 송화까지 계속 그런 모습이다. 아내를 포함해서 일행 모두는 조용히 잠자고, 차창 밖으로 보이는 풍경은 우리나라의 어느 시골 마을 같다. 도로변으로는 계속 눈이 보이고 목적지를 향해 갈수록 더 많이, 자주 보인다. 주택은 더 오래되어 보이고, 앙상하게 서 있는 옥수수 밭도 계속 이어진다. 1시간 정도 지났을까? 이제부터는 완전 겨울 풍경이다. 터널을 몇 개 통과하였는데 전등은 전혀 보이지 않고, 암흑 속을 오로지 우리 버스만 홀로 외로이 달린다. 도로는 2차선이고 화물차 한 대가 뒤집어져 있는 모습을 본다. 다행히 큰 인명피해는 없는 것 같다.

09시 50분, 2곳의 화장실을 지나쳐 망구라는 곳에서 중국 음식점의 양해를 얻어 제대로 된 재래화장실 문화체험을 한다. 호텔을 나온 지 2시간 30분 만이다. 화장실은 2칸으로 만들어져 있고, 나무문인데 구멍이 뻥뻥 뚫려 시원한 바람이 불어 들어온다, 변기는 3~4m의 높이로 설치되어 있어 발을 잘못 디뎠다가는 큰일 나겠고, 변은 농경지와 맞닿아 있는 경사면의 낮게 쌓아 놓은 벽돌 통에 바로 떨어진다. 나는 시원하게 볼일을 보았지만, 아내는 화장실 앞에까지 와서 망설이다가 그냥 포기하고 만다.

10시 50분에 조선족이 운영하는 고려반점에 도착하여 11시 40분까지 된장찌개와 고등어매운탕으로 이른 점심식사를 한다. 주인은 한국말을 전혀 막힘없이 하고 친절하다. 음식은 모두의 입맛에 맞고, 식당 앞에서 부부와 함께 한 컷 찍는다.

마을을 벗어나자마자 계속 눈길이다. 제설작업은 겨우 차가 1대 정도 통행할 정도로만 되어 있으나 통행하는 차량이 많지 않은 게 다행이다. 백두산을 향해 이동하는 중에 조선족 한 명이 장뇌삼을 팔기 위해 차에 오른다. 나도 3뿌리(10,000원)를 사서 아내와 나누어 먹었는데 내가 가진 선글라스와 손목시계가 탐이 나는지 큰 것 4뿌리와 바꾸자고 하는 것을 손해 보는 것 같아 거절함으로써 흥정은 깨지고 만다.

12시 드디어 백두산(장백산) 입구에 도착한다. 대련마라톤 참가는

망구휴게소

망구휴게소 화장실

고려반점에서 조선족과

　명분이고, 사실은 백두산과 천지가 일정에 포함되어 있었기 때문에 참가신청을 한 것이다. 입구에 설치된 주차장은 매우 넓고 관리사무소는 현대식으로 잘 건축하였으며 화장실은 매우 깨끗하다. 아직은 계절적으로 이른 탓인지 관광객은 우리밖에 없다. 입장료(168위안/1인당)는 여행경비에 포함되어 있지만, 설상차 탑승비용과(80위안) 보험료(5위안)는 우리가 별도로 부담한다. 설상차 1대에 2명씩 10여 분간을 타고 12시 50분에 천지 입구에 도착한다. 전후좌우 눈을 들어 바라다보는 곳은 모두 눈 천지다. 하얗고, 깨끗하고, 밝고, 시원하고, 아름답다. 눈이, 머리가, 몸이, 마음이 상쾌하고 시원하다.

　처음 타 보는 설상차는 매우 빠르게 잘 달리고, 길은 굴곡이 심한데도 운전을 아주 잘한다. 천지 등반에 3시간의 여유를 주고, 정상에는 화장실이 없다고 하므로 찾아 들어간다. 재래식이고 눈 때문에 큰 것은 볼 생각도 할 수 없다. 13시에 설산 등반을 시작하여 14시에 천지에 도착한다. 눈이 없으면 1,236개의 계단만을 밟으며 정상에 올라가야 한다고 한다. 계단 밖으로 벗어나면 관리인으로부터 제재를 받는다는 것이다. 복장은 나름대로 보온에 신경을 썼지만 모두 운동화를 신었으므로 몇 걸음 가지 않아 금방 젖고 만다. 다행스럽게도 관리인이 눈길을 뚫어 놓아 깊게 파인 발자국을 밟고 걸음을 옮긴다. 눈이 얼마나 많이 내렸는

| 장백산관리사무소 | 천지 입구 가는 길 | 천지 입구 설상차 |

천지 가는 길

천지에서

2744M 표고비

지 깊은 곳은 허리까지 빠지고, 많이 녹은 정상까지도 무릎은 빠진다.

벽옥처럼 파란 천지를 기대하였지만, 순백의 백설로 뒤덮인 민족의 영산 천지도 너무 웅장하고 아름답다. 천지에서 발아래로 내려다보이는 동서남북, 대한민국과 북한의 땅, 그리고 중국 땅은 끝없이 넓다. 이곳이 한민족과 중국민족이 영산으로 삼고 수천 년간 영토싸움을 벌여온 곳이고, 지금도 진행 중인 곳이다. 충분히 그럴 만한 가치가 있음을 내 눈으로 보고 실감할 수 있다. 눈으로 뒤덮여 있으므로 자연이 잘 보전되고 있는지를 확인할 수는 없었으나 영원토록 잘 보전되기만을 바랄 뿐이다. 내가 표현할 수 있는 단어와 내 능력으로는 백두산의 정상, 천지에서 본 감동을 표현해 낼 수가 없다. 이 감동은 오래도록, 어쩌면 내 생이 다하는 날까지 계속될 것으로 믿는다.

정상에서 만난 관광객은 20여 명도 되지 않고, 한국인은 우리 일행

천지

천지

천지의 하늘

뿐이다. 가져간 술로 정상주를 한잔 마시고, 기념촬영을 하는 등 잠깐 동안 쉰 후 맨 뒤에 순서를 잡고 다시 내려간다. 15시 15분에 천지 등산을 마치고, 다시 설상차를 이용하여 입구로 이동, 15시 30분부터 16시까지 걸어서 장백산대협곡을 구경하면서 기념촬영을 한다. 이곳도 눈으로 뒤덮여 있어 간혹 사진에서 본 것과 같은 웅장하고 아름다운 모습은 볼 수 없어 안타깝다.

16시 05분에 장백산대협곡을 출발, 16시 45분에 백두산 입구에 도착하여 깨끗한 화장실에서 소변을 보고 16시 50분에 아쉬움을 뒤로한 채 백두산을 떠난다. 백두산을 떠나며 차 안에서 다시 술판이 벌어진다. 차창 밖으로 보이는 풍경은 새로울 것도 없고 저녁식사 장소에 도착할 때까지 특별한 일정도 없으므로 크게 신경 쓰이지도 않는다.

20시 50분에 송강하 고려식당에 도착하여 두부, 양파, 잡채, 김치, 된장찌개, 목이버섯요리로 1시간 동안 저녁식사를 한다. 한국과 중국은 땅도 사람도 비슷하지만 우리 일행은 외국여행 체질인지 무슨 음식이든 모두 잘 먹는다. 22시에 통화휘풍호텔에 도착, 간단히 씻은 후 아내와 같이 옆방으로 자리를 옮겨 23시까지 한잔하며 하루 일정을 마무리한다.

장백산대협곡

장백산대협곡

천지에서

8. 4. 21(수) 맑음

05시에 일어난다. 전날에도 하루 종일 마라톤 일정에 술을 계속 마셨건만 여전히 눈은 빨리 떠진다. 맨손운동을 한 후 세면을 한다. 숙소를 옮겨야 하므로 빠진 물건은 없는지 짐을 싸 놓은 후 06시 30분부터 아침식사를 한다. 전날 입맛에 맞거나 먹음직스러워 보이는 것은 조금씩이라도 빠짐없이 챙겨 맛을 본다. 다시 숙소로 올라가 짐을 가지고 내려와 07시 20분에 호텔을 출발한다.

09시 15분에 광개토대왕릉에 도착한다. 입장료는 장군총(장수왕릉)을 포함해서 100위안(1인)이다. 입구에 있는 화장실은 수세식이지만 그리 깨끗한 편은 아니고, 왕릉 주변을 공원으로 가꾸어 놓았는데 모습이 초라하게 느껴진다. 호태왕비는 유리 정자를 세워 보호하고 있으며 안쪽에서는 사진 촬영을 금지하므로 출입문 밖에서 내부를 향해 촬영한다. 광태토대왕릉은 적석총으로서 외부 모습과 유리창으로 보호하고 있는 석관묘가 고구려를 호령하던 대왕의 위엄과는 어울리지 않는다. 아마도 고구려 영토가 중국 영토로 편입되어 이국땅에서 제대로 대접받지 못하고 있는 까닭이 아닌가 싶다. 얇고 어설픈 울타리, 잡풀이 뒤섞인 잔디, 서너 곳의 안내표지만, 키가 작고 비교적 많은 수양벗나무 등으로 조경되어 있다.

10시에 버스로 이동, 10시 10분에 장군총에 도착한다. 장군총은 비교적 조경도 잘되어 있고, 능의 규모도 웅장하다. 외부를 받치고 있는 바위 하나는 도난을 당했다고 하는데 해당 부분의 훼손이 진행되는 모습이다. 호태왕비(12,000원)와 북한산 도토리소주(10,000원/2병)를 산

| 광개토왕릉 앞 | 장군총비 앞 | 장군총 앞 |

다. 10시 35분에 장군총을 떠나면서 도토리소주 맛을 보니 고량주보다는 향도 좋고 먹기에 좋다.

10시 50분 압록강 변에 도착하여 11시 10분까지 모터보트를 타는데 비용(40위안/1인)이 꽤 비싸게 여겨진다. 강폭은 200여 미터 안팎이고, 보트승차장 옆에서는 아낙네의 빨래하는 모습도 보이며 물은 그리 맑아 보이지 않는다. 관광객은 별로 보이지 않고, 중국인 1명이 우리와 같이 탑승한다. 북한 쪽 강변에서는 북한 주민이 간혹 보이는데 먼발치에서도 옷은 남루하고 모습이 왠지 춥고 안쓰러워 보인다. 북한 쪽의 산은 많이 헐벗었는데 비탈진 곳이나 산등성이도 개간하여 농산물을 재배하고 있는 듯하다.

걸어서 이동, 11시 20분에 북한식 불고기 집으로 들어가 연탄 화로 불고기로 점심식사를 한다. 소고기 양념된 것과 되지 않은 것이 푸짐한 야채와 함께 나오는데 도토리소주와 고량주(67위안)의 안주 삼아 배불리 먹고 12시 20분에 자리를 뜬다. 조금 남은 술은 차 안에서 모두 다 마시고 화장실 세 곳을 들러 휴식하면서 대련을 향해 간다.

17시 15분 단동의 칠보산 식당에 도착, 잉어찜, 만두 외 4종으로 18시 45분까지 저녁식사를 한다. 모두 음식의 종류와 향에는 전혀 불만이 없고, 맛있다고 한다. 이것이 중국에서의 마지막 저녁식사이고, 내일 아침이면 한국으로 떠나야 할 시간이 멀지 않았으므로 이별주를 찐

압록강 보트 타기

압록강변의 북한

압록강변의 북한주민

하게 마신다. 3시간 40분을 더 달려 22시 20분에 첫날 밤 숙박 장소였던 발해명주호텔에 도착한다. 모두가 힘든 여정에 지쳐 피곤한 탓인지 술잔 돌리기도 없이 조용히 쉬면서 이동한다. 내일 아침에도 서둘러야 하므로 짐을 대충 정리한 후 23시 30분에 중국여행의 처음과 끝을 장식한 대련에서의 마지막 밤을 보낸다.

마지막 만찬(칠보산식당)

삼륜차 앞에서

대련공항

9. 4. 22(목) 맑음

뒤척이다가 05시 40분에 일어났는데 너무 늦었다. 부지런히 세면을 하고 짐을 챙겨 나가니 우리가 가장 늦었으며 06시 20분에 호텔을 떠난다. 아침식사는 공항으로 이동하는 중에 도시락으로 하는데 샌드위치 두 쪽, 삶은 계란 1개, 우유 1개로서 조금 부족한 듯하지만 시간이 바쁘니 그저 고마울 뿐이다. 차 안에서 6일간 고생한 운전기사에게 감사의 뜻으로 7만 원의 팁을 만들어 건넨다.

06시 40분에 대련공항에 도착, 가이드로부터 출국수속에 관한 안내를 듣고 운전기사 등과 작별인사를 한다. 07시 10분까지 발권 및 수하물 탁송, 검역, 출국수속을 마치고 탑승 시간을 보내기 위해 커피점에 들어간다. 커피는 한 잔에 9,000원이나 하며 물 한 잔을 주문하니 냉장고에 있는 생수를 사 먹으라고 하는데 작은 병이 19위안이므로 참고만다. 07시 45분 CZ 685기에 탑승(18D, E석)하여 08시 30분에 이륙하였고, 10시에 간식으로 햄버거와 음료수가 나온다. 10시 18분에 인천공항에 도착하여 짐을 찾은 후 6일간의 여정을 같이 보냈던 일행과 작별인사를 하고, 입국수속을 끝내니 10시 55분이다.

공항 안내소의 도움을 받아 승차장으로 이동, 11시 강릉행 리무진 버스에 탑승(25,000원/1인), 문막휴게소에 잠깐 들러 요기를 한 후 15시 15분에 강릉터미널에 도착한다. 터미널 무료주차장에 6일간 세워둔 승용차를 이용하여 집으로 가는 길에 옥계면 심곡에서 점심 겸 저녁식사를 하기로 딸과 약속을 한다. 16시에 시골식당에 도착, 망치매운탕(15,000원)으로 식사를 끝내고 집에 도착하니 17시 10분을 넘어가고 있다. 도착하자마자 짐 정리하랴, 세탁기 돌리랴, 몸 씻으랴 바쁘지만 바로 끝내야 속이 후련할 것 같아 피곤한 몸을 억지로 움직여 18시 30분에 대충 정리를 끝냄으로써 대련마라톤 참가 및 백두산 여행을 마무리한다.

10. 두 번째 해외마라톤 완주 및 중국여행을 마무리하면서

2008년 미국의 '112회 보스턴마라톤대회' 참가 이후 2년 만에 중국의 '제24회 대련국제마라톤대회'를 성공적으로 다녀왔다. 2008년에는 미국과 캐나다를 9박 10일간, 그리고 이번에는 5박 6일간의 일정이었다. 이 짧은 기간에 무엇을 얼마만큼 보았겠는가마는 TV 등 방송매체와 책을 통하여 알고 있던 것보다는 큰 도움이 되었다고 자신 있게 말할 수 있다.

미국이 현대의 서양문명을 대표하는 나라라고 한다면 중국은 수천 년 전부터 동양문명을 대표해 오고 있다고 할 수 있다. 교통·통신의 발달과 인터넷에 기반을 둔 지식정보화 시대를 맞이하여 국가 간, 문화 간 교류가 활성화됨에 따라 그 차이가 현저하게 줄어들고 있다. 그러나 아직까지도 종족, 역사, 문화, 환경 등 많은 분야에서 크게 다름을 체감하였고 앞으로도 문화적 전통은 유지될 것이라 생각한다.

사실 충직한 마라톤 마니아가 되기 전까지는 여행이라는 것을 별로 좋아하지 않았다. 차를 타고 오랜 시간 이동하는 것도 쉽지 않은 일이지만, 시간과 경제적인 면에 있어서도 생산적이기보다는 낭비적인 것으로 보았기 때문이다. 그러나 마라톤 맛을 조금씩 알아 가면서 보스턴을 꿈꾸었고, 이 꿈을 실현하면서 마라톤과 여행에 대한 인식이 크게 바뀌었다. 보스턴은 마라톤과 여행, 그리고 내 인생에 있어 큰 전환점이 된 것이다.

보스턴에 갈 때도 경제적인 여유가 없었고, 이번에도 사정은 크게 다르지 않았으나 아내의 동의를 얻어 강행하였다. 몇 년간 마음에 담아 온 일을 작정한 시기에 꼭 이루고 싶었기 때문이다. "형편도 별로 좋지 않은 놈이 무슨 해외여행이야?", "쟤, 너무 과욕 부리는 것 아냐?" 등등 남의 구설수에 오르는 것도 염려하였다.

그러나 앞날에 대한 자신감이 있고, 살아가면서 극복해야 할 난관이 수도 없이 많을 텐데 이까짓 사소한 일쯤이야 문제 될 것이 전혀 없다는 생각을 하게 된 것이다. 이제는 2~3년 뒤의 3번째 해외마라톤을 꿈꾸면서 한국의 가 보지 못한 마라톤대회를 찾아 아름다운 우리 강산을 달리고, 그곳의 사람과 문화를 알아야겠다.

대련국제마라톤대회의 성공적인 참가와 유익하고 즐거운 여행일정을 만들어 출국에서부터 귀국 시까지 잘 안내하여 주신 여행춘추 관계자 여러분께 깊이 감사드린다. 또한 한국에서 같이 출국하여 일찍 귀국하신 분들과 6일간의 긴 일정 동안 동고동락을 같이하며 이해하고 배려해 주신 LS엠트론 마라톤클럽 회원님들께도 깊은 감사의 말씀을 드린다.

제24회 대련국제마라톤대회 일정표(5박 6일)

일자	도시	교통편	시간	일정	식사
제1일 4/17 (토)	인천 대련	CZ686	12:00 11:55	인천공항 출발 대련 도착 가이드 미팅 및 전용차량 탑승 ▶ 배 번호 수령 마라톤코스 답사(금석탄) 　 시내 귀환 성해공원 노호탄 광장 ▶ 아시아에서 제일 큰 '성해광장' 　 석식 후 호텔 투숙 HOTEL: 발해명주 또는 동급	중: 현지식 석: 현지식
제2일 4/18 (일)	대련	전용차량	전일	호텔 조식 후 금석탄 이동 ★ 2010년 대련국제마라톤대회 참가 ★ [08:30 대회 시작] 출발점: 금석탄 황금해안 중식 후 단동으로 이동 석식 후 발마사지 호텔 투숙 및 휴식 HOTEL: 가일양광호텔 혹은 동급	조: 호텔식 중: 현지식 석: 현지식
제3일 4/19 (월)	단동 통화	전용차량	전일	조식 후 단교 압록강유람선, 호산장성 중식 후 통화 이동 석식 후 호텔 투숙 및 휴식 HOTEL: 통화휘풍호텔 혹은 동급	조: 호텔식 중: 현지식 석: 현지식
제4일 4/20 (화)	통화 서파 통화	전용차량	전일	조식 후 백두산 서파로 이동 5호경계비, 천지, 금강대협곡 중식 후 통화로 이동 HOTEL: 통화휘풍호텔 혹은 동급	조: 호텔식 중: 현지식 석: 현지식

제5일 4/21 (수)	통화 집안 단동 대련	전용차량	전일	조식 후 집안 이동 광개토대왕비/릉, 장군총, 국내성 중식 후 단동 이동 석식 후 단동 출발/대련 도착 호텔 투숙 및 휴식	조: 호텔식 중: 현지식 석: 현지식
				HOTEL: 발해명주 또는 동급	
제6일 4/22 (목)	대련 인천	CZ685	08:30 10:40	조식 후 공항으로 이동 대련 출발 인천국제공항 도착	조: 호텔식

* 여행사의 여행일정(사정에 따라 변경 가능함 명시)

댓글

열정 대단하십니다. 축하드립니다.
까나리[2010/04/28]

안녕하세요. 저는 이번 여행을 같이한 1s엠트론 아라톤클럽회원입니다.
역시 대단하십니다. 그렇게 술을 즐기시면서도 이렇게 좋은 기록으로 골인을
하다니…. 혹시 다음 대회에서 만나면 소주 한잔 합시다. 사모님한테도 안부
전해주시고요….
방동혁[2010/04/30]

정말 정말 행복한 삶을 사시는군요. 아라톤 여행… 정말 부럽습니다. 가정의
행복과 화목함도 눈에 보입니다. 항상 즐런 하세요.
달링이[2010/05/01]

항상 강철앗 나는 장기기 잘 읽습니다. 특히 동해시는 나의 첫 직장생활로
5년을 산 곳이라 제2의 고향입니다. 한창 아라톤 경력이나 기록은 아직 옷
이치지만 6월 13일 대회에 가서 기회가 되면 한번 뵙고 싶은 양 간결하군요.
장호근[2010/05/02]

양 선생님 제가 하고픈 삶을 사시는군요. 인생 뭐 있나요! 현실에 안주하면서 사는 게 최고지요. 다음 만나면 통성명하지요. 즐거운 달림 하시고요. 부상 완쾌 바랍니다.
부천[2010/05/03]

중국여행 잘하고 오셨네요. 43번째 풀완주 축하합니다.
임진호[2010/04/28]

부럽고 너무나 멋지십니다.
신윤승[2010/04/28]

이제 보니 저도 참가 같이했었던 사람입니다. 상세한 여정이 드러나게 글을 아주 잘 쓰셨습니다. 순간순간이 기억이 떠오릅니다.
스크류[2010/05/06]

먼 여행을 다녀오셨네요. 완주를 축하드립니다.
김재영[2010/05/06]

양원희 선생님, 멋진 후기 감사드립니다. 사모님과 함께 하시는 마라톤 여행이라서 더욱 좋으셨을 거 같습니다. 항상 건주하시고, 다음에 또 뵙겠습니다.
에코윈디스케버리 김범진[2010/04/28]

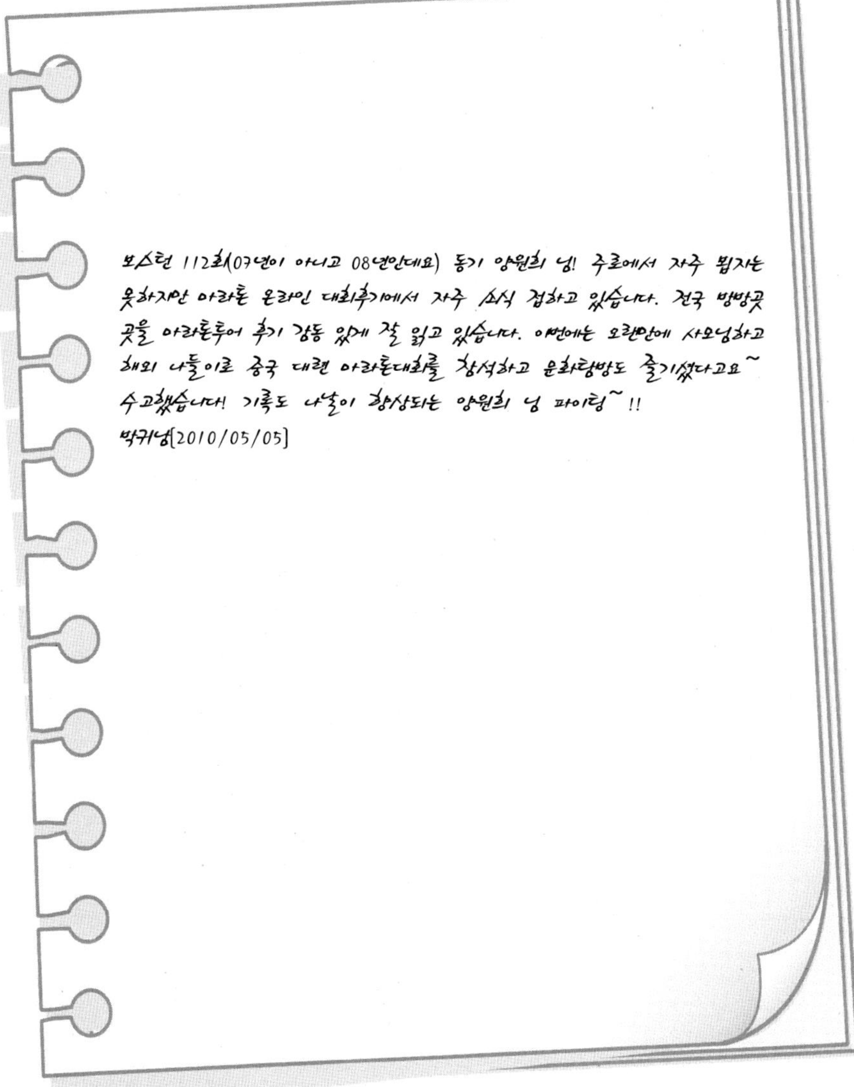

보스턴 112회(07년이 아니고 08년인데요) 동기 양원희 님! 주로에서 자주 뵙자는 못하지만 아라톤 온라인 대회후기에서 자주 소식 접하고 있습니다. 전국 방방곳곳을 아라톤투어 후기 감동 있게 잘 읽고 있습니다. 이번에는 오랜만에 사모님하고 해외 나들이로 중국 대련 아라톤대회를 참석하고 문화탐방도 즐기셨다고요~ 수고했습니다! 기록도 나날이 향상되는 양원희 님 파이팅~!!
박귀님[2010/05/05]

26회 이후 마라톤 완주현황

회수	일자	대회명	기록
26	2009. 4. 19	제7회 경기마라톤	04:42:16.16
27	2009. 5. 10	2009 한반도평화국제마라톤대회	03:52:39
28	2009. 6. 27	2011 대구세계육상선수권대회 성공 기원 금호강마라톤대회	04:43:31
29	2009. 7. 12	서울~춘천 간 고속도로 개통 기념 2009 춘천마라톤~대회	04:04:00.23
30	2009. 8. 2	2009 삼척 황영조 국제마라톤대회 - 바르셀로나올림픽 제패 기념 삼척비치마라톤대회	03:54:15
31	2009. 8. 15	8·15 광복절 기념 포항 오천 해병대한마음혹서기마라톤대회	04:02:07
32	2009. 10. 18	동아일보 2009 경주국제마라톤대회	03:58:17
33	2009. 11. 8	제3회 호미곶온천마라톤대회	04:37:51
34	2009. 11. 15	제7회 스포츠서울마라톤대회	04:10:37.39
35	2009. 12. 6	제9회 이순신장군배 통영전국마라톤대회	04:19:57.87
36	2010. 1. 10	2012 세계박람회 성공 개최 기원 제5회 여수국제마라톤대회	03:40:26
37	2010. 1. 24	보라매공원마라톤대회	03:59:48
38	2010. 2. 7	제8회 해남땅끝마라톤대회	04:01:37
39	2010. 2. 2	2010 MBC 섬진강꽃길마라톤대회	03:43:26
40	2010. 3. 14	2010~2012 한국방문의 해 기념 한강관광마라톤대회	04:12:46
41	2010. 3. 28	2010 안동 낙동강 변 전국마라톤대회	03:48:14
42	2010. 4. 11	2010 대구국제마라톤대회	03:29:22
43	2010. 4. 18	제24회 대련국제마라톤대회(중국)	03:37:33

양원희 ─────────────────────────────────

▌약력

강원도 동해시청 근무
한국방송통신대학교 국어국문학과 졸업(2005)
　　　　　　관광학과 졸업(2010)

현), 한중대학교 경영대학원 호텔카지노관광경영학과 재학

2002년 7월 마라톤 시작
2010년 4월 풀코스 42회 완주(해외 마라톤 2회)
2010년 4월 100km 울트라 1회 완주

▌주요 저서

『마라톤 아무것도 아니다』(2009)
『나는 아직 진행형』(2010)

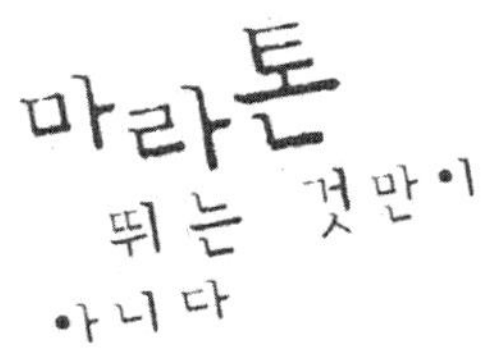

초판인쇄 | 2010년 7월 9일
초판발행 | 2010년 7월 9일

지 은 이 | 양원희
펴 낸 이 | 채종준
펴 낸 곳 | 한국학술정보㈜
주　　소 | 경기도 파주시 교하읍 문발리 파주출판문화정보산업단지 513-5
전　　화 | 031) 908-3181(대표)
팩　　스 | 031) 908-3189
홈페이지 | http://ebook.kstudy.com
E-mail | 출판사업부　publish@kstudy.com
등　　록 | 제일산-115호(2000. 6. 19)

ISBN　　978-89-268-1176-4 03040 (Paper Book)
　　　　978-89-268-1177-1 08040 (e-Book)

이담 Books 는 한국학술정보(주)의 지식실용서 브랜드입니다.